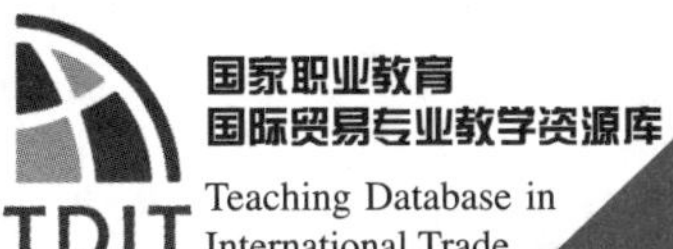

"十四五"职业教育国家规划教材

国家职业教育国际贸易专业教学资源库升级改进配套教材

职业教育国家在线精品课程配套教材

icve 智慧职教 高等职业教育在线开放课程新形态一体化教材

国际结算操作

（第二版）

主　编　刘一展　范越龙

中国教育出版传媒集团
高等教育出版社·北京

内容提要

本书是“十四五”职业教育国家规划教材，是国家职业教育国际贸易专业教学资源库升级改进配套教材，也是职业教育国家在线精品课程配套教材。

本书系统介绍了国际结算的基本原理和实务操作，具体包括国际票据业务、国际汇款业务、国际托收业务、信用证业务、银行保函和备用信用证业务、出口贸易融资业务、进口贸易融资业务和跨境贸易人民币结算业务。本书在内容设置上力求理论与实践相结合、规则与案例相结合，贯彻项目驱动和任务导向理念，呈现形式和内容与时俱进，体现行业发展和课程教学改革最新成果。

本书既可以作为高等职业教育专科、本科院校和应用型本科院校的国际经济与贸易、国际商务、国际金融等专业的教学用书，也可以作为国际贸易和国际结算从业人员的业务参考用书。

与本书配套的在线开放课程“国际结算操作”，可登录“智慧职教”平台进行在线学习；亦可访问“爱课程”平台上的中国职教MOOC频道进行在线学习。“国际结算操作”在线开放课程建设了微课、动画、视频、漫画、图表、案例、习题、实训等类型丰富的教学资源，精选其中具有典型性、实用性的资源在教材中以二维码方式呈现，供读者即扫即学。其他资源服务见“郑重声明”页资源服务提示。

图书在版编目（CIP）数据

国际结算操作 / 刘一展，范越龙主编. -- 2版. -- 北京 : 高等教育出版社，2021.11（2025.8 重印）
ISBN 978-7-04-056083-1

Ⅰ. ①国… Ⅱ. ①刘… ②范… Ⅲ. ①国际结算－高等职业教育－教材 Ⅳ. ①F830.73

中国版本图书馆CIP数据核字(2021)第078307号

策划编辑　康　蓉　　责任编辑　王　沛　　封面设计　张　志　　版式设计　杜微言
插图绘制　邓　超　　责任校对　窦丽娜　　责任印制　存　怡

出版发行　高等教育出版社
社　　址　北京市西城区德外大街4号
邮政编码　100120
印　　刷　肥城新华印刷有限公司
开　　本　787 mm×1092 mm　1/16
印　　张　19.25
字　　数　380千字
插　　页　1
购书热线　010-58581118
咨询电话　400-810-0598

网　　址　http://www.hep.edu.cn
　　　　　http://www.hep.com.cn
网上订购　http://www.hepmall.com.cn
　　　　　http://www.hepmall.com
　　　　　http://www.hepmall.cn
版　　次　2017年8月第1版
　　　　　2021年11月第2版
印　　次　2025年8月第6次印刷
定　　价　46.80元

物 料 号　56083-A0

“智慧职教”服务指南

“智慧职教”（www.icve.com.cn）是由高等教育出版社建设和运营的职业教育数字教学资源共建共享平台和在线课程教学服务平台，与教材配套课程相关的部分包括资源库平台、职教云平台和App等。用户通过平台注册，登录即可使用该平台。

● 资源库平台：为学习者提供本教材配套课程及资源的浏览服务。

登录“智慧职教”平台，在首页搜索框中搜索“国际结算操作”，找到对应作者主持的课程，加入课程参加学习，即可浏览课程资源。

● 职教云平台：帮助任课教师对本教材配套课程进行引用、修改，再发布为个性化课程（SPOC）。

1. 登录职教云平台，在首页单击“新增课程”按钮，根据提示设置要构建的个性化课程的基本信息。

2. 进入课程编辑页面设置教学班级后，在“教学管理”的“教学设计”中“导入”教材配套课程，可根据教学需要进行修改，再发布为个性化课程。

● App：帮助任课教师和学生基于新构建的个性化课程开展线上线下混合式、智能化教与学。

1. 在应用市场搜索“智慧职教icve”App，下载安装。

2. 登录App，任课教师指导学生加入个性化课程，并利用App提供的各类功能，开展课前、课中、课后的教学互动，构建智慧课堂。

“智慧职教”使用帮助及常见问题解答请访问help.icve.com.cn。

总序 <<<<<<<<<<<<<<

随着“一带一路”倡议的深入推进，我国外贸发展必将迎来越来越多的新机遇。2018年以来，中美贸易摩擦愈演愈烈，国际贸易形势错综复杂，给我国外贸发展带来了各种新挑战。面对外贸发展的新机遇和新挑战，应对“关检合一”机构改革和INCOTERMS® 2020行业惯例的新变化，站在《国家职业教育改革实施方案》(简称“职教20条”)发布的职业教育新起点，提高外贸从业人员的素质，培养大批熟悉国际贸易规则的复合型外贸技术技能人才，已成为我国从贸易大国向贸易强国转变的关键。

“国家职业教育国际贸易专业教学资源库”介绍

为顺应外贸发展新趋势和2019年6月发布的《教育部关于职业院校专业人才培养方案制订与实施工作的指导意见》(教职成〔2019〕13号)的新要求，在商务部和全国外经贸职业教育教学指导委员会的指导下，浙江金融职业学院联合天津商务职业学院、安徽国际商务职业学院等20多所全国一流外贸高职院校和浙江五金矿产控股有限公司、浙江成套设备进出口有限公司等20多家外贸龙头企业，共同建设并持续改进国家职业教育国际贸易专业教学资源库项目(简称“国贸资源库”)。国贸资源库于2014年6月获教育部正式立项，2017年6月顺利通过教育部验收，2019年11月立项升级改进。在国贸资源库的12门核心课程中，“外贸单证操作”“国际结算操作”“国际商务礼仪”“外贸英文函电”4门课程先后被认定为国家精品在线开放课程。

本系列教材是国贸资源库的研究成果之一，具有如下4个突出优势：

1. 集中体现国贸资源库及升级改进的建设成果

国贸资源库以国际贸易专业学习者的职业生涯发展及终身学习需求为依据，按照“一体化设计、结构化课程、颗粒化资源”的建设原则，基于“能学、辅教”的功能定位，构筑专业级资源中心、课程级资源中心、素材级资源中心、用户学习中心和运行管理中心的五层资源库框架，共建共享面向学生、教师、企业在职人员、社会学习者四类用户的国际贸易专业教学资源库，提供专业建设、课程建设、素材建设、资源应用和运行管理的一揽子解决方案。国贸资源库的框架如图1所示。

2. 实现了在线开放课程与新形态一体化教材的“互联网+”式互动

本系列教材是资源库课程开发成果的重要载体和资源整合应用的实践。实现了在线开放课程与新形态一体化教材的“互联网+”式互动。读者使用本系列教材时，扫描封面的二维码，即可进入在线开放课程学习平台，及时、便捷、灵活地使用课程资源；扫描总序边白处的二维码，即可观看国贸资源库介绍视频，了解资源库建设的整体设计思路和全貌；扫描前言边白处的二维码，即可观看该门课程的介绍视频，了解该门课程的设计思路与结构框架；扫描正文边白处的二维码，即可获取与重要知识点、技能点对应的优质数字化教学资源。

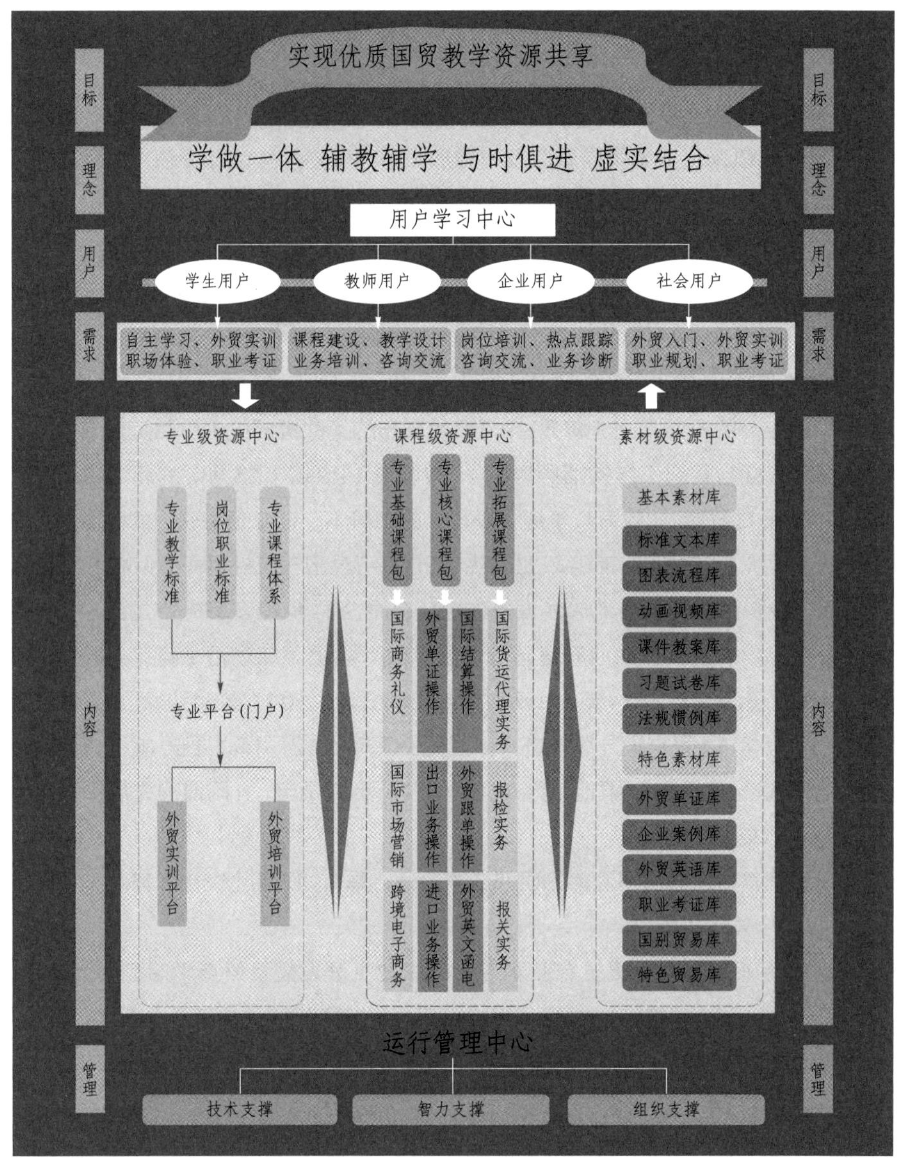

图1 国贸资源库的框架

3. 建设了内容优质、类型丰富、形式新颖的数字化教学资源

国贸资源库的在线开放课程建设，以知识点和技能点为颗粒度，建设了微课、动画、视频、沙画、漫画、图表、课件、习题、实训、案例等类型丰富的高级别数字化教学资源，精选其中具有典型性、实用性的教学资源在新形态一体化教材中进行了标注，并将优质资源以二维码形式标出，即扫即用，推动线上线下混合式教学、翻转课堂等教学改革。

4. 边建边用、以用促建，保持建设的可持续性和应用的广阔性和便捷性

国贸资源库按照“边建边用、以用促建”的方针，保持建设的可持续性、应用的广阔性和便捷性。采用职业教育数字化学习中心、MOOC学院、职教云、云课堂四位一体的智慧职教平台，实现MOOC、SPOC、O2O三种数字化教学功能，既能实现开放共享学习，又能实现信息化教学的深度应用，助力实现智慧课堂。

期待国贸资源库成为学生外贸学习的乐园、教师教改创新的平台、企业外贸培训的课堂。期待本系列教材助力全国高职院校应用型外贸人才培养，服务“一带一路”，助推外贸行业转型升级。

国家职业教育国际贸易专业教学资源库升级改进项目建设委员会

2019年11月

第二版前言

《国际结算操作》于2017年8月首次出版，为国家职业教育国际贸易专业教学资源库配套教材。国家职业教育国际贸易专业教学资源库建设项目，于2014年6月立项，2017年6月通过验收，2019年11月立项升级改进。“国际结算操作”作为该项目的专业核心课程之一，按照“一体化设计、结构化课程、颗粒化资源”进行系统建设，建成的在线开放课程在“智慧职教”平台成功上线。同时，作为第一批职教MOOC，在“爱课程”平台的“中国职教MOOC”频道成功上线。截至目前，网络学习者达2万余人，在教师、学生、企业、社会用户中均产生了较大影响。2023年1月，“国际结算操作”被教育部认定为“职业教育国家在线精品课程”。

《国家职业教育改革实施方案》《职业教育提质培优行动计划（2020—2023年）》《高等学校课程思政建设指导纲要》等文件的出台以及“关检合一”、INCOTERMS®2020、供应链票据、区块链信用证等国际贸易和金融科技行业新规范、新技术、新产品的出现，再加上《高等职业学校专业教学标准》中对经济贸易类专业教学标准的修订，均对职业教育人才培养提出了新要求。为此，本书进行了修订，修订内容主要包括：

1. 融入思政元素，落实立德树人

本教材以习近平新时代中国特色社会主义思想为指导，全面落实党的二十大精神和立德树人根本任务。

（1）党的二十大报告指出：“育人的根本在于立德。全面贯彻党的教育方针，落实立德树人根本任务，培养德智体美劳全面发展的社会主义建设者和接班人。”本教材构建了知识目标、能力目标、素养目标三维学习目标，将树立社会主义核心价值观，风险意识、责任意识、规则意识，爱岗敬业、敬业求精的职业精神，诚实守信、开拓创新的职业品格等作为人才培养目标。

（2）党的二十大报告指出：“推进高水平对外开放。依托我国超大规模市场优势，以国内大循环吸引全球资源要素，增强国内国际两个市场两种资源联动效应，提升贸易投资合作质量和水平。稳步扩大规则、规制、管理、标准等制度型开放。”“推动货物贸易优化升级，创新服务贸易发展机制，发展数字贸易，加快建设贸易强国。”结合国际贸易和金融科技新技术，进一步凝练思政元素，挖掘思政教育资源，将思政元素融入国际结算与融资项目的具体工作任务中，增设“国际结算与中国经济”栏目，实现寓价值观引导于知识传授和能力培养之中，培育和践行社会主义核心价值观，深化遵纪守法、爱岗敬业、精益求精、开拓创新等职业理想和职业道德教育。

2. 更新和开发结算业务案例和数字化教学资源

结合2020年1月1日开始实施的INCOTERMS®2020、海关总署2019年第

18号公告等新规则，更新了业务案例中的相关内容和报关单等单据格式，同时更新了配套的微课视频、教学课件等数字化教学资源。结合跨境支付业务发展，新开发了跨境支付概述、跨境支付风险及应对、反洗钱合规管控等微课，并可以通过扫描教材边白处的二维码在线学习。

3. 构建“一书一课一空间”应用模式

党的二十大报告指出：“推进教育数字化，建设全民终身学习的学习型社会、学习型大国。”为充分满足“互联网+”教学设计、教学实施和教学评价等需要，本书运用现代信息技术，构建了“一书一课一空间”应用模式，即新形态一体化教材、标准化数字课程、智能化教与学空间有机结合。本教材配套的在线开放课程荣获职业教育国家在线精品课程。以知识点和技能点为颗粒度，配套开发了微课、动画、课件、图表、案例、实训、习题等类型丰富的数字化教学资源，在课程的数字化教学资源中进一步融入二十大精神，发挥好“国际结算操作”课程的育人作用。本课程既可作为在线开放课程（MOOC）供广大学生在线自学，也可供授课教师在智慧职教云课堂构建个性化专属在线课程（SPOC）开展混合式教学，从而实现教材编写、课程建设、配套资源开发、信息技术应用的新形态一体化融合创新，服务于“互联网+”教育。

4. 优化校企“双元”合作开发模式

本书是校内专任教师和国际结算行业专家基于国际结算工作过程和工作任务，校企“双元”合作开发的教材。依据外贸岗位从业要求，校企共同开发课程标准、教材和资源，系统设计课程教学体系，探索模块化教学。

本书由浙江金融职业学院刘一展教授、范越龙副教授担任主编，浙江金融职业学院章安平教授、杭州银行国际业务部副总经理赛学军、中国农业银行浙江省分行国际业务部经理方回参与编写。具体编写分工如下：刘一展、方回共同编写导论、项目一、项目二、项目三、项目五、项目六，范越龙、赛学军共同编写项目七、项目八、项目九，章安平、方回共同编写项目四。本书最后由刘一展统稿。

本书在编写过程中参考和借鉴了大量的文献资料，并承蒙杭州银行、中国农业银行、中国银行和相关进出口企业提供许多有价值的资料和热情协助，高等教育出版社高职事业部经管分社康蓉社长和贾若曦、余尚两位编辑对本书的出版投入了大量的精力，在此一并深表谢意！

由于编者水平有限，书中难免存在疏漏和不足之处，敬请广大读者批评指正，以便本书再版时修改，使其日臻完善。

编　者

2023年7月

第一版前言

<<<<<<<<<<<<<<

当前，我国经济总量已跃居世界第二，并成为世界第一货物贸易大国，正以“一带一路”建设为契机，不断提高对外开放水平，努力开创对外开放新格局。面对外贸发展新机遇和新挑战，培养大批熟悉国际贸易规则，适应外贸发展新业态的高素质技能型外贸人才，成为我国从贸易大国走向贸易强国的关键。合格的外贸从业人员不仅要掌握外贸商品、国际市场营销、外贸函电、运输、保险、商检和报关等国际贸易知识，还要掌握国际结算和贸易融资知识，要能合理利用各种国际结算和贸易融资工具为对外贸易的顺利开展保驾护航。

“国际结算操作”课程介绍

2014年6月，教育部立项了国家职业教育国际贸易专业教学资源库项目，并于2017年6月通过验收。“国际结算操作”作为该项目的专业核心课程之一，按照“一体化设计、结构化课程、颗粒化资源”进行系统建设，建成的在线开放课程在“智慧职教”平台成功上线。同时，作为第一批职教MOOC，在“爱课程”平台的“中国职教MOOC”频道成功上线。截至目前，网络课程学习者达一万多人，在教师、学生、企业、社会用户中均产生了较大影响。在课程建设的基础上，我们依据由校内专业教师与国际结算行业专家通过校企合作共同开发的“国际结算操作”课程标准，结合岗位工作任务和职业能力分析结果，以国际结算工作过程为主线编写了本书。

“国际结算操作”课程标准（中文）

“国际结算操作”课程标准（英文）

本书较全面地阐述了国际结算的基本原理和实务操作，具有以下几大特点：

1. 内容设置力求理论与实践相结合、规则与案例相结合

本书采用了大量源自国贸企业的真实、典型的国际结算业务案例，开发了职业化、情境化的项目活动载体，设计了相应工作任务和实训项目，尽量运用启发、引导等方法并合理运用合同、单证等形式进行说明，内容丰富且贴近实务，实用性强。

2. 贯彻项目驱动、任务导向理念

本书中每个项目均以一个国际结算业务案例导入，在任务分解的基础上，详细展示某一种具体的国际结算或贸易融资方式的完整业务流程，并辅之以知识链接以及与每个项目配套的习题测验和能力实训，让学生在完成工作任务的过程中夯实国际结算基础知识，提升国际结算操作技能和综合职业素质。例如，项目三国际托收业务，我们选取了一个以托收为结算方式的真实外贸业务案例，并对此设计了三个工作任务，分别是“任务3.1制作跟单托收汇票，任务3.2填写跟单托收申请书，任务3.3办理托收手续”。通过完成上述三个工作任务，学生就能掌握如何办理国际贸易的托收结算业务。

3. 呈现形式和内容与时俱进，体现行业发展和课程教学改革最新成果

本书吸收国内外最新国际结算规则和惯例，充分体现行业发展新趋势。例如

融入《关于审核跟单信用证项下单据的国际标准银行实务》(ISBP745)，专门增加了跨境贸易人民币结算的内容，并独立成章。同时，本书配套开发了微课、文本、图片、视频、动画等多形态、立体化的教学资源，并在书中设置了对应的标识和二维码，以充分满足教学设计、教学实施和教学评价等多方面需要。

本书在课时设计上，预计约为每周3学时，每学期按照18周计算，共计约54学时。建议采用本书的教师根据授课对象的现有专业水平和原有知识结构，因材施教，就本书的内容有选择、有重点地讲授。同时建议授课教师充分利用本书立体化的数字化教学资源，开展翻转课堂和线上线下混合教学探索和实践。

本书由浙江金融职业学院刘一展、范越龙主编并统稿。杭州银行国际业务部副总经理赛学军、中国农业银行浙江省分行国际业务部经理方回参加审稿。具体编写分工如下：刘一展（导论、项目一、二、三、五、六)、范越龙（项目七、八、九)、章安平（项目四)。浙江金融职业学院杨子江和顾捷参与了本书的编写和核校。

本书在编写过程中参考和借鉴了大量的文献资料，并承蒙杭州银行、中国农业银行、中国银行和相关进出口企业提供许多有价值的资料和热情协助，高等教育出版社康蓉和贾若曦编辑对本书的编写投入了大量的精力，在此一并深表谢意!

由于编者水平有限，书中难免存在疏漏和不足之处，敬请广大读者批评指正。

编　者

2017年5月于杭州

目录 <<<<<<<<<<<<<

导论

【学习目标】

能力目标：

- 能分析国际结算的起源和发展趋势；
- 能应用主要的国际结算惯例。

知识目标：

- 掌握国际结算的概念和主要内容；
- 熟悉国际结算的主要特点和发展趋势；
- 熟悉主要的国际支付清算系统和国际结算惯例。

素养目标：

- 培育和践行社会主义核心价值观；
- 坚定“四个自信”，增强价值认同；
- 增强责任意识和风险意识。

微课：何谓国际结算？

一、国际结算的基本概念

国际结算（International Settlement）是指为清偿不同国家（地区）之间的债权债务关系或实现跨国资金转移而进行的货币收付活动。国际结算通常可以分为国际贸易结算和非国际贸易结算。国际贸易结算是指一国（地区）因货物、服务、技术进出口发生的货币收付活动。非国际贸易结算是指对外投资、外汇买卖、留学旅游、侨民汇款、捐赠援助等国际贸易以外的各种对外收付活动。本书主要介绍国际贸易结算。

二、国际结算的主要内容

国际结算主要包括国际结算票据、国际结算方式、国际结算单据和国际结算惯例四大基本内容。国际结算票据主要包括汇票、支票和本票等票据。国际结算方式主要包括汇款、托收、信用证、银行保函、国际保理、福费廷等。国际结算单据主要包括商业发票、运输单据、保险单据、商检证明和产地证书等。国际结算惯例主要包括URC522、UCP600、ISBP745等。具体说来，国际结算就是应用一定的结算票据和结算单据，采取一定的结算方式，遵循一定的结算惯例，利用互联网等渠道，通过银行等媒介机构进行的国家（地区）之间的货币收付行为，从而使国际债权债务关系得以清偿或实现国家（地区）间的资金转移。本书将以不同的国际结算方式为主线，把国际结算票据、国际结算单据和国际结算惯例贯穿其中，主要从国际贸易主体角度介绍具体业务操作原理和操作流程。

三、国际结算的主要特点

微课：国际结算有何特点？

国际结算伴随着国际贸易的发展而产生。最初的国际贸易以物物交换的方式进行。在黄金白银充当贸易中的一般等价物并成为世界货币后，国际结算也随之产生。现金结算、凭货付款和直接结算是传统国际结算的三个特点。随着国际贸易的进一步发展，以现金结算为主的传统国际结算方式已不再适应国际贸易的需求。国际结算随之逐步过渡到以票据为基础、单据为条件、银行为中枢、网络技术和清算系统为媒介、结算与融资相结合的现代国际结算。现代国际结算主要有以下三个特点。

（一）票据的产生和广泛应用，使国际结算从现金结算发展到票据结算

早期的现金结算要清点和识别真伪，远途运送不仅费时费力而且存在风险，无法满足大规模远洋贸易的发展。公元11世纪，当时的欧洲国际贸易中心——地中海沿岸城市的商人们为了寻求贸易的便利，开始使用“字据”来代替现金，并在“字据”的基础上形成了汇票、本票等票据。到了16—17世纪，这些票据已被广泛应用于国际结算领域。随着结算业务量的增加，使用

票据的非现金结算方式日益显示出它的优越性。18世纪以后，票据的概念已被普遍接受。

（二）物权的单据化，使国际结算从凭货付款发展到凭单付款

在票据发展的同时，随着贸易量的急速增长，商人们不再亲自驾船出海，而是委托船东运送货物，船东们为了转移风险又向保险商投保。于是，商业、航运业、保险业就分化为三个独立的行业，并出现了提单、保险单等代表物权的单据。这些单据成为转让和抵押的对象。19世纪末至20世纪初，凭单付款的结算方式已相当完善。

（三）银行信用介入，使国际结算从直接结算发展到间接结算

票据和单据的应用为买卖双方从直接结算过渡到通过银行账户进行转账结算提供了可能。18世纪后期，随着银行职能的扩大，银行介入国际结算已相当普遍。它们在世界各地设置机构网点，并与代理行合作，提供外汇收付和资金融通等服务。银行的专业化服务在促进国际结算和国际贸易发展的同时，也扩展了银行自身的业务，逐渐形成当今贸易结算与融资相结合的国际结算体系。这是现代国际结算最重要的特点之一。

四、国际结算的发展趋势

（一）信用证结算使用率逐步下降

信用证以银行信用取代商业信用，解决了贸易双方互不信任的问题，是国际贸易中占主导地位的结算方式。然而，由于信用证结算费用相对较高，手续烦琐，并且在较长时间内占用买方资金和信用额度，因此买方往往倾向于选择对其更为有利的商业信用结算方式。在目前国际贸易主要为买方市场的情况下，卖方为了增强其销售竞争力，在交易中也不得不在结算方式上做出相应的让步。特别是在欧美发达地区，信用证结算比例呈现大幅下降趋势。

微课：国际结算发展趋势如何?

（二）混合结算方式日益增多

对于买卖双方来讲，无论选择何种结算方式都各有利弊。为防范和规避收付汇风险，加速资金周转，交易双方在结算方式上不断博弈，促使多元化混合结算方式日益增多。例如，前T/T与即期信用证混合结算；信用证与托收混合结算；信用证与福费廷混合结算等。混合结算方式可以使交易双方分摊结算成本和风险，受到越来越多的青睐。

（三）国际结算与贸易融资紧密结合

随着国际结算业务的发展，在各个环节产生了不同形式的资金和信用的融通活动。对企业来讲，由于银行在国际贸易融资中弱化了传统的担保要求，重点考察企业真实交易背景和历史信誉，降低了企业获得融资的准入门

槛。对银行来讲，企业在进出口贸易中产生的销售收入成为贸易融资的第一还款来源，这种自偿性有效降低了银行贷款风险；同时，国际贸易融资业务增加了银行表外业务收入，优化了银行收入结构。因此，出口押汇、打包贷款、减免保证金开证、出口信用保险项下融资等贸易融资业务规模不断扩大，并从单笔业务融资向综合性融资发展。

（四）国际结算外汇风险不断增加

在国际结算中，从交易达成到账款收付，再到借贷本息的最后偿付，均有一个期限。时间、本币和外币三个因素共同构成外汇风险。由于目前人民币尚未实现完全可自由兑换，汇率形成机制还不够健全，国际结算所使用的货币兑换成本和风险较大。同时，外汇汇率的市场化机制处于逐步完善之中，汇率浮动区间较大，货币贬值或增值的不确定性也在增强。

（五）国际结算电子化程度继续提高

电子信息技术的发展为国际结算业务创新提供了媒介支撑和技术保障。电子数据交换（Electronic Data Interchange，EDI）将数据和信息格式化、标准化，实现物流、信息流和资金流的整合，其广泛应用形成的“无纸化贸易”逐步取代传统纸单贸易。在全球金融支付系统中，SWIFT系统的运行效率和安全性也不断增强，推动国际结算电子化程度持续提高。

（六）跨境贸易人民币结算范围逐步扩大

为顺应国内外市场和企业的要求，稳步推进人民币国际化进程，国务院于2009年4月8日正式决定在上海、广州、深圳、珠海、东莞开展跨境贸易人民币结算试点，境外地域范围暂定为我国港澳地区和东盟国家。2009年7月1日，中国人民银行、财政部、商务部等六部门联合发布的《跨境贸易人民币结算试点管理办法》正式实施。该办法明确，国家允许指定的、有条件的企业在自愿的基础上以人民币进行跨境贸易的结算，支持商业银行为企业提供跨境贸易人民币结算服务。2010年6月，跨境贸易人民币结算的境外地域扩展到所有国家和地区，增加了北京、天津、江苏、浙江等18个省（自治区、直辖市）为试点地区。2011年7月，跨境贸易人民币结算地区又增加了河北、山西、安徽等省（自治区），至此范围扩大至全国。

中国人民银行发布的《2020年人民币国际化报告》显示，2019年跨境使用人民币逆势快速增长，全年人民币跨境收付金额合计19.67万亿元，同比增长24.1%，收付金额创历史新高。最新统计数据显示，人民币在主要国际支付货币中排第5位，市场份额为1.76%。随着跨境人民币政策进一步优化，各项改革不断推进，将有更多的市场主体，特别是我国的邻国和“一带一路”沿线国家的市场主体，将接受以人民币进行支付结算，自贸区、粤港澳大湾区将成为使用人民币跨境支付新的增长点。

五、国际支付清算系统

（一）SWIFT系统

环球银行金融电信协会（Society for Worldwide Interbank Financial Telecommunication,SWIFT），是一个国际银行同业间的非营利性国际合作组织。该组织成立于1973年5月，总部位于比利时的布鲁塞尔。目前，国际银行间的结算主要通过SWIFT系统实现。SWIFT系统主要提供金融行业安全报文传输服务与相关接口软件，不直接参与资金的转移处理服务。各成员使用时必须遵循SWIFT手册规定的标准，否则会被自动拒绝。

1. SWIFT的特点

（1）格式化和规范化。SWIFT报文有十类（Category），每一类包含若干组（Group），每一组又包含若干格式（Type）。每个报文格式代码均由3位数字组成。SWIFT报文格式分类见表0–1。

表0–1 SWIFT报文格式分类

类别	名称
MT1××	客户汇款与支票（Customer Payments & Checks）
MT2××	金融机构汇款（Financial Institution Transfers）
MT3××	外汇交易、货币市场和衍生工具（FX，MM，Derivatives）
MT4××	托收（Collections）
MT5××	证券（Securities Market）
MT6××	贵金属和辛迪加（Precious Metal and Syndication）
MT7××	跟单信用证和保函（Documentary Credits and Guarantees）
MT8××	旅行支票（Traveler's Checks）
MT9××	现金管理与账务（Cash Management & Customer Status）
MT0××	SWIFT系统电报

（2）信息传递安全可靠。每一份电传都可以得到SWIFT系统发妥或未发妥的证实，在未发妥证实中还会对未发妥原因做出说明。SWIFT密押（Authentication Key）与传统电传密押相比，其可靠性、保密性更强，自动化程度更高。代理行之间的收发电均由SWIFT系统自动完成加押、核押工作。根据SWIFT守则，代理行之间的SWIFT密押每半年更换一次。

（3）高速度、低费用。SWIFT的线路速度远高于普通电传，费用也相对较低。

2. SWIFT银行识别代码（BIC）

每家申请加入SWIFT组织的银行都必须事先按照SWIFT组织的统一原

则，制定本行的SWIFT地址代码，经SWIFT组织批准后正式生效。银行识别代码（Business Identifier Code，BIC）由计算机可以自动判读的8位或11位英文字母或阿拉伯数字组成。SWIFT银行识别代码由以下四部分构成。

（1）银行代码（Bank Code）：由四位易于识别的银行名称字头缩写字母组成，适用于其所有的分支机构。

（2）国家代码（Country Code）：由两位字母组成，表明用户所在的国家和地理区域。

（3）地区代码（Location Code）：由0、1以外的两位数字或两位字母组成，用以区分位于所在国家的地理位置，如时区、省、州、城市等。

（4）分行代码（Branch Code）：由三位数字或字母组成，用以区分一个国家或地区内不同分行、组织或部门。如银行的BIC只有8位而无分行代码时，其初始值定为“×××”。以下是部分中国境内银行总行的SWIFT银行识别代码（见表0–2）。

表0–2 部分中国境内银行总行的SWIFT银行识别代码

银行中文名称	银行英文名称	银行识别代码
中国银行	BANK OF CHINA	BKCHCNBJ
中国工商银行	INDUSTRIAL AND COMMERCIAL BANK OF CHINA	ICBKCNBJ
中国农业银行	AGRICULTURAL BANK OF CHINA	ABOCCNBJ
中国建设银行	CHINA CONSTRUCTION BANK	PCBCCNBJ
交通银行	COMMUNICATIONS BANK OF CHINA	COMMCNSH
中国光大银行	CHINA EVERBRIGHT BANK	EVERCNBJ
中国民生银行	CHINA MINSHENG BANK	MSBCCNBJ
中信银行	CHINA CITIC BANK	CIBKCNBJ
华夏银行	HUAXIA BANK	HXBKCNBJ
招商银行	CHINA MERCHANTS BANK	CMBCCNBS
浦发银行	SHANGHAI PUDONG DEVELOPMENT BANK	SPDBCNSH
兴业银行	INDUSTRIAL BANK CO.，LTD.	FJIBCNBA
平安银行	PING AN BANK	SZDBCNBS
广发银行	CHINA GUANGFA BANK	GDBKCN22

同时，SWIFT还为没有加入SWIFT组织的银行，按照此规则编制了一种在电文中代替输入其银行全称的代码。所有此类代码均在最后三位加上“BIC”三个字母，用来区别于正式SWIFT会员银行的SWIFT地址代码。

3. SWIFT的容量

SWIFT报文（Text）由项目（Field）组成，每一种报文格式（Message

Type，MT）规定了由哪些项目组成。例如，在跟单信用证MT700中，20：Documentary Credit Number（跟单信用证号码）就是一个项目。20为项目代码（TAG），可以由两位数字组成，也可以由两位数字加一位字母表示，如31D：Date and Place of Expiry（到期日及到期地点）。在一份SWIFT报文中，有些项目是必不可少的，称为必选项目（Mandatory Field，M）；有些项目可以根据业务需要选用，并不要求每份报文都有，称为可选项目（Optional Field，O）。

SWIFT报文还严格规定了每个项目由多少字母、多少数字或多少字符组成，这些规定的表示方法及含义如下：

n：只表示数字；

a：只表示字母；

Q：表示数字或字母；

X：表示SWIFT电传中允许出现任何一个字符（包括10个数字、26个字母、有关标点符号、空格键、回车键和跳行键）；

*：表示行数。

例如：6n表示最多填入6位数字。4×35X表示最多填4行，每行最多35个字符。

（二）主要货币国际清算系统

1. 美元清算系统

纽约清算所协会（NYCHA）负责运作的银行同业支付系统（Clearing House Interbank Payment System，CHIPS）设立于1970年，是跨国美元交易的主要清算渠道。通过CHIPS处理的美元交易额占全球美元总交易额的95%左右。各银行若要申请成为CHIPS会员银行，须向纽约清算所申请并经该所核准。CHIPS会员银行主要包括纽约清算所协会会员、纽约市商业银行以及外国银行在纽约的分支机构等。在CHIPS系统中，每个会员银行均有一个美国银行家协会号码（American Bankers Association Number），即“ABA”号码，作为参加CHIPS清算时的代码。每个CHIPS会员银行所属客户在该行开立的账户，由清算所发给通用认证号码（Universal Identification Number），即“UID”号码，作为收款人（或收款行）的代码。只有在收付款双方都是CHIPS会员银行的情况下，才能经过CHIPS直接清算。CHIPS是一个净额支付清算系统，每日营业终止后进行收付差额清算，每日下午六时（美国东部时间）完成资金转账。除CHIPS以外，美国联邦储备银行清算系统（FEDWIRE）也是主要的美元清算系统之一。

2. 英镑清算系统

英国伦敦银行自动收付系统（The Clearing House Automated Payment System，CHAPS）设立于1984年，是伦敦同城清算交换中心，也是世界所有英镑电子支付清算中心。1999年，清算系统分为英镑CHAPS和欧元CHAPS，后者与泛欧实时全额自动清算系统（Trans-European Automated Real-time Gross Settlement Express Transfer System，TARGET）相连接。

3. 人民币跨境支付系统

人民币跨境支付系统（Cross-border Interbank Payment System，CIPS）于2015年10月（一期）上线运行，由跨境银行间支付清算有限责任公司负责运营。CIPS为境内外金融机构人民币跨境和离岸业务提供资金清算、结算服务。2018年5月，CIPS系统（二期）全面上线运行，运行时间延长至5×24小时+4小时，实现对全球各时区金融市场的全覆盖。截至2023年5月，CIPS系统共有中国工商银行、中国农业银行、汇丰银行（中国）、花旗银行（中国）、德意志银行（中国）等1 441家参与者，覆盖全球六大洲110个国家和地区，是我国重要的金融基础设施。

4. 其他货币的清算系统

除上述清算系统外，还有泛欧实时全额自动清算系统（TARGET）、外汇日元清算系统（Foreign Exchange Yen Clearing System，FXYCS）和中国香港自动清算系统（Clearing House Automated Transfer System，CHATS）等。

六、国际结算惯例

微课：国际结算惯例

（一）《国际贸易术语解释通则》

《国际贸易术语解释通则》（International Rules for the Interpretaion of Trade Terms，INCOTERMS）为国际贸易中使用最普遍的贸易术语提供了一套解释的国际规则。INCOTERMS由国际商会于1936年制定，先后进行了8次修订和补充。《国际贸易术语解释通则2020》（Incoterms®2020）已于2020年1月1日正式实施，Incoterms®2020包括EXW、FCA、CPT、CIP、DAP、DPU、DDP、FAS、FOB、CFR和CIF共11个贸易术语，按照所适用的运输方式分为两类。

（二）《跟单信用证统一惯例》

《跟单信用证统一惯例》（Uniform Customs and Practice for Documentary Credits，UCP）现行版本为2007年修订本，为国际商会第600号出版物，简称UCP600。UCP600于2007年7月1日开始施行，是目前适用性最为广泛的银行处理跟单信用证业务的国际规则。国际结算领域以UCP为核心，还产生了《关于审核跟单信用证项下单据的国际标准银行实务》（International Standard Banking Practice for the Examination of Documents under Documentary Credits，ISBP）和《跟单信用证统一惯例关于电子交单的附则》（eUCP）等配套规则。ISBP是银行在审核跟单信用证项下提交的单据时适用的审查项目清单，是对UCP的操作解释和补充。最新版为ISBP745，2013年4月开始施行。eUCP1.1版是针对UCP600的升级版本，是UCP600的补充。在电子交单或以电子和纸质单据混合提交时，UCP和eUCP应同时适用。

（三）《托收统一规则》

《托收统一规则》（The Uniform Rules for Collection，URC）是国际银行据以从事托收业务的指导性规则。现行版本是国际商会第522号出版物，简称URC522，于1996年1月1日开始实施。

（四）《见索即付保函统一规则》

《见索即付保函统一规则》（The Uniform Rules for Demand Guarantees，URDG）是针对国际上大多采用的独立性保函所制定的。现行版本URDG758于2010年7月1日开始实施，是见索即付保函业务的权威业务指南。

（五）《国际备用证惯例》

《国际备用证惯例》（International Standby Practices，ISP）为备用信用证提供了单独的规则，现行版本ISP98于1999年1月1日开始实施。

需要注意的是，国际结算惯例是指在国际贸易和国际结算的长期实践中逐步形成的一些国际通用的习惯做法和规则。国际结算惯例不是法律，不具有普遍的约束力，只有在当事人明示或者默示同意适用时，才对当事人具有法律效力。

习题测验

一、单项选择题

1. 国际结算制度的核心是（　　）。

A. 信用制度　　B. 贸易制度

C. 银行制度　　D. 外汇管理制度

2. 银行在办理国际结算业务时，选择往来银行的优先顺序是（　　）。

A. 非账户行、联行、账户行　　B. 账户行、非账户行、联行

C. 联行、账户行、非账户行　　D. 联行、非账户行、账户行

3. 根据Incoterms® 2020，卖方义务最小的贸易术语是（　　）。

A. EXW　　B. DDP　　C. DPU　　D. CIF

4. 在国际结算方式中，按出口商承担风险从小到大的顺序排列，应该是（　　）。

A. D/P，L/C，D/A　　B. L/C，D/P，D/A

C. D/A，D/P，L/C　　D. D/P，D/A，L/C

二、多项选择题

1. 引起跨国货币收付的原因中，不属于国际贸易结算范畴的有（　　）。

A. 对外投资　B. 商品贸易　C. 服务贸易　D. 外汇买卖

2. 根据Incoterms® 2020，只能适用于水运的贸易术语有（　　）。

A. FCA　B. FOB　C. CFR　D. DPU

三、判断题

1. 国际结算的目的是实现债权债务的清偿和跨国资金转移。（　　）

2. 我国内地与港澳台地区之间的货币收付，因属同一个国家，所以属于国内结算。（　　）

3. 当代国际结算大部分采取记账和转账方式。（　　）

4. SWIFT环球银行金融电信协会，是一个国际银行同业间的营利性国际合作组织。（　　）

5. SWIFT不仅为国际金融系统提供通信服务，还直接参与资金的转移处理服务。（　　）

6. SWIFT可自动完成编押、核押工作，银行以SWIFT发出指示，无须再发电报证实书。（　　）

7. 支付清算体系是由提供支付清算服务的中介机构和实现支付指令传递及资金清算的专业技术手段共同组成，用以实现债权债务清偿及资金转移的一种金融安排。（　　）

8. UCP600的条文对有关各方都有约束力，不得在信用证中对其适用予以修改或排除。（　　）

9. 根据Incoterms® 2020，CFR与CIF的最大区别是运费是否由出口商支付。（　　）

10. UCP600规定银行处理的是单据，而不是单据所涉及的货物、服务或其他行为。（　　）

项目一　国际票据业务

【学习目标】

能力目标：

- 能完成汇票、本票、支票的出票操作；
- 能完成汇票的背书、承兑、保证操作；
- 能审核汇票、本票、支票的有效性。

知识目标：

- 掌握票据的含义和特征；
- 熟悉票据当事人的关系及其权利和责任；
- 掌握汇票、本票和支票的含义和必要项目；
- 掌握出票、背书、承兑、保证等主要的票据行为；
- 了解两大票据法系及其区别。

素养目标：

- 培育严谨细致、精益求精的职业品格；
- 强化风险意识、责任意识和规则意识。

【思维导图】

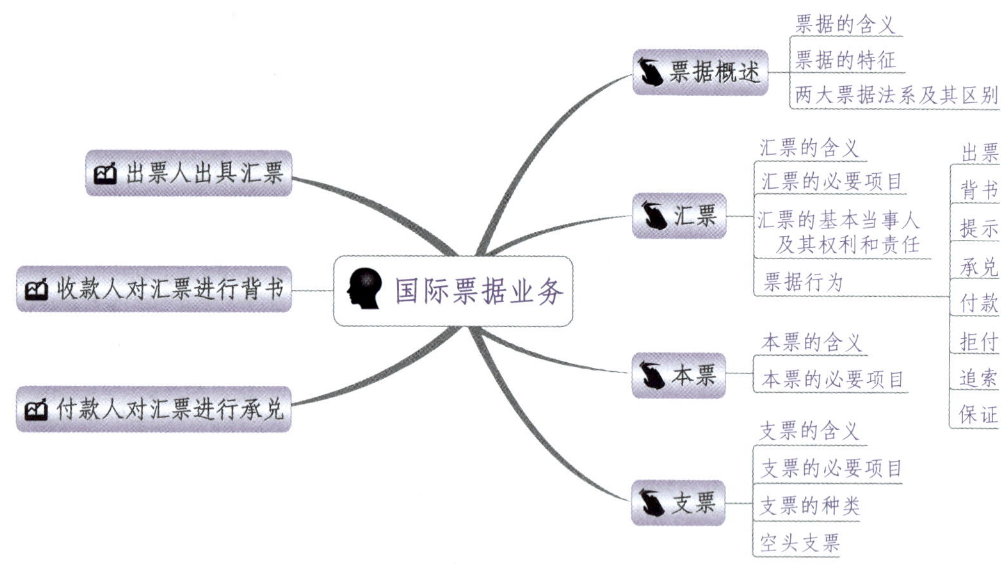

项目背景

动画：国际票据业务

2021年6月22日，天津祺利贸易有限公司与美国 AK Trading Inc.(地址：508, Mayfield Road, New York, U.S.A.)签订了一份金额为35 600美元的家具出口合同(编号：SC2021X065)。合同规定，采用托收结算方式，要求天津祺利贸易有限公司出具汇票，以AK Trading Inc.为付款人，付款期限为见票后60天。7月23日，天津祺利贸易有限公司按照出口合同的要求装运了货物。

任务分解

任务1.1　出票人出具汇票

7月27日，天津祺利贸易有限公司单证员刘航在向中国银行天津分行办理托收前，需根据出口合同制作汇票。其中，汇票号码为QL2021082，汇票收款人为中国银行天津分行。天津祺利贸易有限公司授权签字人为张洋。

任务1.2　收款人对汇票进行背书

7月28日，天津祺利贸易有限公司单证员刘航到中国银行天津分行办理托收结算业务，在银行受理其申请后，向银行提交了汇票和其他单据。

7月29日，中国银行天津分行执行委托，向代收行中国银行纽约分行做托收背书，请该行代收此笔款项。中国银行天津分行授权签字人为高悦。

任务1.3　付款人对汇票进行承兑

8月5日，中国银行纽约分行收到中国银行天津分行的托收单据后，向AK Trading Inc.提示承兑汇票。当日，AK Trading Inc.对该汇票进行承兑。AK Trading Inc.授权签字人为Jimmy Brown。

任务1.1　出票人出具汇票

7月27日，刘航在向中国银行天津分行办理托收前，需要根据出口合同逐项填写汇票各栏目内容。

1. “汇票”字样

汇票一词在英文中有不同的表述，Bill of Exchange，Exchange，Draft均可。注明“汇票”字样的目的在于区别本票、支票等其他票据，并以此确定有关当事人相应的权利、义务和责任。《中华人民共和国票据法》(简称《票据法》)和《日内瓦统一法》都将“汇票”字样作为必要项目。英国《票据法》则未要求必须表明“汇票”字样。我国法律规定汇票、支票等格式应当统一，由中国人民银行规定票据凭证的格式和印制。因此，往往事先印就“汇票”字样，此处无须填写。

微课：汇票的出票

2. 汇票编号

外贸企业的汇票编号（No.）一般采用发票号码，本业务为QL2021082。

3. 汇票小写金额（Amount in Figure）和币种（Currency）

汇票是一种资金凭证，必须包括以货币表示的确定的金额（a sum certain in money），即任何人都可以计算或者可以确定的数额。本业务为USD 35 600.00。

4. 出票日期

我国《票据法》和《日内瓦统一法》都规定出票日期（Date of Issue）为必要项目，因此在中国和适用《日内瓦统一法》的国家签发的汇票中必须载明出票日期，否则汇票无效。英国的《票据法》则允许汇票中不记载出票日期，因此在英国签发的汇票出票时这栏可以空白，但在交付后，要由收款人补记出票日期。本业务为July 27，2021。

5. 出票地点

我国《票据法》和英国《票据法》都未将出票地点（Place of Issue）作为

汇票的必要项目，因此可以不填。我国《票据法》规定，汇票上未记载出票地的，出票人的营业场所、住所或者经常居住地为出票地。国际汇票明确出票地点，就决定了该汇票适用的法律，并以此判断必要项目是否齐全，汇票是否有效。本业务填写TIANJIN，CHINA。

6. 利息条款

汇票除了写明应付的确定金额外，还可以带有利息，但须规定利率。英国《票据法》规定，有利息条款（With Interest）而未规定利率的汇票无效。如汇票表明支付时带有利息，除票据另有规定外，利息应自出票日起算，如未载明出票日，则自签发日起算。按照商业习惯，通常以付款日作为终止日。《日内瓦统一法》规定，凡见票即付或见票后定期付款的汇票，出票人可以就应付的金额规定附加利息。利率应在汇票上表明；如未表明，上述规定视为无记载。也就是说，汇票未记载利率，就按照原金额付款，不加利息，但汇票本身是有效的。我国《票据法》也作了与《日内瓦统一法》类似的规定。本业务不计利息，因此不填。

7. 付款期限

汇票的付款期限（Tenor）通常可以分为即期与远期。在票汇业务中，银行仅签发即期汇票。即期也叫见票即付，英文表述为At Sight或On Demand等。远期又可以分为四种类型：①定日付款（At a Fixed Future Date）；②出票后定期付款（At a Fixed Period after Date）；③见票后定期付款（At a Fixed Period after Sight）；④在其他事件发生后定期付款（At a Fixed Period after Occurrence of a Specified Event），例如，At 30 days after shipment date pay to A Company.。值得注意的是，这个事件是将来肯定会发生的（At a Determinable Future Time）。否则，该汇票无效。

本业务填写AT 60 DAYS AFTER SIGHT。

8. “付一不付二”与“付二不付一”条款

汇票通常为成套汇票，各张面额和内容完全相同，每张必须有编号，并且各张交叉注明全套中任何一张付款后，其余各张不再重付。例如，通常一套两张的汇票，付款人对一张汇票兑付后，另一张就自动失效。因此，第一张汇票都注明Pay at sight of this first of exchange（second of the same tenor and date being unpaid）to A Company.，俗称“付一不付二”，第二张则注明“付二不付一”。

9. 收款人名称

收款人名称（Name of Payee）也称汇票的抬头，是汇票出票时记载的债权人。习惯上，汇票只写明收款人名称，无须注明其地址。汇票主要有以下三种抬头：①指示性抬头或记名抬头。该种抬头的汇票可以通过背书和交付的方式转让。例如：Pay to A Company；Pay to the Order of A Company；Pay to A Company or Order。②限制性抬头。该种抬头的汇票不得转让他人，不具有流通性。例如：Pay to A Company Only；Pay to A Company Not Transferable。③来人抬头或不记名抬头。该种汇票上不记载收款人名称。例如：Pay to The Bearer；Pay to The Holder；Pay to A Company or Bearer。我国《票据法》和《日内瓦统一法》都禁止签发来人抬头汇票。英国《票据法》则允许以来人作为收款人。本业务填写PAY TO THE ORDER OF BANK OF CHINA，TIANJIN BRANCH.

10. 大写金额

我国《票据法》规定，票据金额以中文大写和数码同时记载，两者必须一致，两者不一致的，票据无效。《日内瓦统一法》和英国《票据法》则规定当大写和数字表示的票据金额不一致时，以大写表示的金额（Amount in Words）为准。本业务填写U.S.DOLLARS THIRTY FIVE THOUSAND SIX HUNDRED ONLY.

11. 付款人名称

付款人是指接受支付命令的人，因此也称受票人。一般情况下，汇票上除了要注明付款人的名称（Name of Drawee）之外，还要注明其地址以便持票人向其提示承兑或者提示付款。本业务填写AK Trading Inc.，508，Mayfield Road，New York，U.S.A.

12. 出票人签章

各国票据法都要求汇票必须由出票人签章（Signature of Drawer），用以确认其对汇票的债务责任。我国《票据法》规定，票据上的签章为签名、盖章或者签名加盖章。在票据上的签名，应当为该当事人的本名。票据上有伪造、变造的签章的，不影响票据上其他真实签章的效力。没有代理权而以代理人名义在票据上签章的，应当由签章人承担票据责任；代理人超越代理权限的，应当就其超越权限的部分承担票据责任。所谓“承担票据责任”，主要是指承担向持票人支付票据金额的义务。无民事行为能力人或者限制民事行为能力人在票据上签章的，其签章无效，但是不影响其他签章的效力。英国《票据法》规定，某人以其商号名称或虚构之名在汇票上签字，签名人应对汇票负责，如同其以本人名义在汇票上签名。本业务由出票人天津祺利贸易有限公司（TIANJIN QILI TRADING CO.，LTD.）盖章，并由授权签字人张洋签名。

另外，在填制汇票时还需要注意，汇票是支付的“命令”（Order to Pay），不是一个付款请求。如果用“Would you please to pay...”等请求的语气进行陈述，汇票无效。同时，汇票的支付命令是无条件（Unconditional）的。所谓“无条件支付的命令”是指不允许以其他行为的履行或事件的发生作为执行命令的前提条件。例如，汇票中记载“Pay to A Company or order the sum of U.S. Dollars one thousand providing the goods supplied in compliance with the contract”，如果供应的货物与合同相符，则向A公司或其指定的人支付1 000美元。该记载将“供应的货物与合同相符”作为支付1 000美元的前提条件。也就是说，如果供应的货物与合同不符，则持票人无法凭借该汇票向付款人请求支付1 000美元，载有上述条款的汇票无效。如果规定必须用某一特殊的资金来支付汇票上的金额，此类汇票同样也不能接受。例如，Pay to A Company out of proceeds of sale of woolen coats the sum of U.S. Dollars one thousand only，即从羊毛大衣的销售款项中支付1 000美元的汇票金额。如果羊毛大衣未能顺利出售，则难以保证汇票上金额的支付。但是，汇票上如果有以下记载是可以接受的。

（1）对该汇票的交易背景说明，即出票条款（Drawn Clause），不构成支付命令的条件。例如，本业务可以加列“Drawn under Contract No. SC2021X065 against shipment of furniture for collection.”，注明该汇票为SC2021X065号合同项下家具出口办理托收。

（2）支付命令后表明付款人可以借记某账户，不构成支付命令的条件。例 如，“Pay to A Bank or order the sum of five thousand pounds and charge/debit same to applicant’s account maintained with you（并将此金额借记申请人开设在你行的账户）”。

（3）汇票大写金额后面注明“对价收讫”或“对价已收”（For Value Received）也不构成支付命令的条件。

按以上步骤填制的汇票见表1–1。

表1–1　汇　　票

BILL OF EXCHANGE

No. QL2021082，Exchange for USD35 600.00，July 27，2021 TIANJIN，CHINA

Payable with interest @　　%

At 60 DAYS AFTER sight of this FIRST of exchange（second of exchange Being Unpaid）pay to the order of BANK OF CHINA，TIANJIN BRANCH

the sum of SAY：U.S. DOLLARS THIRTY FIVE THOUSAND SIX HUNDRED ONLY

To: AK TRADING INC.

508 MAYFIELD.，NEW YORK，U.S.A.

For and on behalf of

天 津 祺 利 贸 易 有 限 公 司

TIANJIN QILI TRADING CO.，LTD.

张洋

（Authorized Signature）

由于出票地在中国，刘航在制作完汇票后应根据我国《票据法》的规定审核该汇票是否符合相关规定，如是否包含7个要项，即：汇票字样、无条件支付的命令、汇票金额、出票日期、收款人名称、付款人名称和出票人签章。经审核，该汇票7个要项齐全且内容形式均符合我国《票据法》的要求，因此是有效汇票。

任务1.2　收款人对汇票进行背书

7月28日，中国银行天津分行执行委托，在汇票背面向代收行中国银行纽约分行做如下托收背书，请该行代收此笔款项。

PAY TO BANK OF CHINA，NEW YORK BRANCH ONLY FOR COLLECTION.
FOR BANK OF CHINA，TIANJIN BRANCH
高悦

任务1.3　付款人对汇票进行承兑

8月5日，中国银行纽约分行收到中国银行天津分行的托收单据后，向AK Trading Inc.提示承兑汇票。当日，AK Trading Inc.对该汇票做如下承兑。

微课：汇票的背书和承兑

ACCEPTED
Aug. 5，2021
FOR AK TRADING INC.
JIMMY BROWN

知识要点

一、票据概述

（一）票据的含义

票据是依据《票据法》签发的，以无条件支付一定金额为目的的有价证券。票据有广义和狭义之分，广义的票据是指商业上的权利单据（Document of Title），包括各种有价证券和凭证，如股票、债券、仓单、提单、保险单、发票等。狭义的票据是指由出票人依《票据法》签发的，由本人或委托他人在见票时或在票载日期无条件支付一定金额给收款人或持票人的有价证券。也就是说，狭义的票据是以支付一定金额为目的，可以流通转让的有价证券，主要用于债权债务的清偿和结算。若约定由出票人本人付款，则是本票；若由他人付款，则为汇票或支票。本书所指的票据是狭义票据，即汇票、本票和支票。

微课：票据的含义

（二）票据的特征

票据具有设权性、流通性、无因性、文义性、要式性、提示性和返还性等基本特征，从而保证了票据可以作为结算工具代替现金使用。

1. 设权性

票据权利包括付款请求权和追索权。设权性（Rights Setting）是指做成票据才产生票据权利，在票据做成之前，票据权利是不存在的。

2. 流通性

流通性（Negotiability）是指票据的权利人可以通过交付或者背书及交付将票据上的资金权利转让给他人。

3. 无因性

无因性（Non-causative Nature）是指权利人享有票据文义载明的权利，仅以符合《票据法》规定的有效票据为必要凭证，至于票据赖以发生的原因则在所不问。即使原因关系无效或存在瑕疵，也不影响票据的效力。

4. 文义性

文义性（Literalness）是指票据上的一切权利和义务必须严格依照票据记载的文义而定，文义之外的任何事项、理由均不得作为根据。

5. 要式性

要式性（Requisite in Form）是指票据的形式必须符合法律规定，票据上记载的必要项目必须齐全且符合要求。

6. 提示性

提示性（Presentment）是指持票人行使票据权利时，必须在法定期限内向付款人出示票据，将票据交给付款人查验，否则付款人可以不予理会。

7. 返还性

返还性（Returnability）是指持票人在实现票据权利后，必须将已收款的票据交还给付款人，以防再度提款。

（三）两大票据法系及其区别

票据法是规范票据的种类、形式和内容，明确票据当事人之间的权利和义务，调整因票据而发生的各种社会关系的法律规范。

目前世界上最具影响力的两大票据法系是以英国《票据法》为基础的英美法系和以《日内瓦统一法》为代表的大陆法系。

1. 英美法系

英国于1882年颁布实施了《票据法》（Bills of Exchange Act），并于1909年、1914年和1917年先后三次对该法进行了修正，现在仍适用该法。英国的《票据法》对汇票和本票做了规定，并将支票作为汇票的一种。1957年英国另行制定了《支票法》（Cheques Act 1957），作为《票据法》的补充。美国及大部分英联邦成员都以英国《票据法》为参照制定了本国的票据法。美国于1952年制定了《统一商法典》（Uniform Commercial Code），其中第三章“流通票据”即为有关票据的法律规定，也就是美国的票据法。目前，英国、爱尔兰、美国、澳大利亚、加拿大、新西兰、新加坡、马来西亚、印度、巴基斯坦等国家的票据法均属英美法系。

2. 大陆法系

以法国、德国等欧洲大陆国家为主的30多个国家于1930年参加了在日内瓦召开的国际票据法统一会议，签订了《统一汇票本票法公约》（Convention Providing a Uniform Law for Bills of Exchange and Promissory Notes）。1931年又签订了《统一支票法公约》（Convention Providing a Uniform Law for Cheques）。两个公约合称为《日内瓦统一法》。由于英美两国及其他一些英美法系国家并未参加日内瓦公约，当今世界上还没有统一的票据法，仍然存在英美法系和大陆法系两大票据法体系。目前法国、德国、意大利、荷兰、挪威、葡萄牙、西班牙、瑞典、瑞士、奥地利、比利时、巴西、丹麦、芬兰、土耳其、希腊、波兰、捷克、匈牙利、日本等国家均采用大陆法系。

3. 两大票据法系的区别

两大票据法系的区别主要体现在以下几个方面。

（1）立法体例不同。英美法系采用票据包括主义，如英国《票据法》认为支票和本票都是汇票的一种类型。1957年的《支票法》实际上是对1882年《票据法》中支票内容的补充。大陆法系则采用票据分离主义，《日内瓦统一法》将汇票和本票视为同一类型，将支票视为另一类，分别订立公约。

（2）对票据要项的要求不同。《日内瓦统一法》明确规定票据的要项。例如，汇票有10个要项，缺一不可。英国《票据法》对票据要项的要求与《日内瓦统一法》有所不同，例如，并不要求汇票上注明"汇票"字样等。

（3）持票人的权利不同。《日内瓦统一法》规定，占有票据并能证明票据上的背书是连贯的持票人，就是"合法持票人"（Lawful Holder），对票据就拥有合法的权利。英国《票据法》则注重票据的流通性和信贷功能的发挥，把持票人分为单纯持票人、付对价持票人（Holder for Value）和正当持票人（Holder in Due Course）三种，并赋予不同权利。单纯持票人和付对价持票人的权利不得优于前手，而正当持票人的权利优于前手且不受前手缺陷的影响。

（4）对伪造背书的处理不同。《日内瓦统一法》规定，付款人负责审查背书的连续不间断，但不负责认定背书人签名的真伪，付款人对票据上背书连续之人付款因而免责。英国《票据法》则规定，在记名票据中如果出现了背书伪造，则会从该伪造背书起导致票据关系"链条"中断。即使中间有真实签章背书，最后占有票据的人也不是"持票人"，不享有票据权利，无权请求付款人付款。

4. 我国《票据法》中关于涉外票据的法律适用规定

我国《票据法》于1996年1月1日起施行，于2004年8月28日进行了修订。在立法体例和具体内容上，既遵循了国际通行准则，又考虑到本国基本国情。在票据要项规定上和《日内瓦统一法》一致；在票据权利取得方面的规定与英国的《票据法》一致，如要求支付对价；另外还规定了背书转让必须使用记名方式等。

我国《票据法》对涉外票据的法律适用做出了具体规定。涉外票据是指在出票、背书、承兑、保证、付款等行为中，既有发生在中华人民共和国境内又有发生在中华人民共和国境外的票据。我国缔结或者参加的国际条约同《票据法》有不同规定的，适用国际条约的规定，但我国声明保留的条款除外。《票据法》和我国缔结或参加的国际条约没有规定的，可以适用国际惯例。

在实践中，具体规则如下：①出票时的记载事项，适用出票地法律；②背书、承兑、付款和保证行为，适用行为地法律；③追索权的行使期限，适用出票地法律；④提示期限、有关拒绝证明的方式和出具拒绝证明的期限，适用付款地法律；⑤票据丧失时，失票人请求保全票据权利的程序，适用付款地法律。

二、汇票

（一）汇票的含义

1. 英国《票据法》对汇票的定义

汇票是由一人签发给另一人的无条件书面命令，要求受票人见票时或于未来某一规定的或可以确定的时间，将一定金额的款项支付给某一特定的人或其指定人或持票人。

2.《日内瓦统一法》对汇票的定义

《日内瓦统一法》未对汇票作出定义，只规定了汇票须记载下列事项：①“汇票”字样，同时所用文字与该票据所用文字一致；②无条件支付一定金额的命令；③付款人名称；④付款时间；⑤付款地点；⑥收款人名称；⑦出票日期和出票地点；⑧出票人签名。

3. 我国《票据法》对汇票的定义

汇票是出票人签发的，委托付款人在见票时或在指定日期无条件支付确定的金额给收款人或其指定人或持票人的票据。汇票分为银行汇票和商业汇票。

微课：汇票的必要项目（1）

由于英国《票据法》对汇票的定义较为严谨，因而被各国广泛引用或参照。

（二）汇票的必要项目

汇票的必要项目是指汇票的形式要项，只有这些项目齐全并符合票据法规定，汇票才能发生法律效力。英国《票据法》及《日内瓦统一法》和我国《票据法》对汇票必要项目的规定存在以下差异（见表1–2）。

微课：汇票的必要项目（2）

微课：汇票的必要项目（3）

表1–2　三种票据法对汇票必要项目规定的比较

票据法	英国《票据法》	《日内瓦统一法》	我国《票据法》
必要项目	① 无条件支付命令 ② 确定的金额 ③ 付款人名称 ④ 收款人名称 ⑤ 出票人签名	①“汇票”字样 ② 无条件支付命令 ③ 确定的金额 ④ 付款人名称 ⑤ 收款人名称 ⑥ 出票人签名 ⑦ 出票日期 ⑧ 出票地点 ⑨ 付款时间 ⑩ 付款地点	①“汇票”字样 ② 无条件支付命令 ③ 确定的金额 ④ 付款人名称 ⑤ 收款人名称 ⑥ 出票人签名 ⑦ 出票日期

（三）汇票的基本当事人及其权利和责任

汇票出票时有出票人、付款人和收款人三个基本当事人。在票据流通中又产生了流通当事人，如背书人和承兑人。根据当事人对汇票的权利和义务，又可分为债权人和债务人。汇票的债权人是指有权对债务人行使汇票权利的当事人，收款人和持票人均为汇票的债权人。汇票的债务人是指在汇票中承担付款责任的当事人，出票人、付款人、背书人和承兑人都是汇票的债务人。

1. 出票人

出票人（Drawer）是签发并交付汇票的人。在汇票被承兑之前，出票人是主债务人；在汇票被承兑之后，出票人变为次债务人，承兑人成为主债务人。

汇票一经签发，出票人就负有担保付款和担保承兑的责任。如果汇票遭到拒付，持票人可以按照法定程序向出票人追索。出票人应当向持票人清偿票款及费用。如果出票人希望免受持票人的追索，在出票时可加注“无追索权”（Non–recourse / Without Recourse）字样，但是如此操作会影响汇票的流通性，一般也不被收款人接受。

2. 付款人

付款人（Payer/Drawee）也称受票人，是接受汇票并支付票款的人。付款人在未对汇票承兑之前，没有在汇票上签名，因此对汇票不承担法律责任，是汇票的次债务人。付款人对汇票承兑并签名后，就要承担按照其承兑文义保证到期日自己付款的责任，从而成为汇票的主债务人。

3. 收款人

收款人（Payee）也称受款人，是有权收取票面所载金额的人，是第一持票人和汇票的主债权人。收款人有权要求付款人付款，若遭拒付，可以向出票人及票据上的其他债务人追索票款。

4. 背书人

背书人（Endorser）是指在汇票背面或者粘单上记载有关事项并签章，同时将汇票交付给另一人的当事人。接受该汇票的人称为被背书人（Endorsee）。收款人可以通过背书成为背书人，并可以连续地进行背书来转让汇票的权利。背书人就成为其被背书人和随后的汇票权利受让者的前手，被背书人就是背书人和其他更早的汇票权利转让者的后手。在这些背书人中，收款人是第一背书人。背书人承担汇票的付款人付款或承兑的担保责任，一旦汇票遭拒付，后手向其追索时，应负责偿还票款，然后再向其前手追索偿还，直至出票人。

5. 承兑人

付款人同意接受（Accept）出票人的命令并在汇票正面签字，就成为承兑人（Acceptor）。承兑人一经承兑，出票人就退居次债务人的地位，承兑人必须保证对其所承兑的文义付款，而不能以下述情况为理由拒绝向正当持票人付款：①出票人不存在；②出票人的签章是伪造的；③出票人没有签发票据的能力或授权。

6. 保证人

保证人（Guarantor）是指票据债务人以外的，以自己的名义对出票人、背书人、承兑人或参加承兑人提供担保的人。保证人与被保证人承担相同责任。

7. 持票人

持票人（Holder）是指持有汇票的当事人。持票人是票据权利的主体，享有以下权利。

（1）付款请求权。持票人享有向汇票的付款人或承兑人提示汇票要求付款的权利。

（2）追索权。持票人在得不到承兑或付款时，享有向其前手直至出票人要求清偿票款和费用的权利。

（3）转让票据权。持票人享有依法转让其汇票的权利。

8. 正当持票人

正当持票人（Holder in Due Course）是英美票据法特有的制度，也称善意持票人，是指善意地支付全部金额的对价并取得票面完整、合格、不过期汇票的持票人，并且未发现该汇票曾被拒付，也未曾发现转让人在权利方面有任何缺陷。要成为正当持票人，必须满足以下所有条件：①汇票完整合格（Completeness and Regularity of the Bill）；②不过期（Not Overdue）；③未发现汇票曾被拒付（Without Notice of Previous Dishonor）；④善意（Good Faith）；⑤付对价（For Value）；⑥未发现转让人在权利方面的缺陷（Without Notice of Any Defective Title of the Transferor）。正当持票人的权利优于转让人，不受汇票当事人之间债务纠纷的影响，即正当持票人能够获得十足的票据金额。

我国《票据法》没有正当持票人的概念，但也通过善意取得制度和抗辩切断制度保护持票人的权益。一方面，规定票据的取得必须给付对价，以欺诈、偷盗或者胁迫等手段取得票据的或者明知有上述情形出于恶意取得票据的，不得享有票据权利。另一方面，规定票据债务人不得以自己与出票人或者与持票人的转让人之间的抗辩事由，对抗善意持票人。所谓抗辩，是指票据债务人根据《票据法》规定对票据债权人拒绝履行义务的行为。

《日内瓦统一法》不要求取得票据时必须给付对价，只要满足其他五个条件，就可以成为合法持票人（Lawful Holder），享有与正当持票人同样的权利。

值得注意的是：收款人不能成为正当持票人，因为收款人是第一持票人，取得票据仅通过出票人的交付，没有经过出票人背书，即汇票未经过流通转让。

（四）票据行为

票据行为有广义和狭义之分。广义的票据行为是指发生、变更或实现债权债务时所做必要形式的法律行为。狭义的票据行为是指以承担债务为目的所做必要形式的法律行为。它包括出票、背书、提示、承兑、付款、拒付、追索、保证，其中出票是主票据行为，其他行为是附属票据行为。

1. 出票

出票（Issue）是指出票人签发汇票并将其交付给收款人的票据行为。一个有效的出票行为包括两个动作：一是制作汇票并在汇票上签字（to Draw a Draft and Sign It）；二是交付给收款人（to Deliver the Draft to Payee）。这两个动作缺一不可。出票时，出票人要特别注意票据的要式性，使出具的汇票要式齐全、合格（Completeness and Regularity）。汇票的出票行为一旦完成，就确立了汇票承兑前出票人的主债务人地位和收款人的债权人地位。

2. 背书

背书（Endorsement）是指票据债权人在票据背面签字，表明把票据权利转让给他人的行为。汇票背书包括两个动作：一是在汇票背面签字；二是交付给被背书人，使背书有效并不可撤销。一张经连续背书的汇票，所有前手是后手的债务人，后手对前手有付款请求权和追索权。

背书有以下五种形式。

（1）特别背书（Special Endorsement），也称记名背书，即记载被背书人或其指定人名称，并由背书人签名。例如：

Pay to the order of B Company，New York

For A Company，New York

Jack Smith

Director

（2）空白背书（Blank Endorsement），又称不记名背书，即不记载被背书人名称，仅由背书人签名。当汇票经过空白背书后，就成为来人抬头的汇票，仅凭交付即可转让给一个不记名的受让人，这个受让人可以不背书，仅凭交付再行转让这张汇票。空白背书的被背书人也可以将此汇票变为指示性汇票，只需在背书人的签字上加注“Pay to the order of ×××”即可。

（3）限制性背书（Restrictive Endorsement），是限制汇票再次转让的背书，被背书人只能凭票取款。例如：Pay to A Company Only；Pay to A Bank for Account of B Company；Pay to A Bank Not Transferable；Pay to A Bank Not Negotiable。

（4）带有条件背书（Conditional Endorsement），即背书人背书时加列条件。例如：

Pay to the order of B Company

On delivery of B/L No. 578

For A Company，New York

Jack Smith

附带条件仅对背书人和被背书人有约束力，与出票人和付款人无关。我国《票据法》规定，背书不得附有条件，背书时附有条件的，所附条件不具有汇票上的效力，但背书行为本身有效，即该汇票权利转让仍有效。此外，将汇票金额的一部分转让的背书或者将汇票金额分别转让给二人以上的背书无效。

（5）托收背书（Endorsement for Collection）。托收背书是非转让性背书，表明背书人要求被背书人按照委托代收票款的指示处理汇票。被背书人没有汇票所有权，只是代替背书人行使付款请求权。例如：Pay to A Bank Only for Collection；Pay to the Order of A Bank for Deposit；Pay to the Order of A Bank Value in Collection。

3. 提示

提示（Presentation）是指持票人将汇票提交付款人要求承兑或付款的行为，包括提示承兑和提示付款。

（1）提示承兑（Presentation for Acceptance）。持票人在汇票到期日之前，向付款人出示汇票并要求付款人承诺到期付款的行为，称为提示承兑。

汇票的提示承兑是限定于人的，无论付款人在什么地方，汇票都需要向付款人本人提示承兑。汇票作提示承兑有双重目的：一是确认付款人作为汇票当事人的责任；二是如汇票因不被承兑而拒付时，持票人可以立即获得对其前手的追索权。

持票人必须在规定的期限内提示承兑。我国《票据法》规定：①定日付款或者出票后定期付款的汇票，持票人应当在到期日前向付款人提示承兑；②见票后定期付款的汇票，持票人应当自出票日起1个月内向付款人提示承兑；③见票即付的汇票，无须提示承兑。汇票未按照规定期限提示承兑的，持票人丧失对其前手的追索权。

《日内瓦统一法》规定，见票后定期付款的汇票应在出票日起1年内提示承兑，出票人还可以缩短或延长此期限。英国《票据法》则规定提示承兑必须在汇票过期之前，于“合理时间”内作出。判断是否为“合理时间”，要考虑汇票的性质、有关同类汇票的贸易惯例和具体案例的事实，通常理解为半年左右。

（2）提示付款（Presentation for Payment）。持票人向付款人出示即期汇票或已承兑的远期汇票请求其对该汇票予以付款的行为，称为提示付款。

提示付款是限定地点的，必须在正确的地点提示汇票，而不论汇票上的付款人或承兑人是否身在该处。正确的地点是指汇票上记载的付款地点。如果没有记载，则需在付款人或承兑人的营业地或居住地提示付款。

持票人必须在规定的期限内提示付款。我国《票据法》规定，见票即付的汇票，持票人应在出票日起1个月内向付款人提示付款；定日付款、出票后定期付款或已承兑的见票后定期付款的汇票，持票人应自到期日起10日内向付款人提示付款。持票人未按照规定期限提示付款的，在作出说明后，承兑人或者付款人仍应当继续对持票人承担付款责任。

《日内瓦统一法》规定，见票即付的汇票的付款提示期限应在出票日起1年内。对3种远期汇票的付款提示规定为到期日或其后2个营业日。英国《票据法》对见票即付的汇票规定的付款提示期限为“合理时间”，对3种远期汇票的付款提示规定为必须在到期日当天。

4. 承兑

承兑（Acceptance）是指经持票人提示，付款人同意按出票人命令支付票款的行为。付款人在汇票上写明“已承兑”（Accepted）的字样，注明日期并签名，然后将汇票返还持票人，此时承兑的程序即告完成，承兑就是有效的和不可撤销的。付款人承兑汇票后就成为承兑人。国际银行业务习惯上是由承兑行发出承兑通知书给持票人，用来代替交付已承兑汇票给持票人。见票后若干天付款的汇票，见票日就是承兑日，并以此推算到期日，待到期日承兑行主动付款并计入持票人账户。承兑包括普通承兑和限制性承兑。

微课：承兑

（1）普通承兑（General Acceptance）是指汇票付款人对出票人的指示一概接受而不做任何保留。普通承兑一般包括以下内容：①承兑字样；②承兑日期；③承兑人签名。

（2）限制性承兑（Qualified Acceptance）是指付款人对汇票到期付款加注某些保留条件的承兑，也称保留承兑。限制性承兑主要包括：

① 带有条件的承兑（Conditional Acceptance），即承兑人是否到期付款取决于所附条件是否满足。例如：

ACCEPTED

May. 9，2021

Payable on delivery of

Bill of Lading

For A Company，New York

Mary White

② 部分承兑（Partial Acceptance），即仅对部分票面金额做出付款承诺。例如，票面金额为1 500美元，仅承兑1 000美元：

ACCEPTED

March 17，2021

Payable for amount of

USD 1 000.00 only

For A Company，New York

Mary White

③ 限定地点的承兑（Local Acceptance），即规定仅在某一特定地点付款。例如：

ACCEPTED

March 17，2021

Payable at A Bank and there only

For A Company，New York

Mary White

④ 延长时间的承兑（Qualified Acceptance As to Time）。例如，出票后3个月付款的汇票，承兑时延长到出票后6个月付款：

ACCEPTED

March 23，2021

Payable at 6 months after date

For A Company，New York

Mary White

汇票的持票人可以拒绝或接受限制性承兑。我国《票据法》规定，付款人承兑汇票，不得附有条件；承兑附有条件的，视为拒绝承兑。

5. 付款

付款（Payment）是指由持票人提示，付款人或代理付款人支付票款以终止票据法律关系的行为。当付款人依法足额付款后，全体汇票债务人的责任解除。

付款人必须正当付款（Payment in Due Course），才能解除债务，即付款时符合以下条件：①由付款人或承兑人付款，而不是由出票人或背书人支付；②要在到期日当天或以后付款，而不能在到期日以前付款，否则由付款人自行承担产生的责任；③善意付款，即按照专业惯例，利用专业信息仍不知道持票人权利缺陷而进行付款，否则也应自行承担责任；④鉴定背书的连续性，付款给合法持票人。

6. 拒付

拒付（Dishonor）也称退票，包括以下四种情形：①汇票被拒绝承兑的；②汇票到期被拒绝付款的；③承兑人或付款人死亡、逃匿的；④承兑人或付款人被依法宣告破产的或因违法被责令终止业务活动的。拒付时，持票人必须按规定向前手出具拒付通知，前手背书人再通知他的前手，一直通知到出票人。发出拒付通知是为了让前手作偿还准备，但必须注意时限。不同的票据法对拒付作出了不同的规定。

我国《票据法》规定，持票人应当自收到被拒绝承兑或者被拒绝付款的有关证明之日起3日内，将被拒绝事由书面通知其前手；其前手应当自收到通知之日起3日内书面通知其再前手。持票人也可以同时向各汇票债务人发出书面通知。未按照规定期限通知的，持票人仍可以行使追索权。因延期通知给其前手或者出票人造成损失的，由没有按照规定期限通知的汇票当事人承担对该损失的赔偿责任，但是所赔偿的金额以汇票金额为限。

《日内瓦统一法》规定，持票人应在拒绝证书作成日后4个营业日内通知其前手，而前手应在接到通知后的2个营业日内通知再前手。英国《票据法》规定，如通知人与被通知人同城，发出或寄送之通知应能及时地在汇票退票日后的次日送达；若在异地，则应在汇票退票日后的次日寄送。前手接到通知后，也按上述规定通知再前手。

7. 追索

追索（Recourse）是指持票人在汇票遭拒付时对其前手和其他有关债务人行使请求偿还汇票金额及费用的行为。追索权与付款请求权共同构成了汇票的基本权利。

持票人要想行使追索权，需满足以下条件：①持票人所持有的汇票必须是合格的汇票，即汇票要式齐全且背书连续；②持票人按照票据法的规定提示汇票，并在规定的期限内做成拒绝证书并发出拒绝通知，除非汇票上有免做拒绝证书的规定。

行使追索权的对象是背书人、出票人、承兑人以及其他债务人，他们对持票人承担连带的偿付责任。持票人可以按照背书顺序请求其前手支付票款及相关费用，也可以越过其前手直接向任何一个背书人，甚至直接向出票人索偿，但是追索权必须在法定期限内行使。我国《票据法》规定持票人对前手的追索权。为自被拒绝承兑或被拒绝付款之日起6个月；《日内瓦统一法》规定为1年；英国《票据法》规定为6年。

8. 保证

保证（Guanrantee/Aval）是指非票据债务人对于出票、背书、承兑、参加承兑行为所发生的债务予以担保的附属票据行为。保证人与被保证人的责任相同。保证人应在汇票背面或正面上记载保证的意旨、被保证人的姓名、保证日期和签名，其主要形式有：

形式一：

GUARANTEED
For a/c of ____________
Guarantor ____________
Signature ______

形式二：

PER AVAL
Given for ____________
Signed by ____________
Dated on ____________

形式三：

PAYMENT GUARANTEED
Given for ____________
Signed by ____________
Dated on ____________

三、本票

（一）本票的含义

根据英国《票据法》，本票是一人向另一人签发的，保证即期或定期或在可以确定的将来时间，对特定的人或其指定人或持票人无条件支付一定金额的书面承诺。

我国《票据法》规定，本票是出票人签发的，承诺自己在见票时无条件支付确定的金额给收款人或者持票人的票据。本票包括出票人和收款人两个基本当事人。在我国，本票仅指银行本票。

（二）本票的必要项目

如下面本票式样所示（见图1–1），根据《日内瓦统一法》的规定，本票有8个必要项目：①“本票”字样；②无条件支付承诺；③收款人或其指定人；④出票人；⑤出票日期和地点；⑥付款期限；⑦一定金额；⑧付款地点。

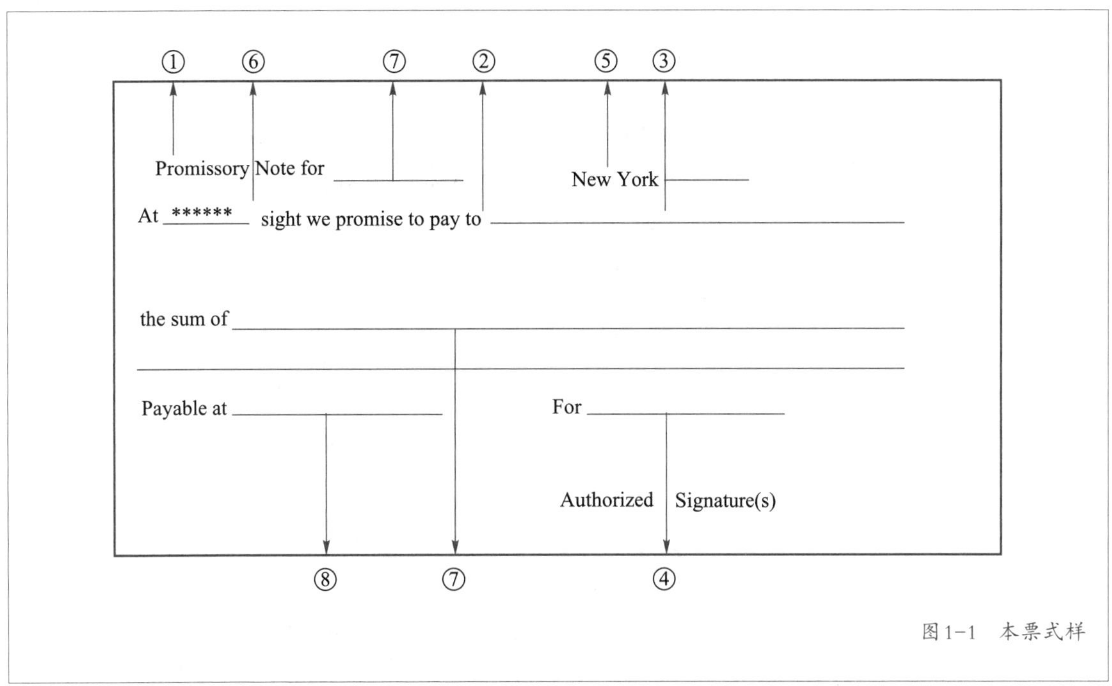

图1–1　本票式样

根据《日内瓦统一法》的规定，如果本票未载明出票地点，则以出票人名称旁的地点视为出票地点；未载明付款期限，则视为见票即付；未载明付款地，则以出票地视为付款地。

我国《票据法》规定，本票必须记载下列事项：①标明“本票”的字样；②无条件支付的承诺；③确定的金额；④收款人名称；⑤出票日期；⑥出票人签章。本票上未记载上述事项之一的，本票无效。

四、支票

（一）支票的含义

英国《票据法》将支票定义为：支票是以银行为付款人的即期汇票。我国

微课：支票的含义

《票据法》规定，支票是出票人签发的，委托办理支票存款业务的银行或者其他金融机构在见票时无条件支付确定的金额给收款人或者持票人的票据。

支票包括出票人、收款人、付款人三个基本当事人，其中出票人和付款人是固定的银行客户与其账户行的关系。

（二）支票的必要项目

如下面的支票式样所示（见图1–2），支票包括8个必要项目：①"支票"字样；②无条件支付命令；③付款银行名称和地点；④出票人名称和签字；⑤出票日期和地点；⑥即期字样；⑦一定金额；⑧收款人或其指定人。

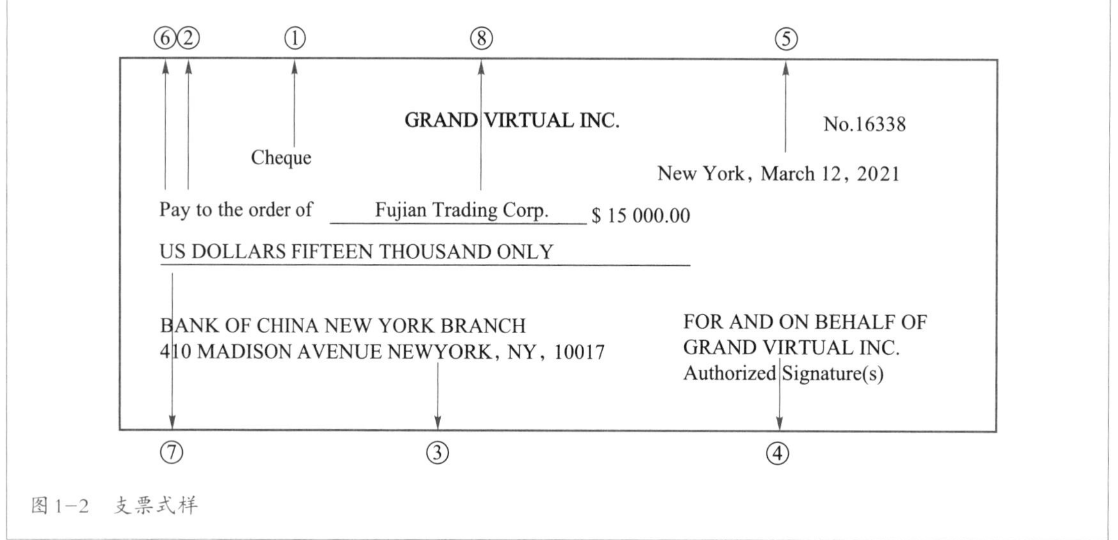

图1–2　支票式样

根据《日内瓦统一法》的规定，如果支票未载明出票地点，则以出票人名称旁的地点视为出票地；未载明"即期"字样，仍视为见票即付。

我国《票据法》规定，支票必须记载下列事项：①表明"支票"的字样；②无条件支付的委托；③确定的金额；④付款人名称；⑤出票日期；⑥出票人签章。支票上未记载上述规定事项之一的，支票无效。

（三）支票的种类

1. 记名支票和不记名支票

按照收款人的不同，支票可以分为记名支票（Check Payable to Order）和不记名支票（Check Payable to Bearer）。记名支票是指票面记载收款人名称的支票。持记名支票到银行支取款项时，必须由载明的收款人在背面进行签章。不记名支票是指票面不具体记载收款人名称的支票，也称来人支票或空白抬头支票。持票人取款时无须在支票背面签名就可以支取，持票人也仅凭交付就可以转让支票上的权利。我国法律规定，支票上未记载收款人名称的，经出票人授权，可以补记，未补记前不得背书转让和提示付款。

2. 保付支票和普通支票

按照是否保付，支票可以分为保付支票（Certified Check）和普通支票（Check）。保付支票是指银行签注了保付“Certified to Pay”字样的支票。支票经过保付之后，保付的银行就成为主债务人，承担了绝对付款的责任。保付支票类似于承兑以后的汇票。同时，保付是支票特有的一项制度，不同于汇票的保证。

3. 开放支票和划线支票

在我国直接用名称区分现金支票和转账支票。支票上印有“现金”字样的为现金支票，只能用于支取现金。支票上印有“转账”字样的为转账支票，只能用于转账。支票上未印有“现金”或“转账”字样的为普通支票，可以用于支取现金，也可以用于转账。在国际结算中通常用划线的方法区分现金支票和转账支票。按照支票左上角是否划有两条平行线的不同，支票可分为开放支票（Open Check）和划线支票（Crossed Check）。开放支票可以支取现金，也可以通过银行进行转账收款。划线支票只能委托银行收款入账，而不能由持票人自行向付款人支取现金。划线支票的作用主要是防止支票遗失或被窃而被冒领票款。支票的划线可分为两种。

（1）普通划线（General Crossing）。普通划线支票不记载特定的银行或其他金融机构的名称，持票人可以通过任何一家银行代收票款入账。普通划线主要有以下5种式样，如图1–3所示。

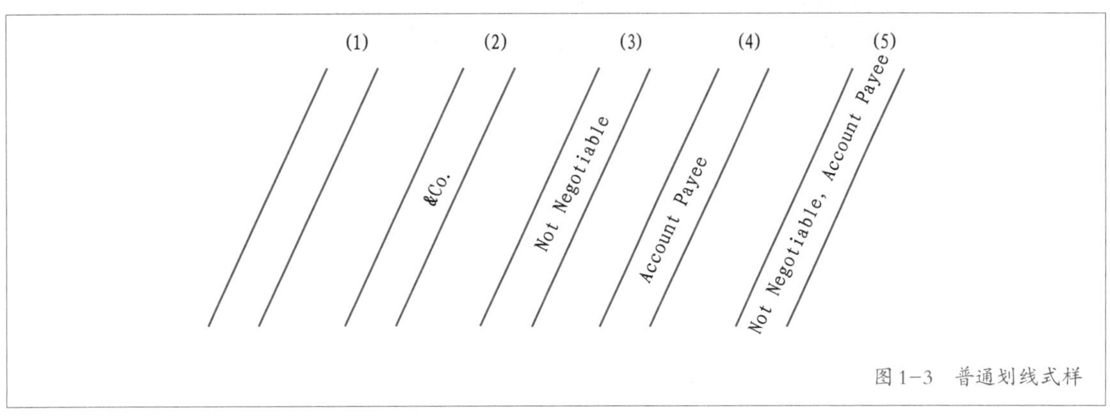

图1–3 普通划线式样

上述5种划线支票，具有不同的法律效力。前两种效力相同，付款银行只能向其他银行或金融机构转账，不能向持票人支付现金；第三种加注“不可流通”字样，在要求付款银行只能转账的基础上，又使支票失去了流通转让的能力。持票人如果将支票转让给他人，只能作为一般转让，即受让人不能获得优于其前手的权利；如出让人的权利有缺陷，受让人也须受其制约；

第四种加注“记入收款人账户”字样，这是对代收行的指示，要求它将票款记入支票上所载收款人账户。第五种则加注了“不可流通，记入收款人账户”字样。此时，付款行并无查明收款行、收入账户是否正确的责任。普通划线支票式样如图1-4所示。

图1-4 普通划线支票式样

（2）特别划线（Special Crossing）。特别划线是指在平行线中具体记载一家银行的名称，持票人只能通过这家银行收款，付款银行也只能将票款支付给这家银行。如果付款行将票款付给了非划线记载的特定银行，应对真正所有人承担由此发生损失的赔偿责任，赔偿金额以支票金额为限。特别划线的方式是在两道平行线内加“***Bank”字样。以图1-5为例，其法律效力是，德意志银行是收款银行，付款银行只能将票款支付给德意志银行。

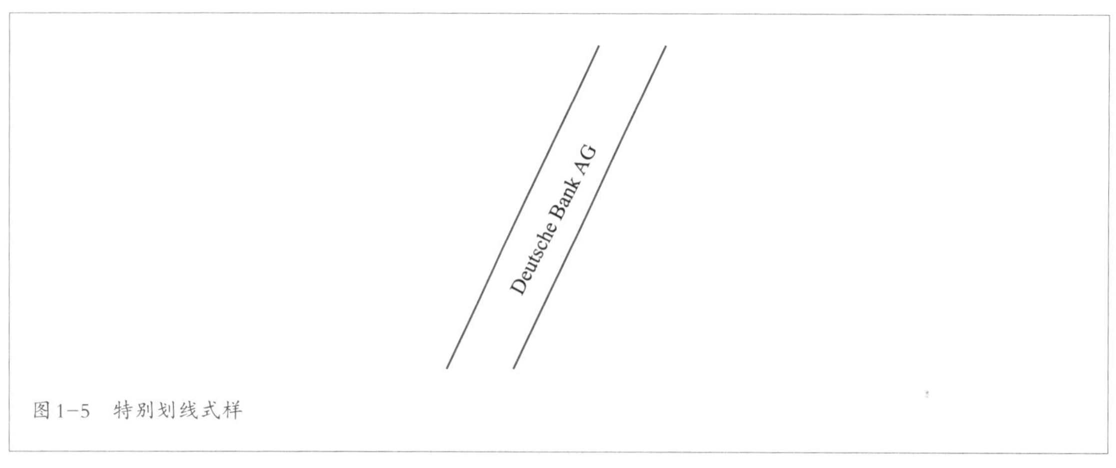

图1-5 特别划线式样

出票人和持票人均可以划线。出票人作成普通划线，持票人可以把它转变成特别划线。被特别划线的银行可以再作特别划线给另一家银行代收票款。

（四）空头支票

1. 空头支票的含义

出票人签发的支票金额超过其付款时，在付款人处实有存款金额的，为空头支票。我国明确禁止签发空头支票。

2. 签发空头支票的后果

我国法律规定，签发空头支票或者签发与其预留的签章不符的支票，不以骗取财物为目的的，由中国人民银行处以票面金额5%但不低于1 000元的罚款；持票人有权要求出票人赔偿支票金额2%的赔偿金。对提示的空头支票，银行应予以退票；对屡次签发空头支票的出票人，银行有权停止为其办理支票或全部支付结算业务。在实务中，为避免空头支票造成的支票失信和行政处罚，存款人可以按照规定向商业银行办理支票授信业务。

国际结算与中国经济

供应链票据平台上线　供应链金融创新发展

党的二十大报告指出："必须完整、准确、全面贯彻新发展理念，坚持社会主义市场经济改革方向，坚持高水平对外开放，加快构建以国内大循环为主体、国内国际双循环相互促进的新发展格局。""增强国内大循环内生动力和可靠性，提升国际循环质量和水平，加快建设现代化经济体系，着力提高全要素生产率，着力提升产业链供应链韧性和安全水平。"上海票据交易所供应链票据平台自2020年4月24日上线以来，推进应收账款票据化，支持供应链产业链稳定循环和优化升级，更好地服务中小企业和实体经济，助力国内国际双循环相互促进的新发展格局。

供应链票据平台依托于电子商业汇票系统（ECDS），与各类供应链金融平台对接，为企业提供电子商业汇票的签发、承兑、背书、到期处理、信息服务等功能。供应链企业之间产生应收应付关系时，可以通过该平台直接签发供应链票据。供应链票据将票据嵌入供应链场景，整合上下游企业间物流、信息流、资金流等，同时通过科技赋能，使票据实现等分化签发，提高了企业用票的灵活性，较好地解决企业之间的"三角债"问题。供应链票据可以在企业间转让，通过贴现或标准化票据融资，提高中小企业应收账款的周转率和融资可得性。

2020年6月18日，首批供应链票据贴现业务成功落地，9家企业通过供应链票据贴现融资10笔，总价值506.81万元，贴现利率2.85%~3.80%，贴现票据全部为商业承兑汇票。贴现申请企业均为制造业、批发业、金属加工业等行业供应链上的中小企业供应商。供应链票据贴现功能有利于金融机构在办理贴现时甄别票据真实性和合法性，进一步降低企业融资成本。2023年1月1日，《商业汇票承兑、贴现与再贴现管理办法》的正式实施，重新定义了商业汇票的内涵及期限，明确了基础设施、电票及供应链票据的定位，为票据市场供应链票据及数字化发展奠定基础，将有力提升经济总体效率与质量。

习题测验

一、单项选择题

1. 以下不属于票据基本当事人的是（　　）。

A. 出票人　　B. 承兑人　　C. 付款人　　D. 收款人

2. 下列有关票据特征的说法中，错误的是（　　）。

A. 票据必须由持有人证明其取得票据的原因后才取得票据权利

B. 票据上体现的权利性质是财产权而不是其他权利

C. 票据上的一切票据权利义务必须严格依照票据记载的文义而定，文义之外的任何理由、事项均不得作为根据

D. 票据权利的产生必须通过做成票据，是一种“设权证券”

3. “at ...days after sight”是（　　）汇票。

A. 即期　　B. 出票后若干天付款的远期

C. 见票后若干天付款的远期　　D. 板期

4. “Pay to ABC Company or order”是（　　）的汇票。

A. 限制性抬头　　B. 指示性抬头

C. 来人抬头　　D. 无法判断

5. 按照出票人的不同，汇票可以分为（　　）。

A. 即期汇票和远期汇票　　B. 商业汇票和银行汇票

C. 光票和跟单汇票　　D. 商业承兑汇票和银行承兑汇票

6. 下列记载为有效汇票的是（　　）。

A. Pay to HK Company or order the sum of US dollars three thousand

B. Pay to HK Company providing the goods supplied are complied with contract the sum of US dollars five thousand

C. Pay to HK Company out of the proceeds in our No. 4 account the sum of US dollars seven thousand

D. Pay to HK Company the sum of US dollars nine thousand upon receipt of

Bill of Lading No. 1235

7. 下列关于带有条件背书错误的说法是（　　）。

A. 有条件背书是指背书人背书时的附加条件

B. 附带条件仅对背书人和被背书人有约束力

C. 附带条件对付款人和出票人也有约束力

D. 附带条件约束背书行为中的交付

8. 根据我国《票据法》的规定，见票即付的汇票，自出票日起（　　）内向付款人提示付款。

A. 1个月　　B. 10日　　C. 2个月　　D. 3个月

9. 保证人在汇票上未记载被保证人的名称的，未承兑的汇票，（　　）为被保证人。

A. 持票人　　B. 出票人　　C. 承兑人　　D. 付款人

10. 甲没有代理权，冒充乙的代理人，在票据上以乙的名义签章，该票据责任的承担者是（　　）。

A. 甲　　B. 乙　　C. 甲和乙　　D. 相对人

二、多项选择题

1. 下列各项中，属于以银行为出票人的银行票据的有（　　）。

A. 银行汇票　　B. 银行本票

C. 支票　　D. 银行承兑汇票

2. 关于汇票的说法正确的有（　　）。

A. 有两个基本当事人　　B. 付款人一定是银行

C. 命令式票据　　D. 有即期也有远期

3. 下列各项中，可以导致汇票无效的情形有（　　）。

A. 汇票上未记载付款日期

B. 汇票上未记载出票日期

C. 汇票上未记载收款人名称

D. 汇票金额的中文大写和数码记载不一致

4. 汇票的债务人是指在汇票中承担付款责任的当事人，（　　）都是汇票的债务人。

A. 出票人　　B. 付款人　　C. 背书人　　D. 承兑人

5. 根据我国《票据法》，下列各项中持票人丧失对其前手行使追索权的情形有（　　）。

A. 见票后定期付款的汇票，持票人自出票日起1个月内没有向付款人提示承兑

B. 持票人向付款人或承兑人提示付款后，取得票据上记载的金额

C. 持票人不能出示拒绝证明、退票理由书或者未按照规定期限提供其他合法证明

D. 银行本票的持票人自出票日起1个月内没有提示付款

三、判断题

1. 票据是由出票人签发的，约定自己或者委托付款人在见票时或指定的日期向收款人或持票人在符合条件时支付一定金额的有价证券。（　　）

2. 我国《票据法》所称票据权利，是指持票人向票据债务人请求支付票据金额的权利，包括付款请求权和追索权。（　　）

3. 票据的狭义概念是指资金所有权的证明。（　　）

4. 依据英国《票据法》的规定，在出票时可以不注明票据名称。（　　）

5. 涉外票据是指出票、背书、承兑、保证、付款等票据行为发生在中华人民共和国境外的票据。（　　）

6. 票据金额、日期、收款人名称不得更改，更改的票据无效。（　　）

7. 为了鼓励付款人早日付款以便尽快收回票款，出票人可以在远期汇票上加注利息条款，注明若付款人在到期日之前付清款项，则可以在汇票金额中扣减利息。（　　）

8. 一张经连续背书的汇票，所有前手是后手的债务人，后手对前手有付款请求权和追索权。（　　）

9. 背书人可以将汇票金额的一部分转让给被背书人，也可以将汇票金额分别转让给两人。（　　）

10. 所谓空白背书是指背书人无须在票据上签名盖章。（　　）

能力实训

【能力实训1-1】 汇票业务操作

2021年8月3日，洛杉矶DML Trading Inc.为支付一笔价值20 000美元的贸易货款，向伦敦Ked Co., Ltd.签发一张见票后30天付款的汇票，付款人为BANK OF CHINA LONDON BRANCH，汇票号码为J1258，DML Trading Inc.的授权签字人为John Smith。请根据相关业务信息完成以下工作任务。

实训任务 1.1　代表 DML Trading Inc. 出具汇票

BILL OF EXCHANGE

No.________, Exchange for________,　　　　________,________

At__________________sight of this FIRST of exchange (second of exchange Being Unpaid) pay to the order of____

the sum of SAY: ____

To: ______________________________　　　For and on behalf of

______________________________　　　______________________________

____

(Authorized Signature)

实训任务 1.2　代表收款人做限制性背书

Ked Co., Ltd. 为偿还 LY Co., Ltd. 的欠款，做限制性背书，Ked Co., Ltd. 的授权签字人为 Alex Johnson。

实训任务 1.3　代表付款人做普通承兑

2021 年 8 月 17 日，BANK OF CHINA LONDON BRANCH 做普通承兑，BANK OF CHINA LONDON BRANCH 的授权签字人为 Mary Taylor。

实训任务 1.4　审核汇票的有效性

分别依据两大票据法系的规定，审核如下所示汇票的有效性。

GBP 8 000.00　　April 18，2021

Pay at 60 days after sight to bearer the sum of Eight Thousand Pounds plus interest.

To：Messe Business AG　　For Sunshine Imp. & Exp. Co.

Authorized Signature

依据 项目	英美法系	大陆法系
汇票字样		
出票地		
抬头人形式		
利息条款		

【能力实训1–2】 本票业务操作

任务：根据所给条件填写本票

Date and Place of Issue：July 20，2021，Suzhou，China

Tenor：at sight

Payee：KY Corp.，London

Amount：￡6 500.00

Maker：Sanyuan Import & Export Corporation

Address of Maker：No.98 Renmin Road，Suzhou，China

Promissory Note for ____________ ________ ________

At ____________ we ______________ pay ____________________

The sum of ______________________________________.

For ________________

____

【能力实训1–3】支票业务操作

实训任务3.1　根据所给条件填写支票

Date and Place of Issue：March 15，2021，Hong Kong

Drawee：The National Westminster Bank Ltd.，Hong Kong

Payee：Fussen Corp.，New York

Amount：$5 800.00

Drawer：Rathen Ltd.，Hong Kong

Cheque No. 85673 ________ ________

Pay to the order of ________________________________

The sum of ________________________________.

USD 5 800.00

To __________ For ________________

__________________ ____________

实训任务 3.2　按要求在支票上划线

（1）出票人加注“不可流通，入收款人账户”划线；

（2）收款人做特别划线，委托BANK OF CHINA SHANGHAI BRANCH收款。

Cheque No.16850　　New York，March 15，2021

Pay to the order of DM Co.，Shanghai the sum of United States Dollars Three Hundred Thousand only.

USD300 000.00

TO　AMERICAN EXPRESS BANK LTD.

New York

For Wishes Co.，Ltd.

Jacob Smith

项目二　国际汇款业务

【学习目标】

能力目标：

- 能根据外贸合同填写境外汇款申请书；
- 能办理境外汇款手续。

知识目标：

- 熟悉汇款的含义和当事人；
- 掌握电汇和票汇的含义及其业务流程；
- 了解信汇的含义及其业务流程；
- 掌握境外汇款申请书的填写要点；
- 熟悉退汇的条件和业务流程；
- 了解MT103报文内容。

素养目标：

- 践行严谨细致、精益求精的职业规范；
- 培养遵纪守法、诚实守信的职业品格；
- 强化责任意识和风险意识。

【思维导图】

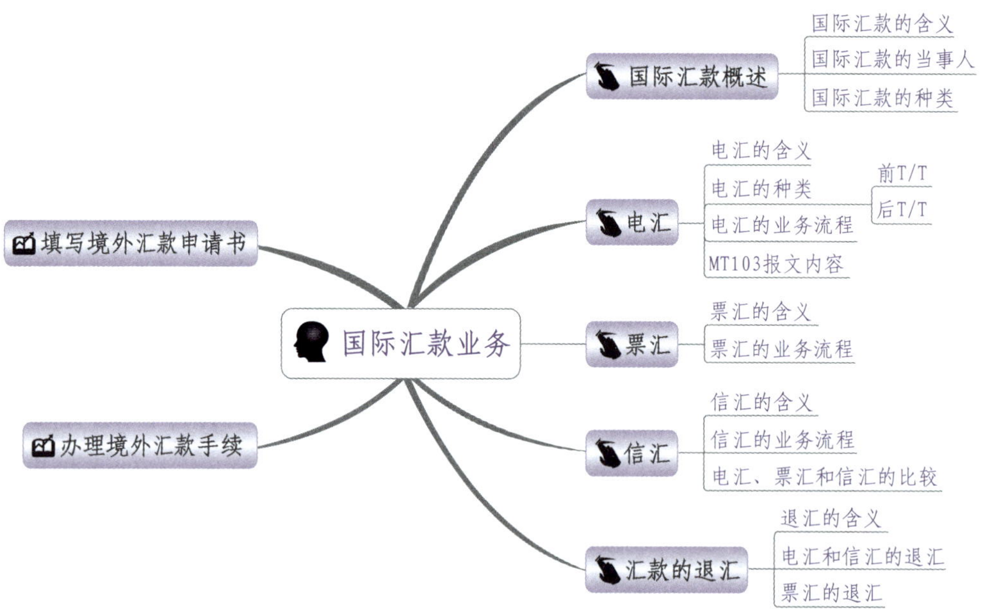

项目背景

2021年5月11日，浙江盛达进出口有限公司与美国STONE TRADING INC.签订了一份价值51 600美元的大蒜粉进口合同，双方约定采用电汇方式结算。

动画：国际汇款业务

SALES CONTRACT

Contract No: SD2021X02　　**DATE:** May 11, 2021

The Buyer: ZHEJIANG SHENGDA IMPORT AND EXPORT CO., LTD.

Address: NO. 528 Jinhua Street, Hangzhou, China

TEL: 0086-0571-86739177　FAX: 0086-0571-86739178

The Seller: STONE TRADING INC.

Address: 458 Wilshire Blvd Street, Los Angeles, U.S.A.

TEL: 00-1-213-201-1769　FAX: 00-1-213-201-1769

This Contract is made by and between the Buyer and Seller, whereby the Buyer agrees to buy and the Seller agrees to sell the under-mentioned commodity according to the terms and conditions stipulated below:

续表

1. COMMODITY:

DESCRIPTION OF GOODS	Quantity	Unit Price	Total Amount
Dehy-garlic Powder 100-120 mesh 100% purity	20M/T	USD2 580.00/MT	USD51 600.00
TOTAL			USD51 600.00
CIF Hangzhou, China as per Incoterms® 2020			
TOTAL CONTRACT VALUE: SAY US DOLLARS FIFTY-ONE THOUSAND SIX HUNDRED ONLY.			

2. PACKING: Inner packing 2×12.5kg/aluminum foil bag; outer packing 25kg/carton

3. TIME OF SHIPMENT: Not later than July 24, 2021

4. PORT OF LOADING: Los Angeles, U.S.A.

5. PORT OF DESTINATION: Hangzhou, China

6. INSURANCE: To be covered by the Seller

7. TERMS OF PAYMENT: The Buyer shall send 60% of the contract value to the Seller by T/T within 7 days after the receipt of copy of Bill of Lading. The balance of 40% must be sent to the seller within 10 days after the goods arrive at the warehouse.

8. OTHER TERMS: Omitted

In witness thereof, this contract is signed by both parties in two original copies, each party holds one copy.

THE SELLER:	**THE BUYER:**
	浙 江 盛 达 进 出 口 有 限 公 司
STONE TRADING INC.	ZHEJIANG SHEGNDA IMPORT AND EXPORT CO., LTD.
Jacob Brown	王盛达

任务分解

2021年7月8日，浙江盛达进出口有限公司外贸业务员张诚根据以上外贸合同的要求，在收到出口商发出的海运提单副本和商业发票副本后的第3天，采用电汇方式预付60%货款。张诚准备好了商业发票（编号：587619），并得知公司的报关经营单位代码为3501961015，组织机构代码为14294335-0，向其账户行——中国银行浙江省分行国际业务部办理申请汇款手续，并要求采用SWIFT电报方式汇款。出口商美国STONE TRADING INC.的开户行是BANK OF CHINA LOS ANGELES BRANCH，444 South Flower St.，Los Angeles，U.S.A.（A/C NO.696847458650）。中国银行浙江省分行与BANK OF CHINA LOS ANGELES BRANCH有账户往来。款项从浙江盛达进出口有限公司的现汇账户（A/C NO.58754352）支出。浙江盛达进出口有限公司在国家外汇管理局“货物贸易外汇监测系统”的分类信息为A类企业。

任务2.1　填写境外汇款申请书

任务2.2　办理境外汇款手续

操作示范

任务2.1　填写境外汇款申请书

浙江盛达进出口有限公司外贸业务员张诚根据外贸合同和其他信息填写境外汇款申请书。目前，境外汇款申请书为一式三联，第一联和第三联为银行留存联，第二联为申报主体留存联（汇款人留存）。根据国家外汇管理局的要求，银行也可以根据实际情况，增加相应的联数，如会计凭证联等。因此，境外汇款申请书具备汇出汇款申请书、国际收支申报书和银行会计凭证等功能。

（1）致。应填写“汇出行”，即受理浙江盛达进出口有限公司汇款业务的银行。各银行提供的境外汇款申请书中通常已事先印制汇出行名称。此栏填写：中国银行浙江省分行BANK OF CHINA，ZHEJIANG BRANCH。

（2）申请日期。此栏为张诚填写该申请书的日期，即JUL. 8，2021。

（3）汇款方式。可选择电汇、票汇、信汇中的一种。根据合同要求应当选择电汇，此栏在电汇前的方框中标记“√”，表示选中。

微课：如何填写境外汇款申请书（1）

（4）发报等级。可在“普通”和“加急”中选择。一般银行的SWIFT系统设置默认发送“普通”级别报文。由于多数银行通常是24小时接收报文，因此两个级别差别不大。此栏选择“普通”。

（5）申报号码。此栏由银行根据国家外汇管理局有关申报号码的编制规则编制。

（6）20　银行业务编号。这里的“20”是使用SWIFT发送报文时“发报行给该汇款业务的参考号”这项内容的代码。此栏由银行填写，表示该笔业务在汇出行的业务编号。

（7）收电行/付款行。此栏由银行填写。

（8）32A　汇款币种及金额。该栏指汇款人申请汇出的实际付款币种及金额，用国际标准组织（ISO）代码表示币种，用阿拉伯数字注明汇款的总金额。此栏填写USD30 960.00。

（9）金额大写。此栏填写：U.S.DOLLARS THIRTY THOUSAND NINE HUNDRED AND SIXTY ONLY。

（10）现汇金额及账号。“现汇金额”是指汇款人申请汇出的实际付款金额中，直接从外汇账户中支付的金额或以外汇现钞方式对境外支付的金额。汇款人将从银行购买的外汇存入外汇账户后对境外支付的金额也作为现汇金额。“购汇金额”是指汇款人申请汇出的实际付款金额中，向银行购买外汇直接对境外支付的金额。“其他金额”是指汇款人除购汇和现汇以外对境外支付的金额，包括跨境人民币交易以及记账贸易项下交易等的金额。由于本业务从现汇账户支出，因此在该栏“现汇金额”下填写USD30 960.00。“账号”是指银行对境外付款时扣款的账号，包括人民币账号、现汇账号、现钞账号、保证金账号、银行卡号。如从多个同类账户扣款，填写金额大的扣款账号。本业务从浙江盛达进出口有限公司的现汇账户（A/C NO.58754352）支出，此栏应填写58754352。

（11）50a　汇款人名称及地址。该栏是指汇款人预留银行印鉴或国家外汇管理局及其分支局签发的特殊机构代码赋码通知书上的名称及地址。此栏填写：ZHEJIANG SHENGDA IMPORT AND EXPORT CO.，LTD. NO. 528 JINHUA STREET，HANGZHOU，CHINA。对私项下该栏应填写个人身份证件上的姓名及住址。

（12）对公主体标识码。本业务是对公业务，按照该组织机构的统一社会信用代码中第9位~第17位主体标识码（组织机构代码）或国家外汇管理局及其分支局签发的特殊机构代码赋码通知书上的特殊机构代码填写。此栏填写：14294335-0。

微课：如何填写境外汇款申请书（2）

（13）54/56a　收款银行之代理行名称及地址。当汇出行和汇入行没有往来账户时，需要通过中转行（即代理行）划拨头寸。此处需填写中转行的名称、所在国家、城市及其在清算系统中的识别代码。由于中国银行浙江省分行和BANK OF CHINA LOS ANGELES BRANCH有往来账户，因此不需要中转行，此栏留空。

（14）57a　收款人开户银行名称及地址。汇出行一般把收款人在出口地的开户银行定为汇入行，此处填写收款人开户银行名称、所在国家、城市及其在清算系统中的识别代码。此栏填写：BANK OF CHINA LOS ANGELES BRANCH，444 SOUTH FLOWER ST.，LOS ANGELES，U.S.A.，SWIFT BIC BKCHUS33LAX。

（15）59a　收款人名称及地址。此栏填写出口商名称STONE TRADING INC.和地址458 WILSHIRE BLVD ST.，LOS ANGELES，U.S.A.同时，在收款人账号一栏中填写该公司在BANK OF CHINA LOS ANGELES BRANCH开立的账号696847458650。注意：如果要向欧盟国家（或者阿联酋、巴林等中东国家）的客户进行汇款，需要填写国际银行账户号码（The International Bank Account Number），即IBAN账号。如果漏填，汇入行通常会发送查询电文要求提供，否则可能会被退汇。

（16）70　汇款附言。对所汇款项的必要说明，便于收款人核实款项。该栏限填140个字符。本栏可以填写合同号码SD2021X02来表明款项对应的交易内容。

（17）71A　国内外费用承担。汇款人需要确定办理境外汇款时发生的国内外费用由何方承担，主要包括汇款人支付、收款人支付、双方共同支付三种情况。按双方交易惯例，该笔汇款费用由双方共同承担。此栏应在“共同SHA”前的方框中标记“√”。

（18）收款人常驻国家（地区）名称及代码。根据银行提供的“国家（地区）名称代码表”查询后可知美国代码是840。

（19）按汇款性质可在预付货款、货到付款、退款或其他四项中选择。本次付款为预付货款，此栏应在“预付货款”前的方框中标记“√”。

（20）交易编码。根据本笔付款交易性质对应的“国际收支交易代码表（支出）”填写。如果本笔付款为多种交易性质，则在第一行填写最大金额交易的国际收支交易编码，第二行填写次大金额交易的国际收支交易编码；如果本笔付款涉及进口核查项下交易，则核查项下交易视同最大金额交易处理；如果本笔付款为退款，则应填写本笔付款对应原涉外收入的国际收支交易编码。本业务属于一般贸易，交易编码为121010。

（21）相应币种及金额。根据交易编码填写，如果本笔付款为多种交易性质，则在第一行填写最大金额交易相应的币种和金额，第二行填写其余币种及金额。两栏合计数应等于汇款币种及金额；如果本笔付款涉及进口核查项下交易，则该核查项下交易视同最大金额交易处理。本业务填写USD30 960.00。

（22）交易附言。详细描述本笔汇款交易性质。如果本笔付款为多种交易性质，则应对相应的对境外付款交易性质分别进行详细描述；如果本笔付款为退款，则应填写本笔付款对应原涉外收入的申报号码。本业务交易性质为一般贸易。此栏应填：一般贸易。

（23）选择是否为保税货物项下付款。本业务在“否”前的方框中标记“√”。

（24）合同号和发票号。本业务合同号和发票号分别填写SD2021X02和587619。

（25）外汇局批件号/备案表号/业务编号。是指外汇局签发的，银行凭以对境外付款的各种批件号、备案表号、业务编号。如果本笔付款涉及外汇局核准件，则优先填写该核准件编号。

（26）银行专用栏。购汇汇率、等值人民币、支付费用方式等，留空由银行填写。

（27）申请人签章。此栏加盖汇款人浙江盛达进出口有限公司的财务专用章，并由联系人张诚签字或盖章，同时写明联系电话0086-0571-86739177。

填制好的境外汇款申请书见表2-1。

表2-1 境外汇款申请书

境 外 汇 款 申 请 书

APPLICATION FOR FUNDS TRANSFERS (OVERSEAS)

致:中国银行浙江省分行　　　　　　日期

TO:BANK OF CHINA　　　　　　Date: JUL. 8，2021

ZHEJIANG BRANCH

<table>
<tr><td colspan="3">☑电汇T/T □票汇D/D □信汇M/T</td><td>发报等级
Priority</td><td colspan="2">☑普通Normal □加急Urgent</td></tr>
<tr><td colspan="2">申报号码BOP Reporting No.</td><td colspan="4">□□□□□□ □□□□ □□ □□□□□□ □□□□</td></tr>
<tr><td colspan="2">20 银行业务编号
Bank Transac. Ref. No.</td><td></td><td>收电行/付款行
Receiver/Drawn on</td><td colspan="2"></td></tr>
<tr><td colspan="2">32A 汇款币种及金额
Currency & Interbank Settlement Amount</td><td>USD30 960.00</td><td>金额大写
Amount in Words</td><td colspan="2">U.S. DOLLARS THIRTY THOUSAND NINE HUNDRED AND SIXTY ONLY</td></tr>
<tr><td rowspan="3">其中</td><td>现汇金额Amount in FX</td><td>USD30 960.00</td><td>账号A/C No./Credit Card No.</td><td colspan="2">58754352</td></tr>
<tr><td>购汇金额Amount of Purchase</td><td></td><td>账号A/C No./Credit Card No.</td><td colspan="2"></td></tr>
<tr><td>其他金额Amount of Others</td><td></td><td>账号A/C No./Credit Card No.</td><td colspan="2"></td></tr>
<tr><td colspan="2">50a 汇款人名称及地址
Remitter's Name & Address</td><td colspan="4">ZHEJIANG SHENGDA IMPORT AND EXPORT CO.，LTD
NO. 528 JINHUA STREET，HANGZHOU，ZHEJIANG，CHINA</td></tr>
<tr><td colspan="3" rowspan="2">☑对公主体标识码Unit Code 1 4 2 9 4 3 3 5 - 0</td><td rowspan="2">□对私</td><td colspan="2">□个人身份证号码Individual ID No.</td></tr>
<tr><td colspan="2">□中国居民个人Resident Individual
□中国非居民个人Non-Resident Individual</td></tr>
<tr><td colspan="2">54/56a 收款银行之代理行
名称及地址Correspondent of Beneficiary's Bank Name & Address</td><td colspan="4"></td></tr>
</table>

续表

57a 收款人开户银行名称及地址 Beneficiary's Bank Name & Address	收款人开户银行在其代理行账号Bene.'s Bank A/C No. BANK OF CHINA LOS ANGELES BRANCH, 444 SOUTH FLOWER ST., LOS ANGELES, U.S.A., SWIFT BIC BKCHUS33LAX				
59a 收款人名称及地址 Beneficiary's Name & Address	收款人账号Ben.'s A/C No. 696847458650 STONE TRADING INC. 58 WILSHIRE BLVD ST., LOS ANGELES, U.S.A.				
70 汇款附言 Remittance Information 只限140个字位Not Exceeding 140 Characters S/C NO. SD2021X02	71A 国内外费用承担 All Bank's Charges If Any Are to Be Bone By □汇款人OUR □收款人BEN ☑共同SHA				
收款人常驻国家（地区）名称及代码Resident Country/Region Name & Code 840					
请选择：☑预付货款 Advance Payment □货到付款 Payment against Delivery □退款 Refund □其他 Others					
交易编码 BOP Trans. Code	121010 □□□□□□	相应币种及金额 Currency & Amount	USD 30 960.00	交易附言 Transac. Remittance	一般贸易
本笔款项是否为保税货物项下付款	□是 ☑否	合同号	SD2021X02	发票号	587619
外汇局批件号/备案表号/业务编号					
银行专用栏 For Bank Use Only		申请人签章 Applicant's Signature		银行签章 Bank's Signature	
购汇汇率 Rate @		请按照贵行背页所列条款代办以上汇款并进行申报Please effect the upwards remittance. Subject to the conditions overleaf: 申请人姓名 Name of Applicant 张诚 电话 Phone No. 0086-05[illegible]1-8[illegible]39177 浙江盛达进出口有限公司 财务专用章		核准人签字 Authorized Person 日期 Date	
等值人民币 RMB Equivalent					
手续费 Commissions					
电报费 Cable Charges					
合计 Total Charges					
支付费用方式 In Payment of the Remittance	□现金 by Cash □支票 by Check ☑账户 from A/C				
核印Sig.Ver		经办Maker		复核Checker	

填写前请仔细阅读各联背面条款及填报说明

Please read the conditions and instructions overleaf before filling in this application.

任务2.2　办理境外汇款手续

第一步：填写境外汇款申请书

浙江盛达进出口有限公司外贸业务员张诚完成办理境外汇款手续的第一步，填写境外汇款申请书。

第二步：提交境外汇款申请材料

自2012年8月1日起，我国在全国范围内开展了货物贸易外汇管理制度改革。根据《国家外汇管理局关于印发货物贸易外汇管理法规有关问题的通知》（汇发〔2012〕38号），国家外汇管理局将企业分成A、B、C三类，实行分类管理。对A类企业贸易外汇收支，适用便利化的管理措施。对B、C类企业的贸易外汇收支，在单证审核、业务类型及办理程序、结算方式等方面实施审慎监管。因此，三类企业在汇款时所需提交的材料存在较大差异。

（1）预付货款（前T/T）

A类企业：提交进口合同或发票；

B类企业：提交进口合同和发票；

C类企业：经国家外汇管理局事前逐笔登记后办理。

（2）货到付款（后T/T）

A类企业：提交进口货物报关单或进口合同或发票；

B类企业：提交进口货物报关单和进口合同；

C类企业：经国家外汇管理局事前逐笔登记后办理。

由于浙江盛达进出口有限公司为A类企业，可向中国银行浙江省分行提交境外汇款申请书和进口合同，办理申请汇款手续。

第三步：落实汇款资金并支付汇款手续费

浙江盛达进出口有限公司的汇款资金从其现汇账户支出，并按照汇款金额0.1%缴纳汇款手续费（最高260元/笔）及电信费等相关费用。

中国银行浙江省分行国际业务部经办人詹娜根据国家外汇管理局和银行的规定，对张诚提交的相关材料进行审核，按照“先扣款，后汇出”的原则落实浙江盛达进出口有限公司的汇款资金情况。银行严禁透支后汇出汇款。詹娜对材料审核无误后，在业务系统中录入登记，经复核后加盖业务章将汇款申请书（申报主体留存联）退还浙江盛达进出口有限公司。

第四步：汇出行办理汇出汇款手续

7月8日，詹娜根据境外汇款申请书填制MT103报文各项内容，审核无误后通过SWIFT发送给汇入行，发出解付指令，其业务编号为OR2021105875。汇出行在办理汇出汇款时，应坚持“拉直汇款路线”的原则来确定汇款路线，尽量减少中间行转汇的环节，降低汇款人和收款人的经营成本。如果中国银行浙江省分行和BANK OF CHINA LOS ANGELES BRANCH无往来账户，只能通过中间行进行转账，则还需要给中间行发送MT202报文。本业务中双方有往来账户，因此仅发送MT103报文。以本业务为例，填入必选项目的内容有：

20：SENDER'S REFERENCE

该栏位是指汇出行给该汇款业务的参考号，由汇出行编制。本业务编号为OR2021105875。

23B：BANK OPERATION CODE

该栏位是指银行操作代码。SWIFT定义了“SWIFT支付服务等级”“优先服务等级”和“标准服务等级”，并规定了五种操作类型指示以何种服务完成汇款操作。这五种操作类型用相应的代码表示，在SWIFT报文中只能出现其中一种代码，其中CRED是最常见的操作类型，指有资金划拨，但不限定服务等级。目前商业银行多数MT103报文均为该类型。

32A：VALUE DATE/CURRENCY/INTERBANK SETTLED AMOUNT

该栏位是指结算起息日/币种/银行间清算金额。SWIFT报文的日期表示方法为YYMMDD（年月日），因此本业务2021年7月8日表示为210708。在SWIFT报文中，数字不使用分格号，小数点用“,”来表示，4/5表示为“0.8”，5%表示为“5 PERCENT”。本业务币种金额显示为USD30 960.00。

50a：ORDERING CUSTOMER

该栏位是指汇款人。50a在操作中有两种形式，即a用A或K替代：

（1）50A：汇款人账号及开户行BIC代码；

（2）50K：汇款人账号、名称和地址。本业务中汇款人提供的信息比较齐全，可选择填50K，即：

50K：58754352

ZHEJIANG SHENGDA IMPORT AND EXPORT CO.，LTD.

NO. 528 JINHUA STREET，HANGZHOU，ZHEJIANG，CHINA

59a：BENEFICIARY CUSTOMER

该栏位是指收款人。59a在操作中有两种形式：

（1）59a，收款人账号及开户行BIC代码；

（2）59，收款人账号、名称和地址。本业务可选择填59，即：

59：696847458650

STONE TRADING INC.

458 WILSHIRE BLVD ST.，LOS ANGELES，U.S.A.

70：REMITTANCE INFORMATION

该栏位是指交易信息。包括汇款理由或汇款人附言。本业务显示S/C NO. SD2021X02。

71A：DETAILS OF CHARGES

该栏位是指费用承担细节。SWIFT分别用三种代码表示汇款费用支付方式：BEN表示由收款人支付所有汇款费用；OUR表示由汇款人支付所有汇款费用；SHA表示双方共同支付汇款费用，即各自承担境内费用。本业务填写为SHA。

56a：INTERMEDIARY INSTITUTION

该栏位是指中间行。本业务汇出行和汇入行有往来账户，不需要中间行，因此无须填写。

制作好的MT103报文如下：

MT 103　　　**SINGLE CUSTOMER CREDIT TRANSFER**

20　: SENDER'S REFERENCE

OR2021105875

23B: BANK OPERATION CODE

CRED

32A: VALUE DATE/CURRENCY/INTERBANK SETTLED AMOUNT

210708USD30 960.00

50K: ORDERING CUSTOMER

58754352

ZHEJIANG SHENGDA IMPORT AND EXPORT CO., LTD.

NO. 528 JINHUA STREET, HANGZHOU, ZHEJIANG, CHINA

59　: BENEFICIARY CUSTOMER

696847458650

STONE TRADING INC.

458 WILSHIRE BLVD ST., LOS ANGELES, U.S.A.

70　: REMITTANCE INFORMATION

S/C NO. SD2021X02

71A: DETAIL OF CHARGES

SHA

汇出行中国银行浙江省分行审核上述MT103报文内容无误后，通过SWIFT发送给汇入行，指示汇入行解付款项给收款人。

第五步：汇入行办理汇入汇款手续

7月9日，BANK OF CHINA LOS ANGELES BRANCH职员Kate White对中国银行浙江省分行发送的MT103报文进行登记并审核无误后，解付给收款人STONE TRADING INC.。STONE TRADING INC.收到汇入行的入账通知书后，把包含正本海运提单在内的全套单据寄给浙江盛达进出口有限公司，使其能顺利办理进口清关、提货手续。

知识要点

一、国际汇款概述

（一）国际汇款的含义

微课：国际汇款的含义

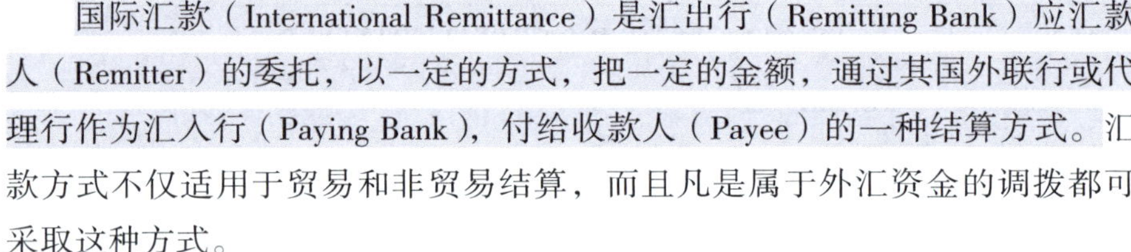

国际汇款（International Remittance）是汇出行（Remitting Bank）应汇款人（Remitter）的委托，以一定的方式，把一定的金额，通过其国外联行或代理行作为汇入行（Paying Bank），付给收款人（Payee）的一种结算方式。汇款方式不仅适用于贸易和非贸易结算，而且凡是属于外汇资金的调拨都可采取这种方式。

在国际贸易中，汇款业务是一种以商业信用为基础的顺汇结算方式，具有手续简便、费用低廉的特点，但进出口双方资金负担不平衡，风险大，多用于贸易双方承担责任失衡情况的结算和一些从属费用（如运费、保险费、佣金、广告费、包装费、退款和赔款等）的结算。

（二）国际汇款的当事人

国际汇款包括汇款人、汇出行、汇入行和收款人四个当事人。在国际贸易中，汇款人通常是进口商，收款人是出口商，汇出行是进口地银行，汇入行是收款人的账户行。

1. 汇款人

汇款人（Remitter）是指向银行交付款项并委托银行办理汇出款项业务，将该款项交付给收款人的人。其主要责任包括：①填写境外汇款申请书，明确各委托事项。境外汇款申请书是汇款人与汇出行之间的契约，也是汇款人的委托指示，银行将严格按照汇款申请书办理汇款业务。②交款付费。汇款人要将所汇款项交付给银行并按照要求支付汇款费用。如果选择由对方付费，则必须在汇款申请书中注明。

2. 汇出行

汇出行（Remitting Bank）是指接受汇款人的委托，为汇款人办理汇出款项的银行。其主要责任包括：①审核境外汇款申请书，指出境外汇款申请书中的错漏并要求汇款人改正或完善汇款信息；如审核无误，则在境外汇款申请书上签章，与汇款人订立办理汇款业务的契约。②严格按照境外汇款申请书办理汇出汇款。按照境外汇款申请书选择的汇款方式，将款项通过一定的方式调拨至国外，发出正确的付款指示，指示国外联行或代理行付款给确定的收款人。

3. 汇入行

汇入行（Paying Bank）也称“解付行”，是指接受汇出行的委托，将收到的款项解付给收款人的银行。其主要责任包括：①审核汇出行汇款指示的真实性；②严格按照汇出行的汇款指示及时将款项解付给收款人。

4. 收款人

收款人（Payee）或受益人（Beneficiary）是指被汇款人委托银行交付汇款的对象即最终接受汇款的人，通常是出口商或其他债权人，也可以是汇款人本人。

（三）国际汇款的种类

按照汇款使用的支付工具不同，国际汇款可以分为电汇（Telegraphic Transfer，T/T）、票汇（Demand Draft，D/D）和信汇（Mail Transfer，M/T）三种方式。在目前国际汇款实务中主要采用电汇方式，票汇一般用于小额支付，信汇已经很少使用。

二、电汇

（一）电汇的含义

电汇（T/T）是汇出行应汇款人申请，通过电报、电传或SWIFT报文方式指示汇入行解付一定金额给收款人的汇款方式。目前银行一般都是采用SWIFT电报操作电汇。该方式最大优点是资金调拨速度快、安全便捷。电汇业务的操作程序包括汇出汇款业务（Outward Remittance）和汇入汇款业务（Inward Remittance）。

微课：电汇的含义和种类

（二）电汇的种类

在国际贸易中，根据付款时间的不同，T/T可以分为前T/T和后T/T。

1. 前T/T

前T/T是指进口商在未收到货物之前，先将货款的一部分或全部电汇出口商，出口商收到货款后，立即或在一定期限内发运货物的一种结算方式，也称预付货款（Payment in Advance或Down Payment）。这种方式不仅占压了进口商的资金，而且还使其承担了出口商到期不履行交货和交单义务的风险，一般仅适用于出口商信誉良好或者货源较紧张的情况。

2. 后T/T

后T/T是指进口商在收到出口商发出的货物之后才按合同约定电汇支付货款的结算方式，也称货到付款（Payment after the Arrival of the Goods/Payment against Delivery）、赊销（Open Account Transaction，O/A）或延期付款（Deferred Payment Transaction）。在国际贸易中，货到付款有售定（Goods Sold）和寄售（Sold on Consignment）两种。售定是指买卖双方已经成交，出口商先发运货物，进口商收到货物后在一定期限内将货款汇交出口商。售定方式一般仅适用于时间性较强的鲜活商品。寄售是指出口商先将货物运至进

微课：电汇的业务流程

口国，委托进口国商人在当地代为销售，待售出后代销人将货款按寄售协议扣除佣金后汇交出口商。寄售方式一般仅适用于新品种、滞销货或展销商品。

（三）电汇的业务流程

电汇业务流程如图2–1所示。

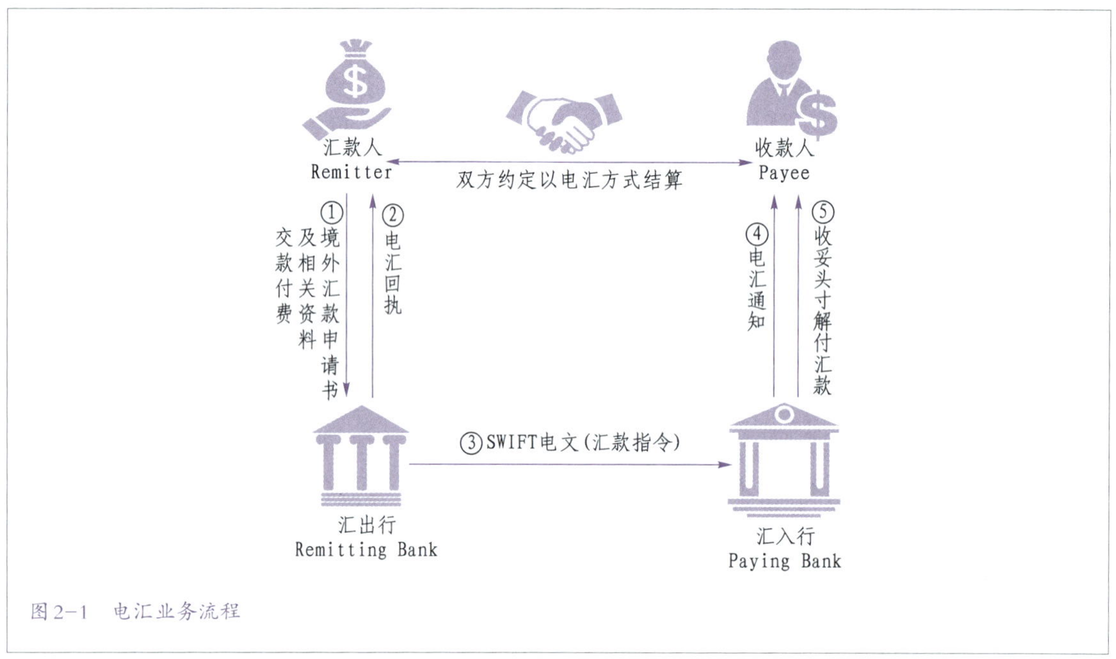

图2–1　电汇业务流程

说明：①汇款人提交境外汇款申请书及相关资料，交款付费给汇出行，并在申请书上注明使用电汇方式。②汇出行审核申请书及相关资料并收妥汇款资金及手续费后，将电汇回执退还汇款人。③汇出行以加押电报/电传/SWIFT电文方式向汇入行发出汇款指令，委托汇入行解付款项给收款人。④汇入行收到电信指令，核对密押后，发出电汇通知，通知收款人收款。⑤汇入行确认收妥头寸后，解付款项给收款人。

（四）MT103报文内容

MT103 Single Customer Credit Transfer（客户汇款请求调拨资金）是汇出行向汇入行发送的客户汇款指令，要求其将款项直接贷记收款人。汇入行凭此指令将款项解付给收款人，这种情况下的汇款称为直接汇款。报文内容见表2–2。

如果汇入行和汇出行没有往来账户，只能通过中间行转账，那么汇出行向汇入行发送MT103报文的同时，还需要向中间行发送汇款报文，如图2–2所示。

表2-2　MT103报文内容

M/O	Tag项目编号	Field Name项目名称	解释
M	20	Sender's Reference	发报行给该汇款业务的参考号
O	13C	Time Indication	要求银行借记或贷记款项的时间指示
M	23B	Bank Operation Code	银行操作代码，以5种代码表示5种处理类型
O	23E	Instruction Code	指示的通知方式，如电话、电报等。有13种代码表示不同方式，可多选，但必须按特定顺序
O	26T	Transaction Type Code	交易类型代码，通过代码表示交易目的或属性
M	32A	Value Date/Currency/ Interbank Settled Amount	结算起息日/币种/银行间清算金额
O	33B	Currency/Instructed Amount	币种/指示金额，在汇款金额没有包括对汇款人或收款人的收费，也没有汇率转换时，此金额等同32A
O	36	Exchange Rate	汇率，以发送方币种金额为计算基数
M	50a	Ordering Customer	汇款人
O	51A	Sending Institution	发报行的BIC代码
O	52a	Ordering Institution	汇款人账户行
O	53a	Sender's Correspondent	发报行的代理行
O	54a	Receiver's Correspondent	收报行的代理行
O	55a	Third Reimbursement Institution	第三方偿付行，除汇出行的分行或代理行外的另一家银行，且是汇入行的分行
O	56a	Intermediary Institution	中间行（一般为收款行的账户行）
O	57a	Account with Institution	账户行
M	59a	Beneficiary Customer	收款人
O	70	Remittance Information	交易信息（付款理由或汇款人附言）
M	71A	Details of Charges	费用承担细则
O	71F	Sender's Charges	发报行费用
O	71G	Receiver's Charges	收报行费用，若费用由汇款人承担，这里显示的金额已结清

续表

M/O	Tag项目编号	Field Name项目名称	解释
O	72	Sender to Receiver Information	附言（银行对银行附言，与收款人、汇款人无关）
O	77B	Regulatory Reporting	汇款人或收款人所在国家要求的法规信息代码
O	77T	Envelop Contents	其他汇款信息传达格式

说明：M=Mandatory Field（必选项目），O=Optional Field（可选项目）。

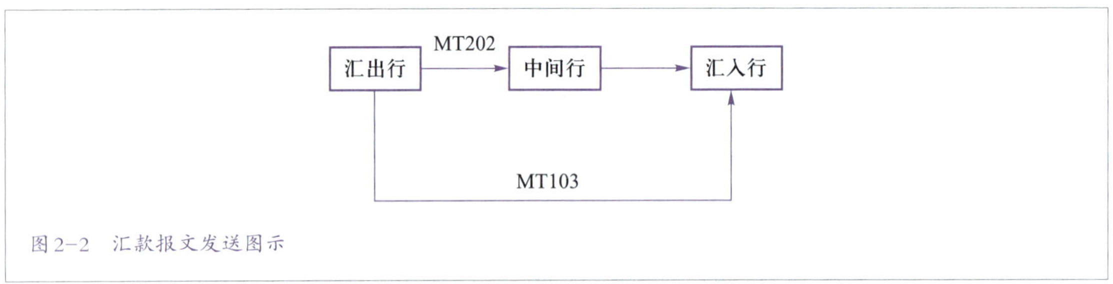

图2–2　汇款报文发送图示

三、票汇

（一）票汇的含义

票汇（D/D）是指汇出行应汇款人的申请，代汇款人开立以其分行或代理行为解付行的银行即期汇票，支付一定金额给收款人的一种汇款方式。银行即期汇票的收款人是汇款收款人，出票人是汇出行，付款人是汇入行（或称解付行）。如果出票行与付款行是联行，还可视为银行本票。票汇项下汇票是可流通的票据，经收款人背书后，可以在市场上流通转让。如果出票行要求收款人只能凭票取款，不得转让，则可以在汇票上做不可流通划线，使汇票仅作为支付工具使用。

（二）票汇的业务流程

票汇业务流程如图2–3所示。

说明：①汇款人提交汇款申请书和相关资料，交款付费，并在汇款申请书上注明使用票汇方式；②汇出行审核申请书及相关资料并收妥汇款资金及手续费后，将票汇回执退还汇款人；③汇出行作为出票行，开立银行即期汇票交给汇款人；④汇款人将汇票寄收款人；⑤汇出行将汇款通知书（又称票根，即汇票一式五联中的第二联）寄汇入行，汇入行凭此联与收款人提交的汇票正本核对；目前，汇出行通常已不寄汇款通知书，汇票从一式五联改为一式四联，取消汇款通知书联；⑥收款人提示银行即期汇票给汇入行要求付

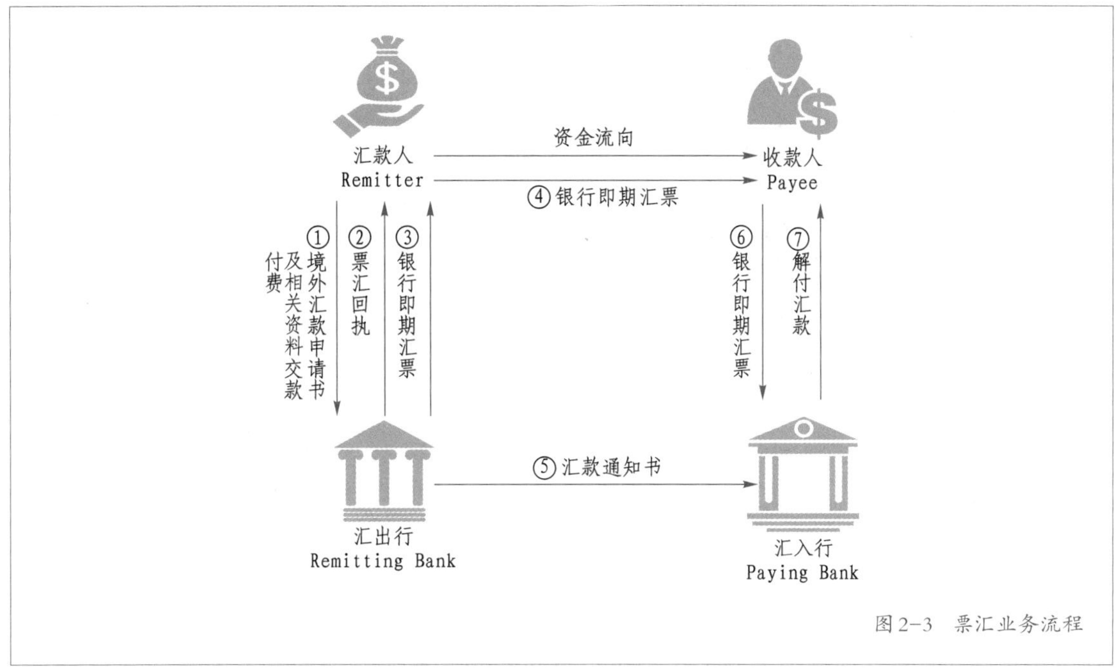

图 2-3 票汇业务流程

款；⑦汇入行确认收妥头寸后，解付款项给收款人。

四、信汇

（一）信汇的含义

信汇（M/T）是指汇出行应汇款人申请，将信汇委托书（Mail Transfer Advice）或支付委托书（Payment Order）邮寄给汇入行，授权其解付一定金额给收款人的一种汇款方式。信汇费用比电汇低廉，但因支付凭证邮寄耗时且收款较慢，目前许多银行已不再办理信汇业务。

（二）信汇的业务流程

信汇业务流程如图2-4所示。

说明：①汇款人提交境外汇款申请书和相关资料，交款付费，并在汇款申请书上注明使用信汇方式；②汇出行审核申请书及相关资料并收妥汇款资金及手续费后，将信汇回执退还汇款人；③汇出行根据汇款申请书缮制信汇委托书或支付委托书，邮寄给汇入行；④汇入行收到后核对印鉴无误，将信汇委托书的第二联信汇通知书及第三、四联收据正副本一并通知收款人；⑤收款人凭收据取款；⑥汇入行确认收妥头寸后，解付款项给收款人。

（三）电汇、票汇和信汇的比较

电汇、票汇、信汇的差异见表2-3。

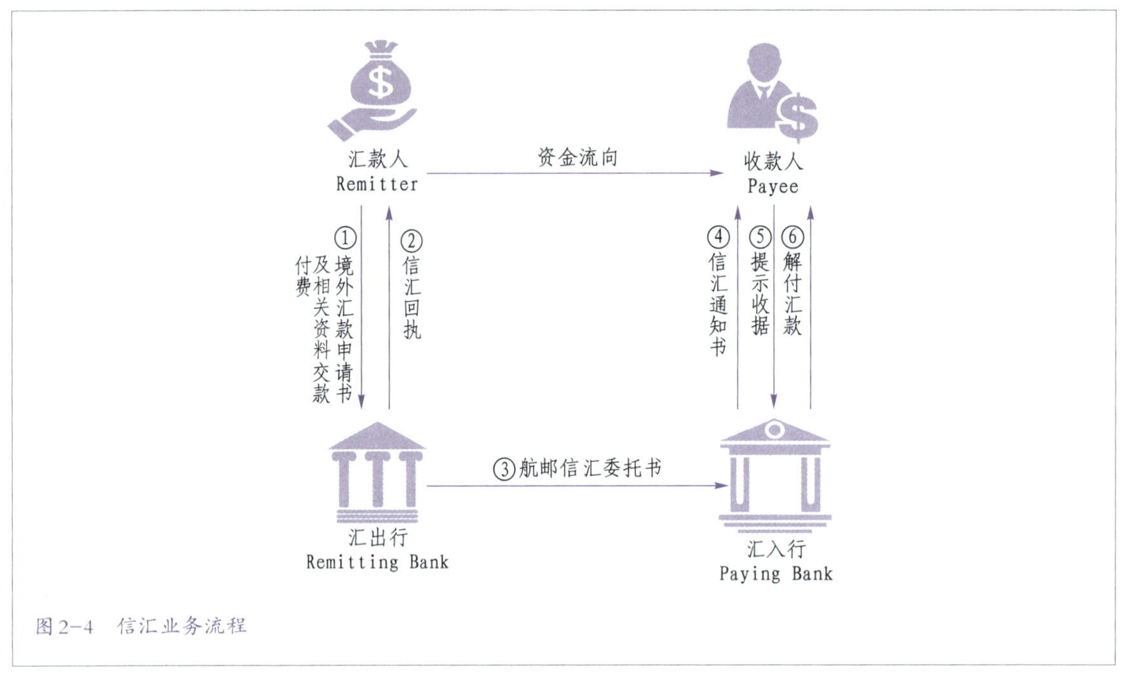

图2-4 信汇业务流程

表2-3 电汇、票汇、信汇的差异

不同点	电汇	票汇	信汇
支付工具	电报、电传或SWIFT 用密押证实	银行即期汇票 用印鉴或签字证实	信汇委托书或支付委托书 用印鉴或签字证实
成本费用	较高	较低	最低
安全性	较高	途中遗失、延误风险	途中遗失、延误风险
汇款速度	最快捷	较慢	较慢

注：中国银行电汇手续费为汇款金额的1‰，最低50元/笔，最高260元/笔；另收电信费，港澳台地区80元/笔，非港澳台地区150元/笔。

五、汇款的退汇

微课：汇款的退汇

（一）退汇的含义

退汇是指汇款人或收款人一方，在汇款解付前要求撤销该笔汇款的行为。

（二）电汇和信汇的退汇

1. 汇款人退汇

若汇款人提出退汇，汇出行应电函通知汇入行停止解付，撤销汇款，待接到汇入行同意退汇的通知后，再转告汇款人持汇款回执前来办理退款。如果申请退汇时汇款已经解付，汇款人只能直接向收款人交涉退回。

2. 收款人退汇

若收款人提出退汇，汇入行可作为收款人拒收处理，并通知汇出行，由汇款人凭汇款回执到汇出行办理退汇手续。

（三）票汇的退汇

1. 汇款人退汇

汇款人在寄出汇票前，可由汇款人持原汇票到汇出行办理凭票退汇手续。汇出行应发函通知汇入行将有关的汇票通知书（或票根）注销寄回。若汇款人在已将汇票寄出后要求退汇，汇出行为维护银行票据的信誉，一般不予接受。

如果汇票遗失、被窃，应办理挂失止付手续，由汇款人向汇出行出具保证书，保证万一发生重付，由汇款人负责赔偿。汇出行即可据以通知汇入行挂失止付，待汇入行书面确认后，汇出行方能办理补发汇票或退汇手续。

2. 收款人退汇

收款人只需要将收到的票据退还给汇款人。汇款人持该汇票到汇出行办理凭票退汇手续。如果收款人遗失汇票，应及时向汇入行挂失止付，依法采取必要的保全票据权利的行为。

国际结算与中国经济

国际贸易“单一窗口”提速跨境汇款业务

2019年4月18日，由海关总署与中国工商银行等金融机构共同建设的中国国际贸易“单一窗口”标准版（以下简称“单一窗口”）金融服务功能正式上线。当天，中国工商银行厦门分行成功办理了全国首笔“单一窗口”跨境汇款业务。企业在线提交了跨境汇款等多项业务需求，并同步关联报关单、合同、发票等电子文档进行实时传输，顺利完成从协议签订、用户绑定到跨境汇款的办理，实现了单证和信息的全电子化智能流转，客户体验满意度大幅提升。

本次上线的“单一窗口”新增三方协议签订、在线预约开户、用户绑定、跨境汇款、外汇牌价查询等功能，企业可通过登录“中国国际贸易单一窗口”平台一点接入、一键提交满足银行要求的标准化单证和电子信息，在线完成跨境贸易全流程业务办理。其中，作为一项核心金融服务功能，“单一窗口”跨境汇款可有效提高企业办理跨境结算的效率，贯彻党的二十大报告提出的“支持中小微企业发展”，降低企业尤其是中小企业的经营成本。随后，广东、浙江、上海、海南等地金融机构纷纷推进“单一窗口”跨境汇款业务，为提升贸易便利化提供金融支持。

习题测验

一、单项选择题

1. 下列属于顺汇支付方式的是（　　）。

A. 汇款　　B. 信用证　　C. 托收　　D. 银行保函

2. T/T、M/T 和 D/D 的中文含义分别为（　　）。

A. 信汇、票汇、电汇　　B. 电汇、票汇、信汇

C. 电汇、信汇、票汇　　D. 票汇、信汇、电汇

3. 汇款人在委托汇出行办理汇款时要填具（　　）。它是汇款人与汇出行之间的契约。

A. 汇票通知书　　B. 支付委托书

C. 汇款申请书　　D. 电报证实书

4. 电汇中的电报费用由（　　）承担。

A. 汇款人　　B. 收款人　　C. 汇入行　　D. 汇出行

5.（　　）方式下，汇入行不负责通知收款人到银行取款。

A. 电汇　　B. 信汇　　C. 票汇　　D. 退汇

6. 票汇结算的信用基础是汇款人与收款人之间的商业信用，但办理中所使用的汇票属于（　　）。

A. 银行汇票　　B. 银行承兑汇票

C. 商业汇票　　D. 商业承兑汇票

7. 在汇款方式中，能为收款人提供融资便利的方式是（　　）。

A. 信汇　　B. 票汇　　C. 电汇　　D. 远期汇款

8.（　　）是汇出行根据汇款人的申请，将信汇委托书通过邮局或快递公司传递给汇入行，授权汇入行解付一定金额给收款人的一种汇款方式。

A. 信汇　　B. 电汇　　C. 票汇　　D. 电报

9. 银行办理业务时通常无法占用客户资金的汇款方式是（　　）。

A. 电汇　　B. 票汇　　C. 信汇　　D. 以上都是

10. 对进口商不利的贸易结算汇款方式是（　　）。

A. 售定　　B. 寄售　　C. 赊销　　D. 预付货款

二、多项选择题

1. 下列对汇款方式的描述正确的有（　　　）。

A. 汇款是由债务人主动付款的结算方式

B. 汇款业务中有汇出行与汇入行的业务往来，属银行信用

C. 汇款一定会使用汇票

D. 汇款业务中涉及商业信用的提供

2. 汇款业务中，汇出行应注意的问题有（　　　）。

A. 认真审核汇出汇款申请书，对不符要求的须请汇款人补充、修改

B. 可以透支汇出汇款

C. 根据国家外汇管理的要求汇出汇款

D. 银行支付授权书必须根据汇款申请书制作

3. 以下关于电汇流程的描述正确的有（　　　）。

A. 为提高电汇效率，汇入行可在头寸收妥之前，解付款项

B. 在汇款人交款付费后，汇出行即可为客户办理电汇业务

C. 电汇汇款人如需退汇，必须持电汇回执向汇出行申请

D. 汇款回单是该笔汇款已转入收款人账户的证明

4. 货物贸易外汇管理制度改革后，国家外汇管理局主要通过（　　　）等措施对货物贸易外汇收支进行监管。

A. 主体管理　　　　B. 企业报告

C. 现场和非现场监测　　　　D. 分类管理

5. 以下汇款当事人中，可以发起退汇业务流程的有（　　　）。

A. 汇款人　　B. 收款人　　C. 汇出行　　D. 汇入行

三、判断题

1. 在汇款业务中，汇入行以密押来核实电报的真实性，以有权签字人的印鉴来核实信汇委托书或汇票的真实性。（　　）

2. 使用电汇时资金到账速度快，但是费用比信汇高。（　　）

3. 因汇款申请书填写错误导致银行无法顺利解付的，银行不承担责任。（　　）

4. 电汇方式下，汇款人填写汇款委托书，在解付行将资金解付给收款人后，交款付费给汇出行。（　　）

5. 电汇业务中，如果收款人在汇入行有账户，汇入行往往不缮制汇款通知书，也不需要收款人签具收据，仅凭电文即可将款项收入收款人账户。（　　）

6. 如果采用后T/T，A类企业可提交进口货物报关单或进口合同或发票等任一能够证明交易真实性的单证办理付汇。（　　）

7. 如果汇款人已经将汇票寄给了收款人，则汇出行一般不接受其退汇的申请。（　　）

8. 办理退汇业务时，银行将退回已经收取的汇款手续费。（　　）

9. 票汇中的票据可以背书转让。 (　　)

10. 汇票在银行受理挂失前已被冒领的，银行概不负责。 (　　)

【能力实训2-1】 电汇业务操作

2021年3月26日，广东城顺贸易发展有限公司从澳大利亚WORTHS TRADING INC.进口80套太阳能热水器（Solar Water Heater），签订如下进口合同。

CONTRACT

Contract No: CX20210326

Date: March 26, 2021

The Buyer: GUANGDONG CHENGSHUN TRADING CO., LTD.

Address: No. 58 JIEFANG ROAD, GUANGZHOU, P.R.CHINA

The Seller: WORTHS TRADING INC.

Address: 182 YORK STREET, SYDNEY, AUSTRALIA

This Contract is made by and between the Buyer and Seller, whereby the Buyer agrees to buy and the Seller agrees to sell the under-mentioned commodity according to the terms and conditions stipulated below:

1. Commodity:

Description of Goods	Quantity	Unit Price	Total Amount
CIF Guangzhou, China as per Incoterms ® 2020			
Solar Water Heater	80 sets	US$215.00/set	US$17 200.00
Accessory	100 kg	US$20.00/kg	US$2 000.00
Total			US$19 200.00

TOTAL VALUE: U.S.DOLLARS NINETEEN THOUSAND TWO HUNDRED ONLY.

2. Time of Shipment: not later than April 15, 2021

3. Port of Shipment: Sydney, Australia

4. Port of Destination: Guangzhou, China

5. Insurance: To be covered by the Seller

6. Payment: Telegraphic Transfer: The Buyer shall send 30% of the contract value to the Seller within 10 days after the receipt of copies of shipping documents. The balance of 70% must be sent to the seller within 10 days after the goods arrive at the warehouse.

7. Other terms: Omitted

In witness thereof, this Contract is made both in English and Chinese, signed by both parties in two original copies, each party holds one copy.

THE SELLER:	**THE BUYER:**
WORTHS TRADING INC.	广 东 城 顺 贸 易 发 展 有 限 公 司
Alex Brown	GUANGDONG CHENGSHUN TRADING CO., LTD.
	张城顺

实训任务 进口商填写境外汇款申请书并办理境外汇款手续

2021年4月8日，广东城顺贸易发展有限公司外贸业务员叶远在收到出口商发出的海运提单副本后第三天，按照合同要求以电汇方式预付30%货款。叶远准备好进口合同、商业发票（编号：973012）等相关资料，向公司账户行——中国农业银行广州分行国际业务部办理申请汇款手续，并填写以下境外汇款申请书。叶远所在公司的报关经营单位代码为4401237865，组织机构代码为7076649-2。

出口商澳大利亚WORTHS TRADING LNC.的开户行是CITIBANK OF AUSTRALIA，656 NEW STREET，SYDNEY（A/C No.621478825）。款项从广东城顺贸易发展有限公司的现汇账户（A/C No.96535903）支出。按照双方交易惯例，汇款费用由广东城顺贸易发展有限公司承担。

境 外 汇 款 申 请 书

APPLICATION FOR FUNDS TRANSFERS(OVERSEAS)

致：中国农业银行　　　　日期

TO：Agricultural Bank of China　　　　Date：______

<table>
<tr><td colspan="3">□电汇T/T□票汇D/D□信汇M/T</td><td>发报等级Priority</td><td>□普通Normal □加急Urgent</td></tr>
<tr><td colspan="2">申报号码BOP Reporting No.</td><td colspan="3">□□□□□□ □□□□ □□ □□□□□□ □□□□</td></tr>
<tr><td colspan="2">20 银行业务编号
Bank Transac. Ref. No.</td><td></td><td>收电行/付款行
Receiver/Drawn on</td><td></td></tr>
<tr><td colspan="2">32A 汇款币种及金额
Currency & Interbank Settlement Amount</td><td></td><td>金额大写
Amount in Words</td><td></td></tr>
<tr><td rowspan="3">其中</td><td>现汇金额Amount in FX</td><td></td><td>账号A/C No./Credit Card No.</td><td></td></tr>
<tr><td>购汇金额Amount of Purchase</td><td></td><td>账号A/C No./Credit Card No.</td><td></td></tr>
<tr><td>其他金额Amount of Others</td><td></td><td>账号A/C No./Credit Card No.</td><td></td></tr>
<tr><td colspan="2">50a 汇款人名称及地址
Remitter's Name & Address</td><td colspan="3"></td></tr>
<tr><td colspan="3" rowspan="2">□对公主体标识码Unit Code□□□□□□□□□-□</td><td rowspan="2">□对私</td><td>□个人身份证号码Individual ID No.</td></tr>
<tr><td>□中国居民个人Resident Individual
□中国非居民个人Non-Resident Individual</td></tr>
<tr><td colspan="2">54/56a 收款银行之代理行名称及地址Correspondent of Beneficiary's Bank Name & Address</td><td colspan="3"></td></tr>
<tr><td colspan="2" rowspan="2">57a 收款人开户银行名称及地址
Beneficiary's Bank
Name & Address</td><td colspan="3">收款人开户银行在其代理行账号Bene.'s Bank A/C No.</td></tr>
<tr><td colspan="3"></td></tr>
</table>

续表

59a 收款人名称及地址 Beneficiary's Name & Add.		收款人账号Bene.'s A/C No.			
70 汇款附言 Remittance Information 只限140个字位 Not Exceeding 140 Characters		71A 国内外费用承担 All Bank's Charges If Any Are to Be Bone By ☐汇款人OUR ☐收款人BEN☐共同SHA			
收款人常驻国家（地区）名称及代码Resident Country/Region Name & Code ☐☐☐					
请选择：☐预付货款Advance Payment☐货到付款Payment against Delivery☐退款Refund☐其他Others					
交易编码 BOP Trans. Code	☐☐☐☐☐☐☐ ☐☐☐☐☐☐☐	相应币种及金额 Currency & Amount		交易附言 Transac. Remark	
本笔款项是否为保税货物项下付款		☐是 ☐否	合同号	发票号	
外汇局批件号/备案表号/业务编号					
银行专用栏For Bank Use Only		申请人签章Applicant's Signature		银行签章Bank's Signature	
购汇汇率 Rate @		请按照贵行背页所列条款代办以上汇款并进行申报 Please effect the upwards remittance subject to the conditions overleaf. 申请人姓名 Name of Applicant 电话 Phone No.		核准人签字 Authorized Person 日期 Date	
等值人民币 RMB Equivalent					
手续费 Commission					
电报费 Cable Charges					
合计 Total Charges					
支付费用方式 In Payment of the Remittance	☐现金by Cash ☐支票by Check ☐账户from A/C				
核印Sig.Ver		经办Maker		复核Checker	

填写前请仔细阅读各联背面条款及填报说明

Please read the conditions and instructions overleaf before filling in this application.

由于广东城顺贸易发展有限公司目前属于国家外汇管理局规定的B类企业，因此在办理预付货款电汇手续时，不仅要向汇出行中国农业银行广州分行提交境外汇款申请书，而且要提交进口合同和发票。该银行经办人孙志对上述材料审核无误后，根据境外汇款申请书填制MT103报文的各项内容，通过SWIFT系统发送给汇入行CITIBANK OF AUSTRALIA。汇入行确认收妥头寸后，将款项解付给收款人澳大利亚WORTHS TRADING INC.。

【能力实训2-2】 票汇业务操作

2021年4月17日，大连市启昂食品进出口有限公司（Dalian QiAng Food Import and Export Co., Ltd.）与美国Dunker Trading Inc.（275 NEW STREET,

NEW YORK，USA）签订了一笔金额为20 000.00美元的食品进口合同，付款方式为进口商看货后以汇票支付。汇入行为CITIBANK，NEW YORK（215 LOYAL STREET，NEW YORK，USA）。4月20日，大连市启昂食品进出口有限公司业务员苏南向中国银行大连分行提出票汇申请，并将已经填好的境外汇款申请书交给中国银行大连分行国际业务部，委托该行签发银行汇票。

境　外　汇　款　申　请　书

APPLICATION FOR FUNDS TRANSFERS(OVERSEAS)

致：中国银行大连分行　　　　日期：

TO：BANK OF CHINA, DALIAN BRANCH　　　　Date：April 20, 2021

☐电汇T/T ☑票汇D/D ☐信汇M/T	发报等级 Priority	☑普通Normal ☐加急Urgent	
申报号码BOP Reporting No.	☐☐☐☐☐☐ ☐☐☐☐ ☐☐ ☐☐☐☐☐☐ ☐☐☐☐		
20 银行业务编号 Bank Trans. Ref. No.		收电行/付款行 Receiver/Drawn on	
32A 汇款币种及金额 Currency & Inter-bank Settlement Amount	USD20 000.00	金额大写 Amount in Words	U.S.DOLLARS TWENTY THOUSAND ONLY
其中 现汇金额Amount FX	USD20 000.00	账号A/C No./Credit Card No.	62780450265
其中 购汇金额Amount of Purchase		账号A/C No./Credit Card No.	
其中 其他金额Amount of Others		账号A/C No./Credit Card No.	
50a 汇款人名称及地址 Remitter's Name & Add.	DALIAN QIANG FOOD IMPORT AND EXPORT CO., LTD. 58 RENMIN ROAD，DALIAN，LIAONING PROVINCE，CHINA		
☑对公主体标识码Unit Code 7 1 1 3 8 6 9 5 - 3	☐对私	☐个人身份证号码Individual ID No. ☐中国居民个人Resident Individual ☐中国非居民个人Non-Resident Individual	
54/56a 收款银行之代理行名称及地址Correspondent of Ben.'s Bank Name & Add.			
57a 收款人开户银行名称及地址 Beneficiary's Bank Name & Address	收款人开户银行在其代理行账号Bene.'s Bank A/C No. CITIBANK，215 LOYAL STREET，NEW YORK，USA		
59a 收款人名称及地址 Beneficiary's Name & Address	收款人账号Bene.'s A/C No. 76958735261 DUNKER TRADING INC. 275 NEW STREET，NEW YORK，USA		
70 汇款附言 Remittance Information 只限140个字位 Not Exceeding 140 Characters S/C NO.: QA2021158	71A 国内外费用承担 All Bank's Charges If Any Are to Be Bone By ☐汇款人OUR ☐收款人BEN ☑共同SHA		

续表

收款人常驻国家（地区）名称及代码 Ben. Resident Country/Region Name & Code U.S.A. 840						
请选择：☑预付货款 Advance Payment □货到付款 Payment against Delivery □退款 Refund □其他 Others						
交易编码 BOP Trans. Code	1 2 1 0 1 0 □□□□□□	相应币种及金额 Currency & Amount		USD20 000.00	交易附言 Trans. Remark	一般贸易
本笔款项是否为保税货物项下付款		□是 ☑否	合同号	QA2021158	发票号	65390178
外汇局批件/备案表号/业务编号						
银行专用栏 For Bank Use Only		申请人签章 Applicant's Signature			银行签章 Bank's Signature	
购汇汇率 Rate @			请按照贵行背页所列条款代办以上汇款并进行申报 Please effect the upwards remittance subject to the conditions overleaf.			
等值人民币 RMB Equivalent						
手续费 Commissions						
电报费 Cable Charges						
合计 Total Charges			申请人姓名 Name of Applicant		核准人签字 Authorized Person	
支付费用方式 In Payment of the Remittance		□现金 by Cash □支票 by Check ☑账户 from A/C	电话 Phone No. 0086-0757-2682716		日期 Date	
核印 Sig.Ver			经办 Maker		复核 Checker	

填写前请仔细阅读各联背面条款及填报说明

Please read the conditions and instructions overleaf before filling in this application.

实训任务　汇出行根据境外汇款申请书签发银行即期汇票

中国银行大连分行国际业务部经办人赵明对大连市启昂食品进出口有限公司提交的申请书和相关材料进行审核后批准了票汇申请。2021年4月20日，请以赵明的身份根据境外汇款申请书签发以下银行即期汇票。

①BILL OF EXCHANGE

② No.________　③ Exchange for ________　④ ________　⑤ ________

⑥ Payable with interest @________%

⑦ At________ sight of this FIRST of exchange (second of exchange Being Unpaid) pay to the order of ⑧ ________________________________

⑨ the sum of SAY: ________________________________

⑩ To: ________________　　⑪For and on behalf of

________________　　________________

(Authorized Signature)

项目三　国际托收业务

【学习目标】

能力目标：

- 能根据外贸合同填制托收项下汇票；
- 能根据外贸合同填写托收申请书；
- 能办理托收手续。

知识目标：

- 掌握托收的含义和种类；
- 熟悉托收当事人的关系及其权利和责任；
- 熟悉跟单托收和光票托收的业务流程；
- 掌握跟单托收申请书和托收汇票的填制要点；
- 熟悉《托收统一规则》（URC522）的主要内容。

素养目标：

- 践行严谨细致、精益求精的职业规范；
- 强化合规意识、责任意识和风险意识。

【思维导图】

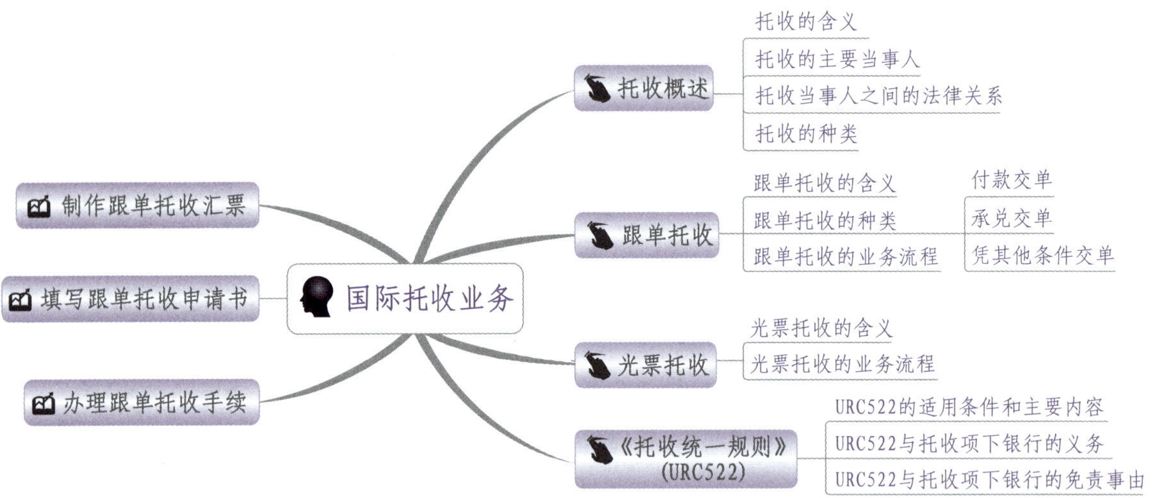

项目背景

动画：国际托收业务

2021年1月29日，杭州辰立贸易有限公司与波兰KS INTERNATIONAL SP. ZO.O就出口床上用品一事签订如下出口合同。

CONTRACT

Contract No: CL20210019 **Date of Signature:** Jan. 29, 2021

The Buyer: KS INTERNATIONAL SP. ZO.O

Address: METEORYTOWA 13, 50-199 GDANSK, POLAND

The Seller: HANGZHOU CHENLI TRADING CO., LTD.

Address: No.358 FENGQI ROAD, HANGZHOU, CHINA

This Contract is made by and between the Buyer and Seller, whereby the Buyer agrees to buy and the Seller agrees to sell the under-mentioned commodity according to the terms and conditions stipulated below:

1. Commodity:

Article No. & Description	Quantity	Unit Price	Amount
		FOB SHANGHAI AS PER INCOTERMS ®2020	
FAGERKLOKKE bed throw Col: brown 160cm×220cm	ART NO: 30/5863224 3 150pcs	USD3.73/pc	USD11 749.50
FAGERKLOKKE bed throw Col: brown 220cm×220cm	ART NO: 40/5879357 5 290pcs	USD4.85/pc	USD25 656.50
Total	8 440pcs		USD37 406.00
SAY TOTAL: US DOLLARS THIRTY SEVEN THOUSAND FOUR HUNDRED AND SIX ONLY			

续表

2. Country of Origin: CHINA
3. Packing: To be packed in cartons, total 844 cartons.
4. Shipping Mark: KS INTERNATIONAL SP. ZO.O

Contract No: CL20210019

Ctn No: 1-844

GDYNIA-POLAND

5. Time of Shipment: Not later than April 30, 2021. Partial shipment and transshipment are prohibited.
6. Port of Shipment and Destination: From Shanghai, China to Gdynia, Poland.
7. Terms of Payment: D/P at sight for full invoice value.
8. Other Terms: (omitted)
This contract is made in two originals, one original for each party in witness thereof.

THE BUYER:	**THE SELLER:**
	杭 州 辰 立 贸 易 有 限 公 司
KS INTERNATIONAL SP. ZO.O	HANGZHOU CHENLI TRADING CO., LTD.
Olga Nosal	李辰立

任务分解

杭州辰立贸易有限公司外贸业务员胡云根据以上合同要求发货并获得提单。2021年4月9日，胡云根据合同制作跟单托收汇票，准备好全套单据去开户行—中国农业银行浙江省分行国际业务部办理托收手续（公司账号：56927120539521），托收项下单据包括汇票一式两份、商业发票一式三份（Inv. No.632987）、装箱单一式三份、海运提单一式三份和一般原产地证一份。

任务 3.1　制作跟单托收汇票

任务 3.2　填写跟单托收申请书

任务 3.3　办理跟单托收手续

任务 3.1　制作跟单托收汇票

本业务中，出口商杭州辰立贸易有限公司为托收项下的委托人，委托银

微课：填制托收汇票

行向进口商收回货款；进口商KS INTERNATIONAL SP. ZO.O为付款人；接受委托的中国农业银行浙江省分行为托收行；NOERRESUNDBY BANK A/S DK-9400 NOERRESUNDBY为国外代收行。

杭州辰立贸易有限公司业务员胡云在发货后到中国农业银行浙江省分行办理托收业务。由于托收双方有多年业务合作关系，因此在合同中未具体载明对单据的要求。胡云与对方确认本笔业务需要上述提及的托收项下全套单据。胡云根据外贸合同和其他相关信息填制如下跟单托收汇票（见表3–1）。

表3–1　跟单托收汇票

凭　　　　　　　　　　　　　　　　　　　信用证 Drawn under DOCUMENTS AGAINST PAYMENT　　L/C No. ______ 日期 Dated April 9，2021 支取 Payable with interest @____%____按____息____付款 号码　　　　汇票金额　　　　杭州 No. 632987　　Exchange for USD 37 406.00 Hangzhou 见票　　　　日后(本汇票之副本未付)付交　中国农业银行　金额 At ______ sight of this FIRST of Exchange/Second of Exchange being unpaid/ pay to the order of AGRICULTURAL BANK OF CHINA ZHE JIANG BRANCH the sum of SAY U. S. DOLLARS THIRTY SEVEN THOUSAND FOUR HUNDRED AND SIX ONLY. 款已收讫　　　　　　　　杭州辰立贸易有限公司 Value received　　　　　　HANGZHOU CHENLI TRADING CO., LTD. 此致　KS INTERNATIONAL SP. ZO.O　　　　李辰立 To　METEORYTOWA 13，50-199 GDANSK，POLAND

微课：填写跟单托收申请书（1）

任务3.2　填写跟单托收申请书

跟单托收申请书是委托人与托收行之间关于该笔托收业务的契约性文件，也是托收行办理该笔托收业务的基本依据。委托人填写跟单托收申请书时，需要明确交单条件、银行费用等相关细节，以便托收行据此办理托收业务。胡云根据外贸合同及业务相关信息填写以下托收申请书各栏目。

（1）出口商杭州辰立贸易有限公司作为委托人取得以中国农业银行浙江省分行为抬头印制的跟单托收申请书。抬头下面为指示说明："We enclose the following draft(s)/documents as specified hereunder which please collect in accordance with the instructions indicated herein. 兹附上汇票和单据如下，谨请贵行依照本通知书的要求为我公司办理托收。This collection is subject to URC522. 此托收遵循国际商会第522号出版物《托收统一规则》"。

（2）申请办理托收业务的日期。胡云于2021年4月9日办理该笔托收业务申请手续，因此填写Apr. 9，2021。

（3）代收行（Collecting Bank）全称和地址：为了使委托人的指示得以实现，托收行将以委托人所指定的银行作为代收行。代收行是除寄单行以外的参与处理托收业务的任何银行。委托人须在该栏填写国外代收行（一般为进口商的开户银行）的全称和地址，以便托收行向其寄送托收指示，尽早收款。同时，委托人要明确对其代收行的选定承担相应的责任。例如：

□ We will take on all the results caused by choosing the above bank as the collecting bank.

请选择我司选定的代收行，由此产生的问题和其他后果由我司负责。

实务中，原则上应委托托收行海外分行或代理行办理托收业务。委托人提供的代收行为非代理行时，托收行将视其为提示行，并在托收指示中列明。如委托人未指定代收行，托收行将指定使用其自身的任何银行或者在付款或承兑的国家中选择另外的银行作为代收行。该栏应填写代收行全称和地址：NOERRESUNDBY BANK A/S DK–9400 NOERRESUNDBY，TORVET 4，9400，POB 200 NOERRESUNDBY DENMARK。

（4）收款人（Payee）全称和地址：托收业务中，托收汇票的收款人可以是出口商即出票人，托收行或代收行，实际中以托收行为收款人最为常见。该栏应填写：AGRICULTURAL BANK OF CHINA ZHEJIANG BRANCH。

（5）付款人（Drawee）全称和地址：付款人为进口商，应填写全称、详细地址、电话、传真号码，以便代收行及时向其提示承兑或提示付款。该栏应填写：KS INTERNATIONAL SP. ZO.O，METEORYTOWA 13，50–199 GDANSK，POLAND。

（6）汇票的期限（Tenor）：这里要写明交单方式和付款期限。本业务为即期付款交单，因此填写：AT SIGHT。根据URC522，托收行应劝阻委托人对付款交单的托收指示包含远期付款的汇票。

（7）汇票/发票号码（Draft/Invoice No.）：根据实际发票内容填写632987。

（8）币种及金额（Currency & Amount）：托收币种和金额要与所附单据一致。该栏填写USD37 406.00。

（9）单据（DOCUMENTS）：应根据外贸合同列明提交给托收行的正副本单据名称和数量。该栏第一行显示的单据名称依次为：汇票（DRAFT）、商业发票（COM.INV.）、装箱单（PACKING LIST）、海运提单（B/L）、不可转让海运提单（N/N B/L）、空运单（AWB.）、原产地证书（ORGIN CERT.）、保险单（INS. POL.）、检验证书（INSP. CERT.）、证明文件（CERT.）、电报副本（CABLE COPY）。如果有其他单据还可以在后面补列相应名称。第二行填写各单据份数。本业务填写汇票2份、商业发票3份、装箱单3份、正本海运提

微课：填写跟单托收申请书（2）

单3份、一般原产地证1份。

（10）特殊条款（Special Instructions）：该栏所列条款是托收行向代收行所做托收指示的依据。胡云可以在选择的条款前面方框中用“×”标明。如果有其他指示可以在后面另加。此栏具体内容为：

① 交单方式。交单方式要与付款期限一致。本业务为即期付款交单，应在相应方框中打“×”。例如：

☒ Please deliver documents against ☒ payment at sight/ ☐ payment ____ after sight/ ☐ acceptance

请办理 ☒即期付款交单 /☐远期付款交单/☐承兑交单

② 银行费用。通常情况下，一般由进出口双方各自承担境内银行费用，因此托收行费用可由委托人承担，但外埠代收费用则由付款人承担（Collection charges/expenses outside China are for account of the Drawee.）。本业务中，由委托人承担境内托收行费用，则可在相应方框中打“×”。如果需要由付款人承担，也要在申请书中注明。例如：

☒ All your charges are to be borne by ☐ the drawee/ ☒ us.

你行所有费用由☐付款人/☒我司承担。

同时，委托人还应明确当付款人不支付托收手续费和其他费用时，提示行是否可以放单。一般有两种情况：第一，如果托收指示中规定托收费用由付款人承担，而后者拒付时，提示行可以根据具体情况在不收取该项费用的情况下凭付款或承兑或其他条件交单，此时被放弃的托收费用应由发出托收的一方承担，并可从货款中扣减。第二，如果托收指示中明确指明托收费用不得放弃而付款人又拒付该项费用时，提示行将不交单，并对由此所引起的延误所产生的后果不承担责任。当该项费用已被拒付时，提示行必须毫不延误地以电信通知向其发出托收指示的银行。电信不可能时，可用其他便捷的方式通知。因此，委托人应事先注明托收费用是否可以放弃。例如：

☐ Waive/ ☐ Do not waive charges if refused by the drawee.

如付款人拒付，则☐放弃/☐不放弃费用。

☐ Collection charges may not be waived and the drawee refuses to pay such charges，the presenting bank will not deliver documents.

托收费用不得放弃，如付款人拒付该项费用，提示行将不交单。

☐ Please instruct the Collecting Bank to deliver documents only upon receipt of all their banking charges.

请指示代收行收妥全部银行费用后再提示单据。

注意：银行对向其发出托收指示的一方保留要求事先支付托收费用以补偿其拟执行任何指示的费用支出的权利，在未收到该项款项期间可以不执行该项指示。

此外，如果托收指示中规定必须收取利息，但付款人拒付该项利息时，提示行可根据具体情况在不收取利息的情况下凭付款或承兑或其他条件交单。如果要求收取利息，托收指示中应明确规定利率、计息期和计息方法。例如：

□ Please collect interest for delay in payment calculated from the maturity to the date of actual payment at the rate of X% p.a. on the basis of 360 days a year from the drawee.

如逾期付款，请按照*X*%年利率向付款人收取从到期日起至实际清偿日止的利息。

在托收指示中，委托人也可以事先注明是否放弃利息。例如：

□ Waive/ □ Do not waive interest if refused by the drawee.

如付款人拒付，则□放弃/□不放弃利息。

③ 承兑通知。对于远期汇票，委托人往往会指示托收行通知承兑日期和到期日。例如：

□ In case of a time bill，please advise us of acceptance giving maturity date.

如果托收包含远期汇票，请通知我公司承兑到期日。

由于本业务为即期付款交单，无须通知承兑。

④ 拒绝证书。拒绝证书是由法定机关制作的，证明持票人依法行使或保全票据权利的行为遭到拒绝的书面文件。拒绝证书是持票人行使追索权的重要依据。委托人须在申请书中对发生拒绝付款或拒绝承兑时的有关拒绝证书作出具体的指示。如对此没有指示，与托收有关的各银行在遭到拒付时，无义务作出拒绝证书。如要求银行办理拒绝证书或其他法律手续，则由此发生的手续费及/或其他费用概由向其发出托收指示的一方承担。本业务中，委托人不要求作成拒绝证书，应在方框中打“×”。

☒ In case of dishonor，please do not protest but advise us of non–payment/ non–acceptance giving reasons.

如果发生拒付，无须拒绝证书但应通知我公司拒绝付款或拒绝承兑的原因。

此外，委托人可以在申请书中指定需要时的代理，以便在发生付款人违约或延期付款时处理货物和改变交单条件等事宜，主要包括代理人的全称、详细地址、电话传真以及具体代理权限等。同时，也可对付款时间做出特殊规定，如付款人逾期付款是否加收罚息，提前付款是否给予贴息等。

（11）收妥款项的处理。委托人可在申请书中提出款项收妥后的具体要求，通常要求代收行电汇托收款项至指定账户。

（12）填写交单联系人、电话，加盖出口商公司章。本业务要求杭州辰立贸易有限公司的签章齐全，由联系人胡云签名并提供电话号码。

填好的跟单托收申请书见表3-2。

表3-2 跟单托收申请书

跟 单 托 收 申 请 书

APPLICATION FOR DOCUMENTARY COLLECTION

To: Agricultural Bank of China Zhejiang Branch　　　Date: Apr. 9, 2021

We enclose the following draft(s)/ documents as specified hereunder which please collect in accordance with the instructions indicated herein. This collection is subject to URC522.	Collecting Bank (Full Name & Address) NOERRESUNDBY BANK A/S DK-9400 NOERRESUNDBY TORVET 4, 9400, POB 200 NOERRESUNDBY DENMARK	
Drawer (Full Name & Address) HANGZHOU CHENLI TRADING CO., LTD. No.358 FENGQI ROAD, HANGZHOU, CHINA	Tenor AT SIGHT	
Drawee (Full Name & Address) KS INTERNATIONAL SP. ZO.O METEORYTOWA 13, 50-199 GDANSK, POLAND	Draft/Invoice No. 632987	Currency & Amount USD37 406.00

DOCUMENTS:

DRAFT	COM. INV.	PACKING LIST	B/L	N/N B/L	AWB.	ORIGIN CERT.	INS. POL.	INSP. CERT.	CERT.	CABLE COPY	
2	3	3	3/3			1					

Special Instructions (Marked “×”)

☒Please deliver documents against ☒payment at sight/ ☐payment ____ after sight/☐acceptance.

☒All your charges are to be borne by☐the drawee/☒us.

☐In case of a time bill, please advise us of acceptance giving maturity date.

☒In case of dishonor, please do not protest but advise us of non-payment/non-acceptance giving reasons.

☒Please instruct the Collecting Bank to deliver documents only upon receipt of all their banking charges.

☒We will take on all the results caused by choosing the above bank as the collecting bank.

联系人：胡云　　　电话：0086-0571-86731000　　　申请人

微课：办理跟单托收手续

任务3.3 办理跟单托收手续

第一步：填写跟单托收申请书

杭州辰立贸易有限公司外贸业务员胡云应按照要求认真填写跟单托收申请书，明确交单条件等细节。

第二步：提交跟单托收申请资料

胡云将填好的跟单托收申请书和托收项下全套单据一并提交给中国农业银行浙江省分行。该行在收取上述资料并审核无误后进行签收，在银行国际结算业务处理系统的出口跟单来单登记系统中录入相关记录，并产生该笔托收业务参考号。

第三步：托收行寄单并发送托收指示

中国农业银行浙江省分行国际业务部经办人许刚根据杭州辰立贸易有限公司提交的跟单托收申请书和全套单据，审单无误后，制作托收指示，办理托收。托收指示（Collection Instruction）是寄送托收单据的面函（Covering Letter），是由托收行根据托收申请书缮制的，授权代收行处理单据的完整和明确的条款。《托收统一规则》（URC522）规定，所有送往托收的单据必须附有一项托收指示。银行只允许根据该托收指示中的命令和本规则行事。

填制好的托收指示见表3-3。

表3-3 托收指示

中国农业银行
AGRICULTURAL BANK OF CHINA

INSTRUCTION FOR DOCUMENTARY COLLETION

OFFICE: AGRICULTURAL BANK OF CHINA ZHEJIANG BRANCH
ADDRESS: NO. 55 CHANGQING STREET, HANGZHOU, CHINA 310003
Date: APR. 9, 2021
SWIFT: ABOCCNBJ110

Dear Sirs,	Please always quoted our Ref. No.	1996010C12000040
We enclose the following draft(s)/documents which please collect in accordance with the instructions indicated herein.	To: Collecting Bank NOERRESUNDBY BANK A/S DK-9400 NOERRESUNDBY TORVET 4, 9400, POB 200 NOERRESUNDBY DENMARK	
Drawer: HANGZHOU CHENLI TRADING CO., LTD. No.358 FENGQI ROAD, HANGZHOU, CHINA	Drawee: KS INTERNATIONAL SP. ZO.O METEORYTOWA 13, 50-199 GDANSK, POLAND	

续表

Draft/Invoice No.	Tenor/ Due Date	Amount	Charges	Total Amount
632987	AT SIGHT	USD37 406.00	USD0.00	USD37 406.00

The relative documents are disposed as follows:

Draft	Com. Inv.	Packing List	B/L	N/N B/L	Awb	Origin Cert.	Ins. Pol.	Insp. Cert.	Cert.	Cable Copy	
2	3	3	3/3			1					

PLEASE PAY THE PROCEEDS BY AUTHENTICATED SWIFT TO OUR HEAD OFFICE ACCOUNT NO. ××× WITH WELLS FARGO BANK, NA(PNBPUS3NNYC)
FOR THE CREDIT TO: ABOCCNBJ110
QUOTING OUR REF. NO. UNDER YOUR TELEX /SWIFT ADVICE TO US.

Special Instructions (See box marked “×”)
☒Please deliver documents against ☒payment at sight/□payment ____ after sight/□acceptance.
☒Please acknowledge receipt of this Collection Instruction.
☒All your charges are to be borne by☒the drawee/□us.
☒Please deliver documents against payment only upon receipt of all your banking charges.
□In case of a time bill, please advise us of acceptance giving maturity date.
☒In case of dishonor, please do not protest but advise us of non-payment/non-acceptance by telex/SWIFT giving reasons.
☒YOUR CHARGES MAY NOT BE WAIVED.

This collection is subject to Uniform Rules for Collections, 1995 revision, ICC Publication No.522

本托收项下汇票的收款人为托收行AGRICULTURAL BANK OF CHINA ZHEJIANG BRANCH，但需要由代收行NOERRESUNDBY BANK A/S DK–9400 NOERRESUNDBY向付款人提示付款。因此，托收行把单据寄交代收行之前，要进行委托收款背书，把收款权利委托代收行行使。本业务委托收款背书如下。

PAY TO NOERRESUNDBY BANK A/S DK-9400 NOERRESUNDBY FOR COLLECTION FOR AGRICULTURAL BANK OF CHINA ZHEJIANG BRANCH
冯 航

许刚将缮制好的托收指示连同托收单据一并快邮至国外代收行，并将寄单收据留底。

第四步：代收行收妥款项后汇交托收行

2021年4月14日，代收行收到中国农业银行浙江省分行寄来的跟单托收指示和单据，经审核无误后缮制进口代收单据通知书（见表3-4）并将单据提示给进口商KS INTERNATIONAL SP. ZO.O，要求其在寄单行注明的确切期限内付款后赎单。代收行费用将从进口商账户中扣除。

表3-4　进口代收单据通知书

INWARD DOCUMENTS FOR COLLECTION

To: KS INTERNATIONAL SP. ZO.O

Date APR.14, 2021

Documents received as follows, please examine.　　Ref. 429IC0085

Drawee (Full Name & Address) KS INTERNATIONAL SP. ZO.O METEORYTOWA 13, 50-199 GDANSK, POLAND	Remitting Bank AGRICULTURAL BANK OF CHINA ZHEJIANG BRANCH NO. 55 CHANGQING STREET, HANGZHOU, CHINA 310003
Principal (Full Name & Address) HANGZHOU CHENLI TRADING CO., LTD. No.358 FENGQI ROAD, HANGZHOU, CHINA	Amount USD37 406.00
Invoice No. 632987	Tenor AT SIGHT

Doc.	Draft	Com. Inv.	Packing List	B/L	N/N B/L	AWB	Origin Cert.	Ins. Pol.	Insp. Cert.	Cert.	Cable Copy
	2	3	3	3/3			1				

☒ Documents against payment.

☐ Documents against acceptance.

☒ Please process for payment/acceptance or dishonor within 3 working days.

☒ Our banking charges are for your account.

☐ Banking charges outside our bank are for your account.

For NOERRESUNDBY BANK A/S DK-9400 NOERRESUNDBY

Jimmy Brown

在进口商KS INTERNATIONAL SP. ZO.O付款后，代收行向其交付全套单据，随后制作MT400（见表3-5），发给托收行中国农业银行浙江省分行。

表3-5　MT400

MT 400	ADVICE OF PAYMENT
20 :	Sending Bank's TRN 429IC0085
21 :	Related Reference 1996010C12000040
32K:	Date, Currency, Amount Collected D000STUSD37 406.00
33A:	Date, Currency, Proceeds Remitted 210414USD37 406.00
58A:	Beneficiary Bank ABOCCNBJ110 AGRICULTURAL BANK OF CHINA ZHEJIANG BRANCH
71B:	Details of Charges /COMM/USD15.00

在收到代收行的付款通知及之后汇交的收妥款项后，中国农业银行浙江省分行为出口商杭州辰立贸易有限公司办理收汇入账或结汇手续，并在国际收支申报系统中进行国际收支申报。

本业务中，如果托收行寄单后收到代收行关于进口商拒绝付款或者要求改变交单条件、降低索汇金额、延长付款期限等事项的函电，应及时通知出口商。出口商收到通知后，应向托收行出具有效的书面意见，托收行凭此向代收行发出书面指示。如进口商拒绝付款，出口商要求退单，应向托收行出具书面意见。托收行收到退回的单据并核对单据的种类和份数与记录一致后，通知出口商取单。

一、托收概述

（一）托收的含义

微课：托收的含义

托收（Collection）即委托收款，是指出口商委托出口地托收行通过其国外分行或代理行作为代收行向进口商收取货款或劳务费用的结算方式。在托收中，银行只提供结算服务，并不保证出口商收到款项。出口商能否安全收汇取决于进口商的信用，因此托收业务的信用基础仍然是商业信用。由于托收业务中资金的流向与结算工具的传递方向相反，因此属于逆汇。

国际商会《托收统一规则》（URC522）对托收下的定义是：托收是指银行依据托收委托的指示，将所收到的金融单据和/或商业单据向付款人提示，以取得付款和/或承兑或按照其他条款和条件交付单据的一种结算方式。其中，金融单据（Financial Documents）是指汇票、本票、支票或其他类似的可用于取得款项支付的凭证。商业单据（Commercial Documents）是指发票、运输单据、所有权文件或其他类似文件，或者不属于金融单据的任何其他单据。

（二）托收的主要当事人

托收的四个基本当事人是委托人、托收行、代收行和付款人，有时还会涉及提示行和需要时的代理两个当事人。

微课：托收的当事人

1. 委托人

委托人（Principal）是指委托银行办理托收业务的当事人。可以是出口商（Exporter）、卖方（Seller）、出票人（Drawer）、托运人（Shipper），也可以是托收汇票的收款人（Payee）。

2. 托收行

托收行（Remitting Bank）也称寄单行，是指接受委托人的委托，办理托收业务的银行。可以是出口地银行（Exporter's Bank）、托收汇票的收款人（Payee），也可以是托收汇票的被背书人（Endorsee）。

3. 代收行

代收行（Collecting Bank）是指接受托收行的委托参与办理托收业务的银行，主要是代理托收行向进口商收款并交单给进口商的银行。它通常是进口地银行（Importer's Bank）、托收汇票的被背书人或收款人（Payee）。

4. 付款人

付款人（Payer）是指承担付款责任的人。它通常是进口商（Importer）、买方（Buyer），也是托收汇票的受票人（Drawee）。

5. 提示行

当付款人在指定代收行没有开立账户时，代收行就委托一家与付款人有账户关系的银行向付款人提示汇票和/或单据并收取款项，该银行称为提示行（Presenting Bank）。如代收行与付款人有账户关系，则代收行与提示行为同一家银行。

6. 需要时的代理

需要时的代理（Principal's Agent in Case-of-need）是指委托人指定的在付款地代为照料货物存仓、转售、运回或改变交单条件等事宜的代理人。如果委托人指定一名代表作为需要时的代理，应当在托收申请书中清楚、详尽地指明该代理人的具体权限，否则，银行可以不受理该代理人的指示。

（三）托收当事人之间的法律关系

1. 委托人与托收行的关系

当委托人向银行递交托收申请书委托其代为托收时，如银行接受委托，则双方成立委托代理关系。由于委托人在托收申请书中载明了委托事务的具体要求，托收行负有按其要求办理托收的义务，并严格按照托收申请书缮制托收指示。至于申请书中未具体载明的事项，可依照有关法律、URC522及商业习惯处理。

2. 托收行与代收行的关系

当代收行收到托收行的托收指示并同意办理该项托收时，双方即成立委托代理关系。托收行与代收行之间的托收指示内容与委托人和托收行的托收申请书的内容要严格一致，但托收行可以为自己或委托人的利益另加必要的指示。代收行应按照托收行所作指示和取得的权限处理托收事务。

3. 代收行与付款人的关系

代收行与付款人之间不存在委托代理关系或其他契约关系。代收行向付款人提示付款或承兑是基于托收行对其的委托。付款人向代收行付款是基于他和委托人之间的债权债务关系，而不是对代收行应履行的义务和责任。如果代收行接受付款人的信托收据等额外请求，则由代收行自行承担相应的责任。

（四）托收的种类

按照是否随附商业单据，托收可以分为跟单托收（Documentary Collection）和光票托收（Clean Collection）两种。在国际贸易结算中以前者居多。

二、跟单托收

（一）跟单托收的含义

跟单托收是指附有商业单据的托收。在实务中，跟单托收随附的商业单据通常包括运输单据（海运提单、航空运单）、商业发票、装箱单、保险单、质检证书、产地证等。跟单托收可以同时附汇票等金融单据。这种托收是凭汇票付款，其他单据是汇票的附件，起“支持”汇票的作用。跟单托收也可以不附金融单据。由于日本、德国等国对汇票征收印花税，在跨国的分支机构之间或信誉度较高的公司之间往往为避免税收负担而采用这种方式。根据交单条件的不同，跟单托收可分为付款交单、承兑交单和凭其他条件交单三种。

（二）跟单托收的种类

1. 付款交单

付款交单（Documents against Payment，D/P）是指代收行必须在进口商付款之后方能将单据交予进口商的方式。按照付款时间的不同，付款交单又可分为以下两种。

微课：付款交单的含义和业务流程

（1）即期付款交单。

即期付款交单（D/P at Sight）是指代收行提示汇票和单据给进口商要求其付款，进口商见票即付后，代收行才交单给进口商的一种交单方式。在不附带汇票的情况下，代收行也可凭进口商直接付款而交单。对出口商而言，这是最理想的托收方式。

（2）远期付款交单。

远期付款交单（D/P at ×× Days after Sight）是指代收行提示远期汇票和单据给进口商要求承兑，进口商审核单据无误后在汇票上承兑，于汇票到期日再向代收行付款赎单。URC522第七条c款规定，如果托收包含有远期付款的汇票而且托收指示列明应凭付款交出商业单据时，则单据只能凭该项付款才能交付，而代收行对由于交单的任何延误所产生的结果将不承担责任。

对进口商而言，尽管做出了到期付款的承诺，但并没有取得单据的权利，在货物已到港口而汇票尚未到期的情况下，除非提前付款或者请代收行用信托收据（D/P・T/R）的办法借出提单，否则无法及时提取货物。对代收行而言，既要及时向进口商提示承兑，又要在汇票到期前保管好全套单据，在办理信托收据的情况下还要承担进口商拒付的风险。在实务中，即使采用远期付款交单，汇票"远期"的期限也应尽量与货物运输的航程相匹配，以避免"到货不到期"的情况。此外，瑞士等国还有将远期付款交单当作承兑交单处理的习惯。因此，国际商会并不鼓励这种托收方式，以免部分银行按承兑交单处理，违背了"付款交单"的本质。

2. 承兑交单

承兑交单（Documents against Acceptance，D/A）是指代收行向进口商提示远期汇票和单据，进口商在汇票上承兑后即可取得全套单据用于提货，于汇票到期日再履行付款义务的一种托收方式。实务中，进口商通过承兑提货后，可能出于破产倒闭等原因不能付款或无理拒付，出口商将承担无法收款的风险。

3. 凭其他条件交单

在实践中，还存在其他条件交单（Deliver Documents on Other Terms and Conditions），如凭本票交单、凭付款承诺书（Letters of Undertaking to Pay）交单、凭签字的信托收据（A Signed Trust Receipt）交单，以及凭买方或其银行开立的保函交单等。

（三）跟单托收的业务流程

1. 即期付款交单的业务流程（见图3–1）

①委托人向托收行申请托收并提交跟单汇票和有关单据；②托收行向代收行寄送托收指示和跟单汇票；③代收行向付款人提示汇票要求付款；④付款人付款；⑤代收行把单据交付款人；⑥代收行向托收行汇交收妥的款项；⑦托收行将款项贷记委托人账户。

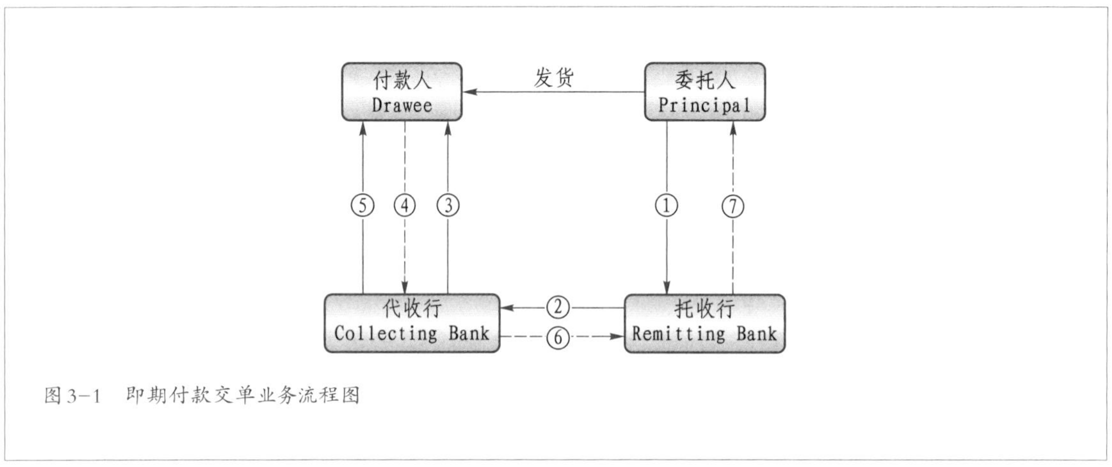

图3–1　即期付款交单业务流程图

2. 远期付款交单的业务流程（见图3–2）

①委托人向托收行申请托收并提交跟单远期汇票和有关单据；②托收行向代收行寄送托收指示和跟单远期汇票；③代收行向付款人提示汇票要求承兑；④付款人在远期汇票上承兑；⑤代收行在到期日提示汇票要求付款；⑥付款人在汇票到期后付款；⑦代收行把单据交付款人；⑧代收行向托收行汇交收妥的款项；⑨托收行将款项贷记委托人账户。

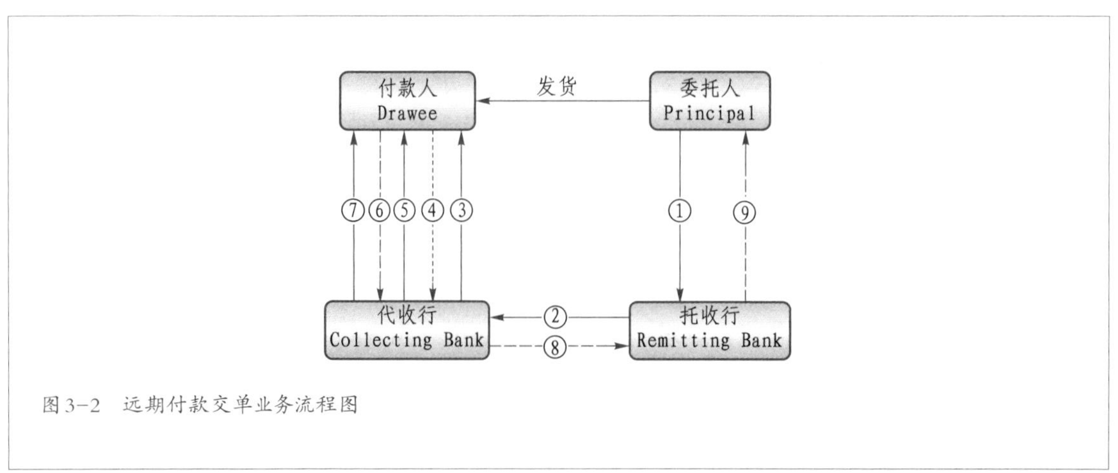

图3–2　远期付款交单业务流程图

3. 承兑交单的业务流程（见图3–3）

微课：承兑交单的含义和业务流程

①委托人向托收行申请托收并提交跟单远期汇票和有关单据；②托收行向代收行寄送托收指示和跟单远期汇票；③代收行向付款人提示汇票要求承兑；④付款人在远期汇票上承兑；⑤代收行把单据交付款人；⑥代收行在到期日提示汇票要求付款；⑦付款人在汇票到期后付款；⑧代收行向托收行汇交收妥的款项；⑨托收行将款项贷记委托人账户。

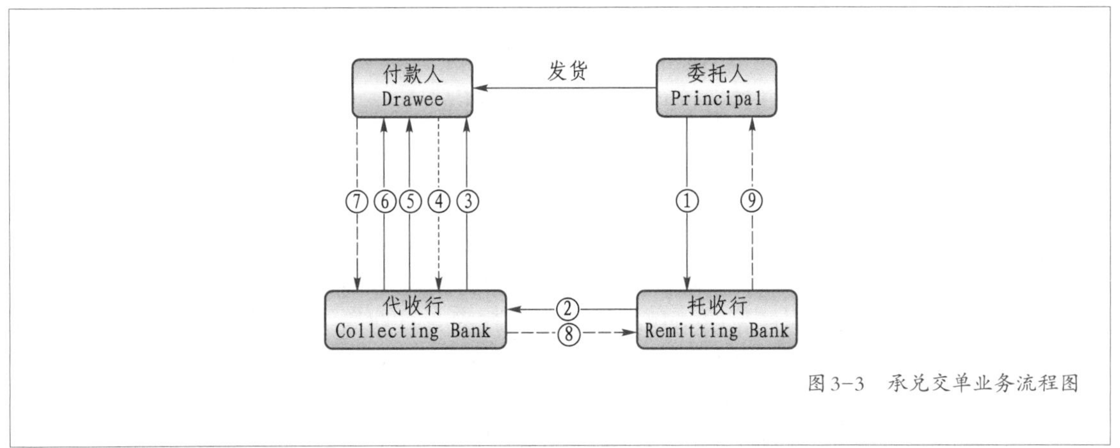

图3–3 承兑交单业务流程图

三、光票托收

（一）光票托收的含义

光票托收是指不附有商业单据，仅有金融单据的托收。常见的用于光票托收的金融单据有银行汇票、本票、支票、旅行支票和商业汇票等。国际贸易中的光票托收一般用于收取尾款、垫款、佣金、样品费等从属费用。因为不涉及货权及商业单据，其业务的处理相对简单。

（二）光票托收的业务流程

1. 光票托收申请

委托人对票据进行空白背书，并填制一式三联的《票据托收申请书》（Application for Collection）。申请书所载内容要与票据内容一致。如系个人客户，应出示身份证件；如系公司客户，需在光票托收申请书上加盖预留财务印鉴。

2. 受理光票托收申请

托收行对申请书的各项内容和票据进行审核，在符合托收要求的票据上加盖划线章、背书章；正反面复印票据，与委托书一并留存并进行登记。

3. 寄送托收指示和票据

托收行根据托收申请书制作托收指示，一并航寄代收行。

4. 提示票据

如果是即期汇票，代收行收到汇票后应立即向付款人提示要求付款。付款人如无拒付理由，应立即付款赎票。如果是远期汇票，代收行应在收到汇票后向付款人提示要求承兑，以确定到期付款的责任。付款人如无拒绝承兑的理由，应立即承兑。承兑后，代收行收回汇票，于到期日再作提示，要求付款。

5. 收妥款项

托收行收到代收行汇交的款项后通知委托人，如委托人在该行有存款账户，托收行可自动将款项转入委托人账户。

6. 退票

如遇付款人拒付，除非托收指示另有规定，代收行应在法定期限内作成拒绝证书，并及时将拒付情况通知托收行。托收行收到通知后应及时通知委托人，在委托人取回票据时要求其签收并收取退票手续费。如果因票据伪造背书或票面经涂改（包括金额、收款人、日期等）而引致退票，托收行按有关法律规定保留向委托人行使追索的权利，并对该票据予以没收。

四、《托收统一规则》（URC522）

（一）URC522的适用条件和主要内容

托收统一规则（The Uniform Rules for Collections）是国际商会1995年修订并出版的第522号出版物，简称URC522。自1996年1月1日生效实施以来，URC522在很大程度上减少了托收业务中的争议，促进了托收业务的顺利开展。URC522全文七个部分，共26条，具体包括：总则和定义；托收的形式和结构；提示的形式；义务和责任；付款；利息、手续费和费用；其他条款。

URC522第一条a款明确规定，《托收统一规则》（1995年修订本）适用于该规定第二条所限定的、并在第四条托收指示中列明适用该项规则的所有托收项目。除非另有明确的约定或与某一国家、某一政府或与当地法律和尚在生效的条例有所抵触，本规则对所有的当事人均具有约束力。作为国际结算惯例，URC522只有在当事人明示或者默示同意适用的情况下，才对当事人具有法律约束力。例如，在中国农业银行的跟单托收申请书中就明示了URC522的适用：This collection is subject to URC522.此托收遵循国际商会第522号出版物《托收统一规则》。URC522据此调整和规范托收业务中委托人、托收行、代收行和付款人等各方当事人的行为。

（二）URC522与托收项下银行的义务

URC522第四部分第九条明确要求办理托收业务的银行应以善意和合理

的谨慎办理业务。在托收业务中，银行虽然不能保证收到货款，但是作为受托人必须诚信谨慎、尽职尽责，严格按照托收指示履行收款义务，并对自身的过失承担责任。

1. 托收行的义务

（1）审核托收申请书和单据。托收行要对托收申请书的真实性、有效性和一致性进行审核。如委托人的指示不完整、不准确或难以照办，则应向委托人解释并要求其修改托收申请书。托收行应清点并核对实收单据的种类和份数是否与申请书一致，但并没有义务审核单据的内容。在实务中，为了确保顺利收取款项，托收行往往审核汇票金额和发票金额是否与申请书一致、提单抬头是否正确等主要内容，但这是托收行为客户提供的服务，而不是托收行的职责。

（2）慎重选择代收行。URC522第五条d款规定，为了使委托人的指示得以实现，托收行将以委托人所指定的银行作为代收行。在未指定代收行时，托收行将使用它自身的任何银行或者在付款或承兑的国家中，或在必须遵守其他条件的国家中选择另外的银行。也就是说，在委托人未指定代收行时，托收行可以按照银行业务常规选择代收行，但必须尽到谨慎义务。

（3）缮制托收指示。托收行在接受委托后要缮制托收指示，经复核签章后，将托收指示与托收项下单据一并寄给代收行。URC522第四条规定，所有送往托收的单据必须附有一项托收指示，注明该项托收将遵循URC522并且列出完整和明确的指示。

2. 代收行的义务

（1）审核托收指示和单据。代收行应仔细审核实收的单据种类与份数是否与托收指示一致，托收指示上的各项要求是否可以照办等。URC522第一条c款规定，如果银行无论出于何种理由选择了不办理它所收到的托收或任何相关的托收指示，它必须毫不延误地采用电信，或者如果电信不可能提供时采用其他快捷的工具向它收到该项指示的当事人发出通知。因此，如果代收行对托收指示的要求既不通知，也不照办，代收行将承担由此造成的损失。

（2）保管好单据。代收行应按照托收指示中列明的付款或承兑的条件交付单据。在进口商付款之前，应妥善保管好单据。如付款人拒付，应通知向其发出托收指示的银行。在寄送不付款通知和（或）不承兑通知后60天内未收到指示，代收行或提示行可将单据退回向其发出指示的银行，而提示行方面不承担更多的责任。

（3）及时反馈托收情况。代收行应及时将付款、承兑和异常情况以快捷的方式通知托收行。托收行转告委托人，以便委托人及时了解托收情况并采取必要措施。代收行在通知时应包括托收指示中列明的银行业务编号。

（三）URC522与托收项下银行的免责事由

1. 对收到单据的免责

URC522第十二条规定，银行必须确定它所收到的单据与托收指示中所列的相符，如果发现任何单据有短缺或非托收指示所列，银行必须以电信方式，如电信不可能时，以其他快捷的方式通知从其收到指示的一方，不得延误；银行对此没有更多的责任。如果单据与所列表面不相符，寄单行对代收行收到的单据种类和数量应不得有争议。此外，除非另有约定，银行将以收到单据的原样向付款人进行提示，而无须做进一步的审核。

2. 对单据有效性的免责

URC522第十三条规定，银行对任何单据的格式、完整性、准确性、真实性、虚假性或其法律效力，或对在单据中载明或在其上附加的一般性和/或特殊性的条款不承担责任或对其负责；银行也不对任何单据所表示的货物的描述、数量、重量、质量、状况、包装、交货、价值或存在，或对货物的发运人、承运人、运输行、收货人、保险人或其他任何人的诚信或行为和/或疏忽、清偿力、业绩或信誉承担责任或对其负责。这是因为银行不参与货物交易，也不了解货物实际交易情况，对单据的有效性不能也不应该承担任何责任。

3. 对货物保全措施的免责

URC522第十条a款规定，未经银行事先同意，货物不得以银行的地址直接发送给该银行，或者以该行作为收货人或者以该行为抬头人。如果未经银行事先同意而将货物以银行的地址直接发送给了该银行，或以该行做了收货人或抬头人，并请该行凭付款或承兑或凭其他条款将货物交付给付款人，该行将没有提取货物的义务，其风险和责任仍由发货方承担。实务中，委托人提交的运输单据多是海运提单。如果将提单“收货人”（Consignee）栏目作成“To order of Bank of China New York”，表明将货物发运至中国银行纽约分行或其指定人。在此情况下，中国银行纽约分行没有提取货物的义务。银行对与跟单托收有关的货物，即使接到特别指示也没有义务采取任何行动（包括对货物的仓储和保险），银行只有在个案中同意这样做时才会采取该类行动。因此，提单的收货人应作成“To order”或“To order of shipper”，以保证进口商在付款或承兑的情况下才可以取得单据，从而使提单发挥控制物权的作用。

4. 对单据在传送中的延误和损坏以及对翻译的免责

URC522第十四条规定，银行对任何信息、信件或单据在传送中所发生的延误和/或损坏，或对任何电信在传递中所发生的延误、残损或其他错误，或对技术条款的翻译和/或解释的错误不承担责任或对其负责。银行对由于收到的任何指示需要澄清而引起的延误将不承担责任或对其负责。

5. 对不可抗力的免责

URC522第十五条规定，银行对由于天灾、罢工、暴动、骚乱、战争或银行本身不能控制的任何其他原因而使银行营业中断所产生的后果不承担责任。

国际结算与中国经济

银行托收“暗藏玄机” 贸易欺诈需警惕

D/P托收方式在国际结算中相对比较安全，出口商将包括提单在内的全套单据经由托收行寄至国外代收行，进口商在支付货款后才能拿到结算单据。然而，据中国出口信用保险公司反馈，近年有多起托收方式通过虚构银行地址，骗取货物，进行贸易欺诈。

杭州A公司与B公司签订了一份价值3万美元的化工产品贸易合同。由于首次交易，A公司提出要采取托收结算，B公司并未反对。可是当A公司将全套单据按照B公司提供的银行地址寄过去以后，却发现在A公司没有收到货款的情况下，B公司已经将货物提走并杳无音信。A公司立即向中国出口信用保险公司报损，请求帮忙调查。中国出口信用保险公司经托收行向代收行通过SWIFT发报查证，代收行表示从未收到过相关单证，B公司提供的代收行SWIFT码信息不存在。B公司通过虚构的代收行地址，骗取了全套贸易单据。为避免遭遇类似损失，出口企业可以采取以下防范措施：

（1）核实代收行的信息，可以通过SWIFT网站查证。

（2）核实进口商提供的寄送单据的银行地址，可以通过地图查询并确认该地址和代收行的真实地址是否一致。

（3）防止快递信息泄露。党的二十大报告指出：加强个人信息保护。部分诈骗嫌疑人通过非正常手段获取提单及快件信息，利用虚假身份证明在目的地冒领快件、调换原始单据或抽换部分单据。因此，出口企业和托收行要注意快件承运信息的保密性，防止单据被冒领、调换。

习题测验

一、单项选择题

1. 托收中出口商委托银行向进口商收款，银行（　　）。

A. 既提供服务，又提供信用，有保证付款人必须付款的责任

B. 只提供服务，不提供信用，无保证付款人必须付款的责任

C. 不提供服务，只需要对进口商信用进行考察

D. 只提供服务，但需要对进口商信用进行考察，保证进口商付款

2. 在托收业务下，代收行与付款人（　　）。

A. 必然存在债权债务关系　　B. 必然存在委托代理关系

C. 必然存在资金往来关系　　D. 无任何契约关系

3. 采用D/A 方式成交时，使用的汇票一定是（　　）。

A. 光票　　B. 银行汇票　　C. 即期汇票　　D. 远期汇票

4. 在采用跟单托收的方式项下，请将以下业务按照流程先后顺序排序，正确的是（　　）。

①由出口商填写托收委托书，委托托收行进行托收；②托收行根据业务需要在进口商所在地选择代收行；③进口商与出口商约定采用托收的方式进行结算；④代收行向进口商进行收款。

A. ①②③④　　B. ③②①④

C. ③①②④　　D. ①③②④

5. 跟单托收业务中，即期D/P、远期D/P、承兑D/A做法步骤的不同主要发生在（　　）之间。

A. 委托人与托收行　　B. 委托人与代收行

C. 托收行与代收行　　D. 代收行与付款人

6. 在一笔托收业务中，下列（　　）是代收行应做的工作。

A. 制作托收指示、向付款人提示跟单汇票

B. 开立跟单汇票 、制作托收通知书

C. 审查单据内容、制作托收通知书

D. 制作托收通知书、向付款人提示跟单汇票

7. 未经委托人指示，代收行同意付款人的请求，以T/R条件借得提单提货，但到期却未能付款，则应由（　　）承担责任。

A. 出口商　　B. 托收行　　C. 代收行　　D. 进口商

8. 采用以下方式结算，卖方风险由小到大排序正确的是（　　）。

A. D/P AT SIGHT；D/P 30 DAYS AFTER SIGHT；D/A 30 DAYS AFTER SIGHT

B. D/A 30 DAYS AFTER SIGHT；D/P 30 DAYS AFTER SIGHT；D/P AT SIGHT

C. D/P 30 DAYS AFTER SIGHT；D/P AT SIGHT；D/A 30 DAYS AFTER SIGHT

D. D/P 30 DAYS AFTER SIGHT；D/A 30 DAYS AFTER SIGHT；D/P AT SIGHT

9. 托收业务中，汇票的付款人应是（　　）。

A. 出口商　　B. 进口商　　C. 托收行　　D. 代收行

10. 如果托收指示规定代收行的费用由委托人负担，代收行应（　　）。

A. 在对外付款后，向托收行收取

B. 在对外付款后，向委托人收取

C. 在对外付款后，向委托人的代理人收取

D. 从对外付款的款项中扣除

二、多项选择题

1. 在托收业务项下，使用的汇票有（　　）。

A. 银行即期汇票　　B. 商业即期汇票

C. 银行远期汇票　　D. 商业远期汇票

2. 光票托收一般用于收取（　　）。

A. 货款尾数　　B. 代垫费用　　C. 佣金　　D. 样品费用

3. 采用承兑交单（　　）。

A. 是指出口商的交单以进口商在汇票上承兑为条件

B. 是指出口商的交单以进口商对汇票进行付款为条件

C. 进口商承兑汇票后，代收行将商业单据交给进口商，汇票到期时再履行付款义务

D. 进口商先承兑汇票，等汇票到期履行付款义务后，代收行再将商业单据交给进口商

4. 以下结算方式中，进口商无须付款就可以进行提货的有（　　）。

A. D/P AT SIGHT　　B. D/P AFTER SIGHT

C. D/A AFTER SIGHT　　D. D/P · T/R

5. 跟单托收汇票的出票依据（　　）。

A. 可以不填

B. 有 FOR COLLECITON 的字样

C. 开证行名称、号码、日期

D. 可以写商品名称、件数、发票号

三、判断题

1. 托收是国际结算中一种常见的方式，属于商业信用，属于顺汇性质。（　　）

2. 托收对出口方来说存在很大的风险，而对进口方却是较为有利的，无须预垫付资金，加速其资金周转。实质上，托收是出口方对进口方提供的资金融通。 ( )

3. 由于托收结算方式中，银行只是受委托代理的身份，因此，不承担审单的责任，一般情况下也不作为提单上的收货人。 ( )

4. 银行可以根据自己的判断，决定是否接受委托办理托收业务。( )

5. 从理论上讲，与付款交单相比，承兑交单对买方更为有利，因为承兑交单中买方承兑后即可提货，往往可以不必自备资金而待汇票到期时以转售所得的货款支付。 ( )

6. 在D/P方式下，银行根据委托人的要求，以进口商付款为交单条件。若进口商不付款，则银行不能交单，货物所有权仍在委托人手中。因此，使用D/P方式对委托人（出口商）来说没有风险。 ( )

7. 在跟单托收方式下，汇票中若出现PAY TO ABC COMPANY ONLY，则意味着该汇票可以自由转让，只要ABC公司同意。 ( )

8. 银行在受理托收业务时，不用承担连带责任，因此，对于未按照申请书的指示而产生的后果，银行也不用对其过失负责。 ( )

9. 在跟单托收方式下，应当由托收行根据托收申请书缮制托收指示。 ( )

10. 托收指示应载明受票人或提示行所在地的详细地址。如该地址不完整或不准确，代收行可在其自身不承担义务或责任的前提下，尽力查明其准确地址。 ( )

能力实训

【能力实训3-1】 承兑交单业务操作

2021年6月20日，浙江中寰贸易有限公司与巴西PLATINUM LTDA公司就出口女式夹克签订如下出口合同。

CONTRACT

Contract No: 2021083675
Date: JUN. 20, 2021

The Buyer: PLATINUM LTDA
Address: AV. ANA COSTA, 150 SANTOS, BRAZIL
The Seller: ZHEJIANG ZHONGHUAN TRADING CO., LTD.
Address: NO. 12 XUEYUAN RD. HANGZHOU, CHINA
This Contract is made by and between the Buyer and Seller, whereby the Buyer agrees to buy and the Seller agrees to sell the under-mentioned commodity according to the terms and conditions stipulated below:

COMMODITY & SPECIFICATION	QUANTITY	PRICE	AMOUNT
LADIES BONDED JACKET IN TAUPE	CIF SANTOS, BRAZIL as per Incoterms®2020 5 150PCS	USD21.00	USD108 150.00
TOTAL	5 150PCS		USD108 150.00

TOTAL VALUE: U.S.DOLLARS ONE HUNDRED AND EIGHT THOUSAND ONE HUNDRED AND FIFTY ONLY.

SHIPMENT: Not later than AUG. 19, 2021
PORT OF SHIPMENT: Shanghai, China
PORT OF DESTINATION: Santos, Brazil
PAYMENT: 100% CONTRACT VALUE PAYABLE BY D/A 60 DAYS AFTER SIGHT.

DOCUMENTS:
a. Commercial Invoice in triplicate.
b. Packing List in triplicate.
c. Full Sets (3/3) of clean'ON BOARD' ocean Bills of Lading made out to order marked Freight Prepaid and notify the buyer.
d. Insurance Policy/Certificate in full set for 110% of the invoice value, covering All Risks.
e. Certificate of Quality in 3 originals issued by the Seller.
f. Certificate of Origin in 1 original.
Other Terms: (omitted)
This contract is made in two originals, one original for each party in witness thereof.

THE BUYER:	**THE SELLER:**
	浙 江 中 寰 贸 易 有 限 公 司
PLATINUM LTDA.	ZHEJAING ZHONGHUAN TRADING CO., LTD.
Francisc Pauolino	赵中寰

其他信息：发票编号Z03675，汇票一式两份。

实训任务3.1　出口商制作跟单托收汇票

2021年7月29日，浙江中寰贸易有限公司的业务员秦山发货后需要准备好全套单据到公司账户行杭州银行办理跟单托收。请填制以下跟单托收汇票。

BILL OF EXCHANGE

①No. ________ ②Exchange for ________ ③________ ④________

⑤Payable with interest @______%

⑥ ________AT ________ sight of this FIRST of exchange (second of exchange Being Unpaid) pay to the order of ⑦________________________________

⑧the sum of SAY: ________________________________

⑨DRAWN UNDER ________________________________

⑩To: ____________________ ⑪For and on behalf of:

____

实训任务 3.2　出口商填写跟单托收申请书

2021年8月1日，秦山到杭州银行国际业务部办理该笔跟单托收业务。代收行为BANCO BRADESCO（ADD.：CELULA DE DOCUMENTOS AV. IPIRANGA，210-10 ANDAR CENTRO-SAN PAULO，BRASIL）。请填写以下跟单托收申请书。

跟单托收申请书

杭州银行
hzbank BANK OF HANGZHOU

跟 单 托 收 申 请 书

APPLICATION FOR DOCUMENTARY COLLECTION

To: BANK OF HANGZHOU　　Date : ______

We enclose the following draft(s)/documents as specified hereunder which please collect in accordance with the instructions indicated herein. This collection is subject to URC522.		Collecting Bank (Full name & address)
Principal (Full name & address)		Drawee (Full name & address)
Tenor:	Draft/Invoice No.	Amount:

DOCUMENTS:

Draft	Com. Inv.	Packing List	B/L	N/N B/L	Awb	C/O	Ins. Pol.	Insp. Cert.	FORM A	

续表

Special Instructions (marked "×")
□Please deliver documents against□payment at sight/□payment ________ after sight/ □acceptance.
□All your charges are to be borne by□the drawee/□us.
□In case of a time bill, please advise us of acceptance giving maturity date.
□In case of dishonor, please do not protest but advise us of non-payment/non-acceptance giving reasons.
□Please instruct the Collecting Bank to deliver documents only upon receipt of all their banking charges.
□We will take on all the results caused by choosing the above bank as the collecting bank.

联系人：　　　　　　电话：0086-0571-86739177　　　　　　申请人：

【能力实训3-2】 光票托收业务操作

2021年8月8日，秦山以个人名义向杭州银行办理光票托收，国外付款人为KODAK PRODUCTS（John Carpenter Freeway Suite No.140），托收金额为6 800美元。杭州银行接受申请后缮制光票托收指示，向代收行美国花旗银行寄送托收指示和汇票。请完成以下票据托收申请书的制作。

其他信息：

1. 汇票号码为Q21590。
2. 秦山在杭州银行的账号为603367100132389167。
3. 秦山的联系地址：浙江省杭州市江干区学源街118号，电话：0571-86739173，身份证号码为：33010219791015268X。
4. 付款期限为即期付款。
5. 银行费用由双方分别承担。

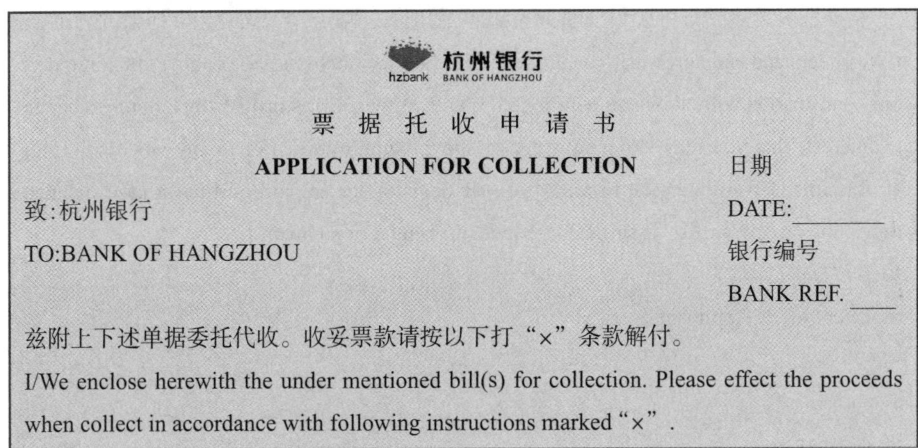

杭州银行 hzbank BANK OF HANGZHOU

票　据　托　收　申　请　书

APPLICATION FOR COLLECTION　　　　日期

致:杭州银行　　　　DATE:________

TO:BANK OF HANGZHOU　　　　银行编号

BANK REF. ____

兹附上下述单据委托代收。收妥票款请按以下打“×”条款解付。

I/We enclose herewith the under mentioned bill(s) for collection. Please effect the proceeds when collect in accordance with following instructions marked“×”.

续表

<table>
<tr><td>票据类别
Kind of Bill(s)</td><td></td><td>出票日期
Issuing date</td><td></td><td>票据号码
No. of Bill(s)</td><td></td></tr>
<tr><td>出票人
Drawer</td><td colspan="4"></td><td rowspan="4">备注
Remarks:</td></tr>
<tr><td>付款人
Drawn on</td><td colspan="4"></td></tr>
<tr><td>收款人
Payee</td><td colspan="4"></td></tr>
<tr><td>票面金额
Amount</td><td colspan="4"></td></tr>
<tr><td colspan="6"></td></tr>
</table>

请划收本单位在贵行 第__________号账户。

Please credit our A/C No. __________with your bank.

托收费用请划付本单位在贵行第__________号账户。

For your charges debit our A/C No. __________with your bank.

如有费用请扣除后，划收本人/本单位在贵行第__________号账户。

After deducting your charges if any，please credit my/our A/C No. ________with your bank.

于______天后，由本人或代办人凭收据在贵行__________号柜台商洽取款。

After __________ days，at you bank's counter No. __________ contract for drawing funds against the receipt.

本人/本公司特此声明，日后如上述票据遭退票或有其他情况发生致贵行受损，贵行可无须征得本人/本公司同意，立即有权从本人/本公司账户内扣回上述票款及有关费用(包括外汇买卖差价和利息)。如账户存款不足扣付，本人/本公司自当立即如数清还。

I/We understand and agree that you are authorized to debit my/our A/C without obtaining my/our confirmation with above amount together with any expenses or loss (including exchange or interest) that you may suffer in event of above being returned or in any way dealt with at any time. I/We undertake to repay you on demand any unpaid portion in case balance remaining on my/our A/C is sufficient to meet the refund of payment.

申请人签章(印章)

Signature of the Applicant

地址　Address

续表

联系电话　Tel. No.
身份证件及号码　ID Card No.
个人委托收款注意事项 **NOTE FOR PERSONAL BUSINESS** 个人办理托收业务时，应出示本人身份证件，如由他人代办，需同时出示收款人和代领人的身份证件。 Please show payee's identification，when applying and drawing at our counter. Anyone who is entrusted to take the funds must show us both the payee's and entrustee's identification. Thanks.

项目四　信用证业务（一）：开证与改证

【学习目标】

能力目标：

- 能填写开证申请书；
- 能办理申请开证手续；
- 能填写信用证修改申请书；
- 能办理申请改证手续。

知识目标：

- 掌握信用证的含义和特征；
- 熟悉信用证的种类、当事人和业务流程；
- 掌握开证申请书的填写要点；
- 熟悉信用证修改的原则；
- 掌握信用证修改申请书的填写要点；
- 熟悉MT700和MT707报文的内容；
- 熟悉UCP600、ISBP745的主要条款。

素养目标：

- 践行爱岗敬业、精益求精的职业精神；
- 增强诚实守信、开拓创新的职业品格。

【思维导图】

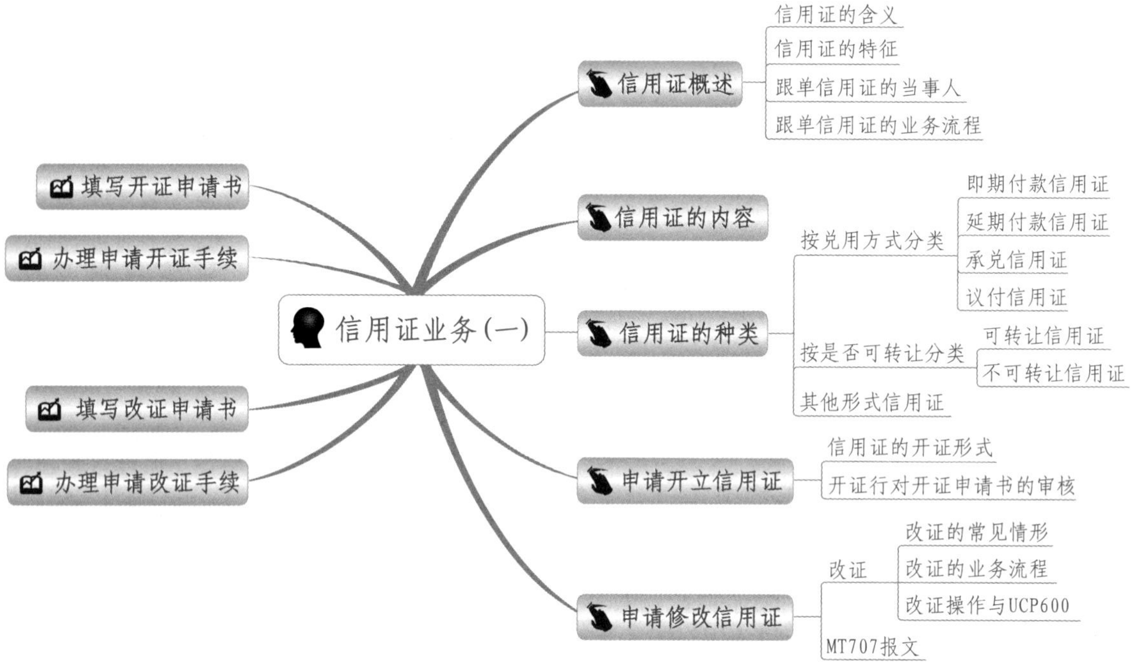

项目背景

2021年4月5日，浙江金苑进出口有限公司与香港Lucky Logistics Ltd.就进口200万个微处理器晶圆（IC MPU），签订如下进口合同。

动画：信用证业务——申请开证

CONTRACT

Contract No:2021ZJJY0095 **Date of Signature:** Apr. 5, 2021

The Buyer: Zhejiang Jinyuan Import and Export Co., Ltd.

Address: No.118 Xueyuan Street, Hangzhou, P.R.China

The Seller: Lucky Logistics Ltd.

Address: Room 368 3/F, No. 50 Hi-tech Centre Choi Yuen Rd., Sheung Shui, Hong Kong

This Contract is made by and between the Buyer and Seller, whereby the Buyer agrees to buy and the Seller agrees to sell the under-mentioned commodity according to the terms and conditions stipulated below.

1. **Description of Goods:** IC MPU, NXZ1
2. **Quantity:** 2 000 000 pieces

续表

3. Unit Price: USD1.00 /piece CIP Hangzhou Airport, China as per INCOTERMS® 2020
4. Total Value: USD2 000 000.00 (Say in USD Two Million only)
5. Packing: The Seller shall undertake to pack the goods in new strong hard paper case(s) suitable for long distance air transportation.
6. Shipping Mark: 2021ZJJY0095
HANGZHOU, CHINA
7. Time of Shipment: All 2 000 000 pieces IC MPU will be shipped within 30 days after the Seller receives the L/C. Partial shipment and transshipment are prohibited.
8. Port of Shipment and Destination: From Hong Kong Airport to Hangzhou Airport, China.
9. Insurance: Insurance shall be covered by the Seller for 110% of the total contract value against All Risks and War Risks as per CIC of PICC.
10. Terms of Payment: The Buyer shall open 100% L/C at 90 days after sight in favor of the Seller, opening not later than Apr. 25, 2021, and remaining valid for negotiation in Hong Kong for further 15 days after the effected shipment.
Advising bank: Bank of China (Hong Kong) Limited
11. Documents:
a. Signed Invoice in quintuplicate indicating the L/C No. and Contract No.
b. Packing List in quintuplicate.
c. Airway Bills made out to the Buyer, marked freight prepaid and notify the Buyer.
d. Insurance Policy/Certificate in duplicate for 110% of the invoice value showing claims payable in China, blank endorsed, covering All Risks and War Risks as per CIC of PICC.
e. Shipping advice by fax to the Buyer of shipment within 24 hours after the contract goods are loaded on the airplane, showing the contract No., name of commodity, invoice value, quantity, packing, gross weight, net weight, flight No., the date of shipment.
Note: The Seller shall send one copy each of the above mentioned documents to the Buyer within two days after the date of shipment.
12. Banking Charges: All banking charges outside the opening bank are for the Seller's account.
13. Other Terms: (omitted)
This contract is made in two originals, one original for each party in witness thereof.

THE SELLER:
LUCKY LOGISTICS LTD.
JINTAN

THE BUYER:
浙 江 金 苑 进 出 口 有 限 公 司
ZHEJIANG JINYUAN IMPORT AND EXPORT CO., LTD.
王　立

动画：信用证业务——申请改证

任务分解

任务4.1　填写开证申请书

2021年4月18日，浙江金苑进出口有限公司外贸单证员方霞须根据以上进口合同的要求填写开证申请书。开证行为其账户行中国农业银行浙江省分行，开立方式为SWIFT电开。

任务4.2　办理申请开证手续

浙江金苑进出口有限公司向中国农业银行浙江省分行国际业务部办理申请开证手续。中国农业银行浙江省分行给予浙江金苑进出口有限公司的开证授信额度为200万美元。

任务4.3　填写改证申请书

5月9日，浙江金苑进出口有限公司出于业务发展需要，计划增加订购100万个微处理器（IC MPU）。经与出口商中国香港Lucky Logistics Ltd.协商，进口合同做如下修改：进口数量和金额分别增加至300万个和300万美元，交货期修改为“第一批200万个，2021年5月装运；第二批100万个，2021年6月装运”，信用证有效期顺延至2021年7月15日，其他条款不变。该公司外贸单证员方霞须填制信用证修改申请书，向开证行中国农业银行浙江省分行办理改证申请，同时对超过开证授信额度部分缴纳全额保证金。

任务4.4　办理申请改证手续

浙江金苑进出口有限公司向开证行办理申请改证手续。中国农业银行浙江省分行审核通过后向原通知行发送信用证修改书。

操作示范

微课：开证申请书及其填写依据

任务4.1　填写开证申请书

开证申请书（Application for Irrevocable Documentary Credit）通常一式三联，第一联由银行结算部门留存，第二联由银行信贷部门留存，第三联由开证申请人留存。浙江金苑进出口有限公司单证员方霞根据外贸合同及相关业务信息填写以下开证申请书各栏目。

1. 进口商浙江金苑进出口有限公司作为申请人取得以中国农业银行浙江省分行为抬头印制的开证申请书。在申请书抬头“To”后面显示开证行：AGRICULTURAL BANK OF CHINA ZHEJIANG BRANCH.

2. 申请日期（Date）。方霞于2021年4月18日办理该笔信用证业务申请手续，因此填写Apr.18，2021。

微课：填写开证申请书的开立方式、当事人和金额

3. 信用证开立方式。信用证主要有信开（by mail）和电开（by teletransmission）两种。电开又分简电开证（With brief advice by teletransmission）和全电开证。本业务采用SWIFT全电开证，在Issue by teletransmission前面括号中用“×”标明。

4. 开证申请人（Applicant）。该栏目填写开证申请人，即进口合同买方的全称和地址：Zhejiang Jinyuan Import and Export Co.，Ltd.，No.118 Xueyuan Street，Hangzhou，P.R.China。

5. 受益人（Beneficiary）。该栏目填写受益人，即进口合同卖方的全称和地址：Lucky Logistics Ltd.，Room 368 3/F，No. 50 Hi-tech Centre Choi Yuen Rd.，Sheung Shui，Hong Kong。

6. 通知行（Advising Bank）。该栏目填写通知行名称、地址和SWIFT号码，若进口合同卖方未提供，则由开证行指定。本业务填写：Bank of China（Hong Kong）Limited。

7. 金额（Amount）。该栏目填写信用证的大小写金额：USD2 000 000.00，SAY：USD Two Million only。

微课：填写开证申请书的运输条款和兑付条款

8. 分批装运（Partial Shipments）。根据进口合同规定，不允许分批装运，在not allowed前面括号中用“×”标明。

9. 转运（Transshipment）。根据进口合同规定，不允许转运，在not allowed前面括号中用“×”标明。

10. 装运港（Loading on board）。根据进口合同规定，该栏目填写Hong Kong Airport。

11. 最迟装运日期（Not later than）。该栏目填写最迟装运日期：May 30，2021。

12. 目的港（For transportation to）。根据进口合同规定，该栏目填写：Hangzhou Airport，China。

注意：若有转运港，则在目的港后加VIA，如LONDON，U.K. VIA HONG KONG。

13. 贸易术语（Trade terms）。本业务所采用的贸易术语并非FOB、CFR或CIF，则在other terms前面括号中用“×”标明。然后写上具体的贸易术语，如CIP。

14. 指定银行和兑用方式（Credit available with…by…）。在Credit available with后填写指定银行，并选择相应的兑用方式。本业务根据进口合同的规定，在Credit available with后填写any bank in Hong Kong，并在negotiation前面括号中用“×”标明。

微课：填写开证申请书的贸易术语和单据条款

15. 汇票条款（Draft terms）。若需要出具汇票，则该栏目需填写汇票金额、付款期限和付款人。本业务的汇票金额为发票金额的100%，期限为at 90 days after sight，付款人为Issuing Bank。

16. 单据条款（Documents required）。根据进口合同的要求或实际需要选择所需提供的单据。本业务选择商业发票、装箱单、空运单、保险单、装运通知，并按照合同要求进行填写。

17. 货物描述（Description of goods）。该栏目填写货物描述：IC MPU，NXZ1，2 000 000 pieces，USD1.00 /piece CIP Hangzhou Airport，China as per INCOTERMS® 2020。

18. 特殊条款（Additional instructions）。

微课：填写开证申请书的货物描述、附加条款、截止日和交单期

① 费用条款。选择常规费用条款：All banking charges outside the issuing bank are for beneficiary's account。开证行之外的所有费用由受益人负担。

② 交单期。根据实际情况，规定装运日期后15天内交单，但必须在信用证有效期内。Documents must be presented within 15 days after date of shipment but within the validity of this credit。

19. 信用证到期日和交单地点（Date and place of expiry）。交单地点一般情况下在受益人所在国（地区），信用证到期日一般是最迟装运日期加交单期。本业务填写：Jun.14，2021，in Hong Kong。

20. 签章（Signature）。申请书内容填写并审核无误后，在申请书正面和背面分别进行签章。

填制好的开证申请书见表4-1。

表4-1 开证申请书

开 立 不 可 撤 销 跟 单 信 用 证 申 请 书

APPLICATION FOR IRREVOCABLE DOCUMENTARY CREDIT

To: AGRICULTURAL BANK OF CHINA ZHEJIANG BRANCH Date: Apr. 18, 2021

Credit No.

( ) Issue by mail ( ) With brief advice by teletransmission (×) Issue by teletransmission	Credit No. Date and place of expiry Jun. 14, 2021, in Hong Kong
Applicant Zhejiang Jinyuan Import And Export Co., Ltd. No.118 Xueyuan Street, Hangzhou, P.R.China	Beneficiary Lucky Logistics Ltd. Room 368 3/F, No. 50 Hi-tech Centre Choi Yuen Rd., Sheung Shui, Hong Kong

续表

<table>
<tr><td colspan="2" rowspan="2">Advising Bank
Bank of China (Hong Kong) Limited</td><td>Amount: USD2 000 000.00</td></tr>
<tr><td>Say: USD Two Million only</td></tr>
<tr><td rowspan="2">Partial shipments
( ) allowed
(×) not allowed</td><td rowspan="2">Transhipment
( ) allowed
(×) not allowed</td><td>Credit available with any bank in HongKong</td></tr>
<tr><td rowspan="5">By( ) sight payment ( ) acceptance
(×) negotiation ( ) deferred payment at
against the documents detailed herein
(×) and beneficiary's draft(s) for 100 % of invoice value at 90 days after sight drawn on Issuing Bank</td></tr>
<tr><td colspan="2">Loading on board: Hong Kong Airport</td></tr>
<tr><td colspan="2">not later than: May 30, 2021</td></tr>
<tr><td colspan="2">For transportation to: Hangzhou Airport, China</td></tr>
<tr><td colspan="2">( ) FOB ( ) CFR ( ) CIF
(×) other terms:
CIP as per INCOTERMS® 2020</td></tr>
<tr><td colspan="3">Documents required: (marked with ×)
1. (×) Signed commercial invoice in 5 copies indicating L/C No. and Contract No.2021ZJJY0095.
2. ( ) Full Sets of clean on board Bills of Lading made out to order and blank endorsed, marked "freight [ ] to collect / [ ] prepaid" notifying the applicant.
(×) Airway bills/ ( ) cargo receipt/ ( ) copy of railway bills showing "freight [ ]to collect/ [×] prepaid" [ ] indicating freight amount and consigned to the applicant.
3. (×) Insurance Policy/Certificate in duplicate for 110% of the invoice value showing claims payable in China blank endorsed, covering All Risks and War Risks as per CIC of PICC.
4. (×) Packing List/Weight Memo in 5 copies indicating quantity, gross and net weights of each package.
5. ( ) Certificate of Quality in ___ copies issued by ________.
6. ( ) Certificate of Origin in ___ copies issued by ________.
7. (×) Shipping advice by fax to the applicant of shipment within 24 hours after the contract goods are loaded on the airplane, showing the contract No., name of commodity, invoice value, quantity, packing, gross weight, net weight, flight No., the date of shipment.
(×) Other documents, if any Beneficiary's Certificate confirms that one copy each of the above mentioned documents have been sent to the Buyer within two days after the date of shipment.</td></tr>
<tr><td colspan="3">Description of goods:
IC MPU, NXZ1, 2 000 000 pieces, USD1.00 /piece CIP Hangzhou Airport, China as per INCOTERMS® 2020</td></tr>
</table>

续表

Additional instructions: 1. (×) All banking charges outside the opening bank are for beneficiary's account. 2. (×) Documents must be presented within 15 days after date of shipment but within the validity of this credit. ( ) Other terms, if any	
STAMP OF APPLICANT:	浙江金苑进出口有限公司 ZHEJIANG JINYUAN IMPORT AND EXPORT CO., LTD. 王立

微课：办理申请开证手续（1）

任务4.2 办理申请开证手续

第一步：填写开证申请书

浙江金苑进出口有限公司外贸单证员方霞按照要求认真填写开证申请书，明确开证事宜。

第二步：审读并签署开证申请人承诺书

开证申请书的背面是信用证开证申请人承诺书，是开证申请人对开证行的声明，用以明确双方责任，内容如下。

开证申请人承诺书

中国农业银行：

我公司已办妥一切进口手续，现请贵行按我公司开证申请书内容开出不可撤销跟单信用证，为此我公司愿不可撤销地承担有关责任如下：

一、我公司同意贵行依照国际商会第600号出版物《跟单信用证统一惯例》办理该信用证项下一切事宜，并同意承担由此产生的一切责任。

二、我公司保证按时向贵行支付该信用证项下的货款、手续费、利息及一切费用等（包括国外受益人拒绝承担的有关银行费用）所需的外汇和人民币资金。

三、我公司保证在贵行单到通知书规定期限之内通知贵行办理对外付款/承兑，否则贵行可认为我公司已接受单据，同意付款/承兑。

四、我公司保证在单证表面相符的条件下办理有关付款/承兑手续。如因单证有不符之处而拒绝付款/承兑，我公司保证在贵行单到通知书中规定的日期之前将全套单据如数退还贵行并附书面拒付理由及对单据的处理意见，由贵行按国际惯例确定能否对外拒付。如贵行确定我公司所提拒付理由不成立，或虽然拒付理由成立，但我公司未能退回全套单据，或拒付单据退到贵行已超过单到通知书中规定的期限，贵行有权主动办理对外付款/承兑，并从我公司账户中扣款。

五、该信用证及其项下业务往来函电及单据如因邮、电或其他方式传递过程中发生遗失、延误、错漏，贵行概不负责。

六、该信用证如需修改，由我公司向贵行提出书面申请，由贵行根据具体情况确定能否办理修改。我公司确认所有修改当由信用证受益人接受时才能生效。

续表

七、我公司在收到贵行开出的信用证、修改书副本后，保证及时与原申请书核对，如有不符之处，保证在接到副本之日起，两个工作日内通知贵行。如未通知，当视为正确无误。

八、如因申请书字迹不清或词意含混而引起的一切后果由我公司负责。

同意受理　　　　　　　　　　　　　　　　浙江金苑进出口有限公司
银行盖章　　　　　　　申请人（盖章）　ZHEJIANG JINYUAN IMPORT AND EXPORT CO., LTD.

负责人　　　　　　　　法定代表人
或授权代理人　　　　　或授权代理人　王立

2021年4月18日

第三步：提交有关合同副本及附件

为最大限度地防范风险，除了开证申请书外，银行还会要求开证申请人提供其他相关资料，如进口合同副本、进口许可证、贷款相关文件等。如果首次办理开证申请业务，开证申请人还需要递交营业执照复印件和企业代码证复印件。如果是代理进口，还需递交委托代理协议。

第四步：办理开证授信或抵押

微课：办理申请开证手续（2）

对于开证行来说，进口开证是银行的“或有负债”，因此通常将信用证业务归入授信业务或融资业务范畴管理。开证行往往会要求申请人提供押金，即保证金。从理论上讲，申请人提供不动产作抵押、以动产及财产权利作质押或者提供其他银行的保函都是可以的，但实务中多是要求以现金作质押。保证金可以用现汇，也可从申请人的存款中扣除，拨入保证金账户。保证金数额与申请人的资信、货物的市场销售等情况有关，有时高达90%~100%，有时仅百分之几，甚至免收。非100%保证金项下开证，开证申请人必须与开证行商定开证的保证金比例，确定“敞口”部分（信用证金额减去保证金）是否要另加抵押或质押等。如果申请人同时也是另一份信用证的受益人，那么可以要求用出口信用证项下的权益代替保证金。

开证行还可以根据对开证申请人的资信状况规定一个授信额度，此额度是免保证金开证的最高限额。在授信额度内开证可不收保证金，超过授信额度时才收取保证金。

第五步：开证行开立信用证

4月26日，中国农业银行浙江省分行国际业务部经办人宋杨对浙江金苑进出口有限公司提交的相关申请材料后审核无误后，向浙江金苑进出口有限公司收取信用证金额1.5‰的开证手续费并根据开证申请书填制以下信用证MT700报文各项内容。如果信用证内容超过MT700的容量，则需增加MT701报文。

27：Sequence of Total

该栏位指报文页次。如果跟单信用证条款能够容纳在该MT700报文中，则该栏填“1/1”。如该信用证由一份MT700报文和一份MT701组成，那么在MT700报文的栏位中填入“1/2”，在MT701报文的栏位中填入“2/2”……依此类推。本业务填写：1/1。

40A：Form of Documentary Credit

该栏位指跟单信用证类别。由于UCP600中规定信用证是不可撤销的，因此该栏位有以下几种填法：IRREVOCABLE不可撤销跟单信用证；IRREVOCABLE TRANSFERABLE不可撤销可转让跟单信用证；IRREVOCABLE STANDBY不可撤销备用信用证。本业务填写：IRREVOCABLE。

20：Documentary Credit Number

该栏位指信用证号码。信用证号码即开证行的业务编号，一般由系统自动生成。

31C：Date of Issue

该栏位指开证日期。本业务填写：210425。

40E：Applicable Rules

该栏位指适用的惯例。本业务填写：UCP LATEST VERSION。

31D：Date and Place of Expiry

该栏位指信用证到期日及到期地点。信用证到期日是受益人向银行提交单据的最后日期。受益人必须在到期日前或当天向银行提交单据，办理付款、承兑或议付手续。逾期交单，银行可以信用证过期为由，解除所承担的义务。信用证的到期地点是受益人在有效期内向银行提交单据的地点，到期地点一般在出口国，以便受益人办理交单。本业务填写：210614 Hongkong。

50：Applicant

该栏位指开证申请人。一般填写开证申请人的全称和地址。本业务填写：

ZHEJIANG JINYUAN IMPORT AND EXPORT CO.，LTD.
No.118 XUEYUAN STREET，HANGZHOU，P.R.CHINA

59：Beneficiary

该栏位指受益人。一般填写受益人的全称和地址。本业务填写：

LUCKY LOGISTICS LTD.
ROOM 368 3/F，NO. 50 HI-TECH CENTRE CHOI YUEN RD.，SHEUNG SHUI，HONG KONG

32B：Currency Code，Amount

该栏位指信用证币别代码和金额。值得注意的是小数点用“,”，而不是用“.”。本业务填写：USD2 000 000,00。

41a：Available with... By...

该栏位指兑用方式和指定银行。当项目代码为“41A”时，银行用SWIFT代码表示。当项目代号为“41D”时，银行用行名地址表示。本业务用41D项目代码，内容填写：ANY BANK IN HONGKONG BY NEGOTIATION。

42C：Drafts at ...

该栏位指汇票付款期限。本业务填写：AT 90 DAYS AFTER SIGHT。

42a：Drawee

该栏位指汇票付款人。当项目代码为“42A”时，银行用SWIFT代码表示。当项目代码为“42D”时，银行用行名地址表示。本业务填写：ABOCCNBJ110。

43P：Partial shipments

该栏位指分批装运。本业务填写：PROHIBITED。

43T：Transhipment

该栏位指转运。本业务填写：PROHIBITED。

44E：Port of loading/Airport of departure

该栏位指装运港/始发港。44E填写海运和空运下的装运港，非海运和空运方式下的接管地/接收地用44A代码。本业务填写：HONGKONG AIRPORT。

44F：Port of discharge/Airport of destination

该栏位指卸货港/目的港。44F填写海运和空运下的卸货港/目的港，非海运和空运方式下的最终目的地/交货地用44B栏位。本业务填写：HANGZHOU AIRPORT。

44C：Latest date of shipment

该栏位指最迟装运日期。本业务填写：210530。

45A：Description of goods and/or services

46A：Documents required

47A：Additional conditions

上述三个栏位分别指货物和/或各种服务描述、应提交的单据、附加条件。当一份信用证由一份MT700报文和一至七份MT701报文组成时，栏目45A、46A和47A的内容可以显示在MT700和多份MT701报文中。本业务根据进口合同相关信息填写即可。

71D：Charges

该栏位指费用。本业务填写：ALL BANKING CHARGES OUTSIDE THE ISSUING BANK ARE FOR ACCOUNT OF BENEFICIARY。若报文无此项目，则表示除议付费、转让费外，其他费用均由开证申请人负担。

48：Period for presentation in days

该栏位指交单期。本业务填写：015（交单期应依据运输单据日期后15天进行计算。如果该栏位未填写，系统将默认交单期为运输单据日期后21天）

49：Confirmation instruction

该栏位指保兑指示，可能出现下列某一代码。

CONFIRM：要求收报行保兑该信用证；

MAY ADD：收报行可以对该信用证加具保兑；

WITHOUT：不要求收报行保兑该信用证。

要注意的是：即使这里显示“CONFIRM”，也要由收报行确认，即明确表示对该信用证保兑，保兑才生效。本业务填写：WITHOUT。

78：Instruction to paying/accepting/negotiating bank。

该栏位指对付款/承兑/议付行的指示，即附言。本业务按照银行业务惯例填写。

制作好的MT700报文如下。

MT 700	**ISSUE OF A DOCUMENTARY CREDIT**
27 :	SEQUENCE OF TOTAL 1/1
40A:	FORM OF DOCUMENTARY CREDIT IRREVOCABLE
20 :	DOCUMENTARY CREDIT NUMBER 21LC04928573
31C:	DATE OF ISSUE 210425
40E:	APPLICABLE RULES UCP LATEST VERSION
31D:	DATE AND PLACE OF EXPIRY 210614 HONGKONG

续表

50 :	APPLICANT ZHEJIANG JINYUAN IMPORT AND EXPORT CO., LTD. No.118 XUEYUAN STREET, HANGZHOU, P.R.CHINA
59 :	BENEFICIARY LUCKY LOGISTICS LTD. ROOM 368 3/F, NO. 50 HI-TECH CENTRE CHOI YUEN RD., SHEUNG SHUI, HONG KONG
32B:	CURRENCY CODE, AMOUNT USD2 000 000.00
41D:	AVAILABLE WITH…BY… ANY BANK IN HONGKONG BY NEGOTIATION
42C:	DRAFTS AT… AT 90 DAYS AFTER SIGHT
42A:	DRAWEE ABOCCNBJ110
43P :	PARTIAL SHIPMENTS PROHIBITED
43T :	TRANSHIPMENT PROHIBITED
44E :	PORT OF LOADING/AIRPORT OF DEPARTURE HONGKONG AIRPORT
44F :	PORT OF DISCHARGE/AIRPORT OF DESTINATION HANGZHOU AIRPORT
44C:	LATEST DATE OF SHIPMENT 210530
45A:	DESCRIPTION OF GOODS &/OR SERVICES IC MPU, NXZ1, 2 000 000 PIECES USD1.00 /PIECE CIP HANGZHOU AIRPORT, CHINA AS PER INCOTERMS® 2020
46A:	DOCUMENTS REQUIRED 1. SIGNED COMMERCIAL INVOICE IN 5 COPIES INDICATING L/C NO. AND CONTRACT NO.2021ZJJY0095 2. PACKING LIST/WEIGHT MEMO IN 5 COPIES INDICATING QUANTITY, GROSS AND NET WEIGHTS OF EACH PACKAGE 3. AIRWAY BILLS SHOWING “FREIGHT PREPAID” INDICATING FREIGHT AMOUNT AND CONSIGNED TO THE APPLICANT

续表

	4. INSURANCE POLICY/CERTIFICATE IN DUPLICATE FOR 110% OF THE INVOICE VALUE SHOWING CLAIMS PAYABLE IN CHINA, BLANK ENDORSED, COVERING ALL RISKS AND WAR RISKS AS PER CIC OF PICC 5. SHIPPING ADVICE BY FAX TO THE APPLICANT OF SHIPMENT WITHIN 24 HOURS AFTER THE CONTRACT GOODS ARE LOADED ON THE AIRPLANE, SHOWING THE CONTRACT NO. NAME OF COMMODITY, INVOCIE VALUE, QUANTITY, PACKING, GROSS WEIGHT, NET WEIGHT, FLIGHT NO., THE DATE OF SHIPMENT 6. BENEFICIARY'S CERTIFICATE CONFIRMS THAT ONE COPY EACH OF THE ABOVE MENTIONED DOCUMENTS HAVE BEEN SENT TO THE BUYER WITHIN TWO DAYS AFTER THE DATE OF SHIPMENT.
47A:	ADDITIONAL CONDITIONS 1. A FEE OF USD50.00 OR EQUIVALENT WILL BE DEDUCTED FROM THE PROCEEDS FOR EACH PRESENTATION OF DISCREPANT DOCUMENTS UNDER THIS CREDIT. ACCEPTANCE OF ANY DISCREPANT DOCUMENTS THEREUNDER DOES NO WAY AMEND OUR L/C CONDITION, EACH SET OF DOCUMENTS UNDER THIS L/C BEARING SAME DISCREPANCY WILL BE DETERMINED ON A CASE-BY-CASE BASIS. 2. DOCUMENTS PRESENTED WITH DISCREPANCIES WILL BE REJECTED. WE WILL HOLD THE DOCUMENTS UNTIL WE RECEIVE A WAIVER FROM THE APPLICANT AND AGREE TO ACCEPT IT OR RECEIVE YOUR FURTHER INSTRUCTIONS PRIOR TO AGREEING TO ACCEPT A WAIVER. 3. PLS RELEASE THIS L/C TO BENEFICIARY AFTER ALL YOUR ADVISING COMMISSIONS COLLECTED.
71D:	CHARGES ALL BANKING CHARGES OUTSIDE THE ISSUING BANK ARE FOR ACCOUNT OF BENEFICIARY.
48 :	PERIOD FOR PRESENTATION IN 015 DAYS
49 :	CONFIRMATION INSTRUCTION WITHOUT
78 :	INSTRUCTION TO PAYING/ACCEPTING/NEGOTIATING BANK 1. ALL DOCUMENTS TO BE SENT DIRECTLY TO THE AGRICULTURAL BANK OF CHINA, ZHEJIANG BRANCH, INTERNATIONAL DEPT., NO. 30 QINGCHUN ROAD, HANGZHOU 310012, P.R.CHINA IN ONE LOT BY COURIER SERVICE.

续表

2. WE WILL HONOUR UPON RECEIPT OF THE STIPULATED DOCUMENTS WHICH CONSTITUTE A COMPLYING PRESENTATION. 3. THIS CREDIT IS SUBJECT TO UCPDC (2007 REVISION) ICC PUBLICATION NO. 600.

开证行审核MT700报文内容无误后通过SWIFT发送给通知行。

任务4.3　填写改证申请书

5月9日，浙江金苑进出口有限公司外贸单证员方霞填制信用证修改申请书（见表4–2），向开证行中国农业银行浙江省分行办理改证申请。

表4–2　信用证修改申请书

中国农业银行 AGRICULTURAL BANK OF CHINA 信 用 证 修 改 申 请 书 **APPLICATION FOR AMENDMENT**	
To: Agricultural Bank of China Zhejiang Branch	Amendment to Our Documentary Credit No. 21LC04928573
Date of Amendment: May 9, 2021	No. of Amendment: 01
Applicant Zhejiang Jinyuan Import And Export Co., Ltd. No.118 Xueyuan Street, Hangzhou, P.R.China	Advising Bank Bank of China (Hong Kong) Limited
Beneficiary (before this amendment) Lucky Logistics Ltd. Room 368 3/F, No. 50 Hi-tech Centre Choi Yuen Rd., Sheung Shui, Hong Kong	Amount: USD2 000 000.00 SAY: US Dollars Two Million Only.
The above mentioned credit is amended as follows: ( ) The latest shipment date extended to (×) Expiry date extended to July 15, 2021 (×) Amount increased by USD1 000 000.00 to USD3 000 000.00 (×) Other terms: Under field 43P, "PROHIBITED" amends to "ALLOWED". Under field 45A, the quantity of goods increased to "3 000 000 PIECES". Delete 44C, add 44D "FIRST SHIPMENT: 2 000 000PIECES, IN MAY 2021 SECOND SHIPMENT: 1 000 000PIECES, IN JUNE 2021" (×) Banking charges: The amendment fee is borne by the applicant. All other terms and conditions remain unchanged. Authorized Signature(s): 浙江金苑进出口有限公司 ZHEJIANG JINYUAN IMPORT AND EXPORT CO., LTD. 王 立	
This Amendment is Subject to Uniform Customs and Practice for Documentary Credits (2007 Revision) International Chamber of Commerce Publication No.600.	

任务4.4　办理申请改证手续

5月9日，浙江金苑进出口有限公司外贸单证员方霞将填好的信用证修改申请书及相关资料提交给开证行中国农业银行浙江省分行，并对超过开证授信额度部分缴纳了全额保证金。中国农业银行浙江省分行经审核后同意浙江金苑进出口有限公司的改证申请。该行经办人宋杨根据浙江金苑进出口有限公司的信用证修改申请书，制作如下MT707报文。

MT 707		**AMENDMENT TO A DOCUMENTARY CREDIT**
SENDER'S REFERENCE	20 :	FFF2021000509
RECEIVER'S REFERENCE	21 :	NON
DATE OF ISSUE	31C:	20210426
DATE OF AMENDMENT	30 :	20210509
NUMBER OF AMENDMENT	26E:	01
BENEFICIARY	59 :	LUCKY LOGISTICS LTD. ROOM 368 3/F, NO. 50 HI-TECH CENTRE CHOI YUEN RD., SHEUNG SHUI, HONG KONG
INCREASE OF DOCUMENTARY CREDIT AMOUNT	32B:	USD 100 000 000
PARTIAL SHIPMENTS	43P:	ALLOWED
SHIPMENT PERIOD	44D:	FIRST SHIPMENT: 2 000 000PIECES, IN MAY 2021 SECOND SHIPMENT: 1 000 000 PIECES, IN JUNE 2021
DESCRIPTION OF GOODS AND/ OR SERVICES	45B:	IC MPU, NXZI, 3 000 000 PIECES USD 1.00/PIECE CIP HANGZHOU AIRPORT, CHINA AS PER INCOTERMS® 2020

中国农业银行浙江省分行国际业务部经办人宋杨对上述MT707报文审核无误后，发给原通知行中国银行香港分行，修改信用证。

5月11日，中国银行香港分行根据开证行的MT707报文，制作如下信用证修改通知书（见表4–3），通知受益人LUCKY LOGISTICS LTD.。

表4-3　信用证修改通知书

中国银行股份有限公司香港分行

BANK OF CHINA (HONG KONG) LIMITED

ADDRESS: 1 Garden Road，Hong Kong

修改通知书

TELEX: 73772 BKCHI HX　　**NOTIFICATION OF DOCUMENTARY CREDIT**
SWIFT: BKCHHKHH
FAX: (852) 28105963
May 11, 2021

To: 致 Lucky Logistics Ltd. Room 368 3/F，No. 50 Hi-tech Centre Choi Yuen Rd.，Sheung Shui，Hong Kong	WHEN CORRESPONDING AD91013306236 PLEASE QUTOTE REF NO
ISSUING BANK 开证行 AGRICULTURAL BANK OF CHINA ZHEJIANG BRANCH	TRANSMITTED TO US THROUGH 传递行 REF NO. BANK OF CHINA (HONG KONG) LTD.
L/C NO. 信用证号 21LC04928573	AMENDMENT NO. 修改次数 01
DATED 开证日期 2021/04/25	AMENDMENT DATE 修改日期 2021/05/09

DEAR SIRS，敬启者：

WE HAVE PLEASURE IN ADVISING YOU THAT WE HAVE RECEIVED FROM THE ABOVE-MENTIONED BANK A(N) AMENDMENT TO THE CAPTIONED L/C，CONTENTS OF WHICH ARE AS PER ATTACHED SHEET(S).

兹通知贵司，我行收到自上述银行的信用证修改一份，内容见附件。

THIS AMENDMENT SHOULD BE ATTACHED TO THE CAPTIONED L/C ADVISED BY US，OTHERWISE THE BENEFICIARY WILL BE RESPONSIBLE FOR ANY CONSEQUENCES ARISING THEREFROM.

本修改须附于有关信用证，否则，贵公司须对因此而产生的后果承担责任。

REMARK 备注：

THIS AMENDMENT CONSISTS OF ONE SHEET，INCLUDING THE COVERING LETTER AND ATTACHMENT(S).

本修改连同面函及附件共 1 纸。

THIS AMENDMENT IS ADVISED SUBJECT TO ICC UCP PUBLICATION NO.600.

本修改之通知系遵循国际商会跟单信用证统一惯例第600号出版物办理。

YOURS FAITHFULLY，

FOR BANK OF CHINA (HONG KONG) LTD.

知识要点

一、信用证概述

（一）信用证的含义

UCP600将信用证（Letter of Credit）定义为一项约定（Arrangement），无论其如何命名或描述，该约定不可撤销（Irrevocable）并因此构成开证行（the Issuing Bank）对于相符交单（Complying Presentation）予以承付（Honour）的确定承诺（a Definite Undertaking）。可见，信用证是一项由开证行发出的以相符交单为条件的付款承诺。

其中，“相符交单”是指与信用证条款、UCP600的相关适用条款以及国际标准银行实务一致的交单。“承付”是指：①对于即期付款信用证，即期付款；②对于延期付款信用证，做出延期付款承诺并于到期日付款；③对于承兑信用证，承兑由受益人出具的汇票并于汇票到期日付款。

（二）信用证的特征

1. 信用证是一种银行信用，开证行承担第一性付款责任

信用证是以银行信用为依托的一种结算方式。自信用证开立之时起，开证行即承担不可撤销的第一性付款责任。根据UCP600的规定，受益人将单据交至被指定银行或开证行并构成相符交单，只要适用以下情形之一的，开证行必须予以付款：①应由开证行即期付款、延期付款或者承兑；②应由被指定银行即期付款但其未予付款；③应由被指定银行延期付款但其未承诺延期付款或虽已承诺延期付款但到期日未予付款；④应由被指定银行承兑，但其未承兑以其为付款人的汇票或者虽已承兑以其为付款人的汇票但到期未予付款；⑤应由被指定银行议付但其未予议付。可见，开证行在相符交单的情况下独立地履行其付款承诺，不受其他当事人的干扰，也不考虑开证申请人是否有付款的意愿或者能力。

2. 信用证是一项独立文件，不依附于贸易合同而存在

信用证虽然以贸易合同为基础开立，但一经开出，便成为独立于贸易合同之外的一项文件，不再受贸易合同的约束。贸易合同是进出口双方之间的契约，仅对进出口双方有约束力，而信用证是开证行与受益人之间的法律文件，开证行、受益人和参与信用证业务的其他银行受信用证的约束。受益人在任何情况下，不得利用银行之间或申请人与开证行之间的契约关系。开证行应劝阻申请人试图将基础合同、形式发票或其他类似文件的副本作为信用证整体组成部分的做法。

3. 信用证业务是纯单据业务，银行处理的是单据而非货物、服务及其他行为

根据UCP600的规定，在信用证业务中，银行处理的是单据，而不是与单据有关的货物、服务及其他行为。银行只根据表面上与信用证条款相符的单据付款，而对任何单据的形式、完整性、准确性、真实性以及伪造或法律效力的问题，或对于单据中规定的或附加的一般性条件或特殊性条件概不负责。银行对于任何单据所代表的货物、服务和其他履约行为的描述、数量、重量、品质、状况、包装、交货、价值或存在，对于发货人、承运人、货运代理人、收货人、保险承保人或其他任何人的诚信、行为、疏忽、清偿能力、履约能力和信誉状况，也概不负责。因此，在单证相符的情况下，开证申请人付款后发现货物与单据不一致，也只能由开证申请人自己凭贸易合同向受益人交涉，与银行无关。相反，即使货物相符，但单据与信用证规定不符，开证行也有权拒付。

（三）跟单信用证的当事人

1. 开证申请人

开证申请人（Applicant）也称开证人。在国际贸易中开证申请人通常是进口商或买方。申请人应当根据贸易合同的内容填写开证申请书并签字，请求往来银行开立以国外出口商或卖方为受益人的信用证。

2. 开证行

开证行（Issuing Bank）是应开证申请人的要求和指示为其开立信用证的银行。开证行一般是进口商所在地银行，通常也是开证申请人的账户行。

3. 受益人

受益人（Beneficiary）是指信用证上所指定的有权使用信用证并获得付款的人，一般为出口商或卖方。受益人和开证行是信用证的缔约双方。受益人权利的行使以提交相符单据为前提。

4. 通知行

通知行（Advising Bank）是指受开证行的委托将信用证通知指定受益人的银行，通常是出口商所在地银行。一般情况下，通知行是开证行的海外分行、联行或代理行，受益人也可预先通知申请人指定某银行为通知行。通知行的义务是审核信用证表面的真实性和开证行的资信状况。如果开证行将信用证直接寄给受益人，受益人应到当地银行核验信用证的真实性和开证行的资信状况，以防范信用证欺诈。

5. 被指定银行

被指定银行（Nominated Bank）是指除开证行以外，信用证可在其处兑用的银行。如果信用证可在任一银行兑用，则任一银行均为被指定银行。被

指定银行可以接受开证行的委托和指示，对受益人提交的相符单据予以承付或议付。

（1）付款行（Paying Bank）。付款行是指开证行指定的支付汇票或根据信用证付款的银行，有时开证行自己就是付款行。付款行一旦付款，就是最终付款，不能向受益人追索。

（2）承兑行（Accepting Bank）。承兑行是指承兑信用证上规定的远期汇票并在到期日付款的银行。

（3）保兑行（Confirming Bank）。保兑行是指经开证行授权或应其请求在信用证上加上自身的保证付款承诺的通知行或任何其他银行。信用证一经保兑行保兑，受益人就获得开证行和保兑行的双重付款保证。保兑行与开证行一样，都承担独立的第一性付款责任。保兑行付款后只能向开证行索偿，若开证行无能力偿付或无理由拒付，保兑行无权向受益人或者被指定银行追索。实务中，保兑行通常在信用证正本上加盖“我行已加具保兑”印章以表明自己所承担的保兑责任。

（4）议付行（Negotiating Bank）。议付行是指经开证行授权买进信用证项下的汇票或单据的银行，往往由通知行充当议付行。一般情况下，议付行对受益人所付款项是有追索权的，除非是因为议付行的行为导致开证行或保兑行不付款。

（5）偿付行（Reimbursing Bank）。偿付行是指经开证行指示或授权对付款行、承兑行或议付行等被指定银行的索偿进行偿付的银行。偿付行通常是信用证结算货币清算中心的联行或代理行，主要是为了头寸调拨的便利。正常情况下，偿付行的费用由开证行承担。如果偿付行未能在根据信用证条款首次索偿时即行偿付，则开证行应对索偿行利息损失以及由此产生的费用负责，并且开证行不能解除其自身的偿付责任。

微课：信用证的业务流程（1）

（四）跟单信用证的业务流程（以议付信用证为例）（见图4-1）

跟单信用证的业务流程如下所示：①进出口双方签订贸易合同，并在合同中约定采用跟单信用证结算方式。②开证申请人（进口商）按照合同规定填写开证申请书，向其所在地银行办理开证申请手续，还要缴纳保证金或提供其他担保。③开证行开立信用证并通过其在受益人（出口商）所在地的分行或代理行将信用证通知给受益人。④通知行核对信用证上印鉴或密押无误后将信用证通知受益人。⑤受益人根据贸易合同审证无误后备货装运并制作单据。⑥受益人将信用证要求的单据提交议付行。⑦议付行审核单据无误后付款给受益人。⑧议付行将汇票和单据寄给开证行或其指定的银行索偿。⑨开证行审核单据无误后偿付给议付行。如果信用证另有偿付行，开证行不办理偿付而只接受单据。⑩开证行通知开证申请人付款。⑪开证申请人向开

微课：信用证的业务流程（2）

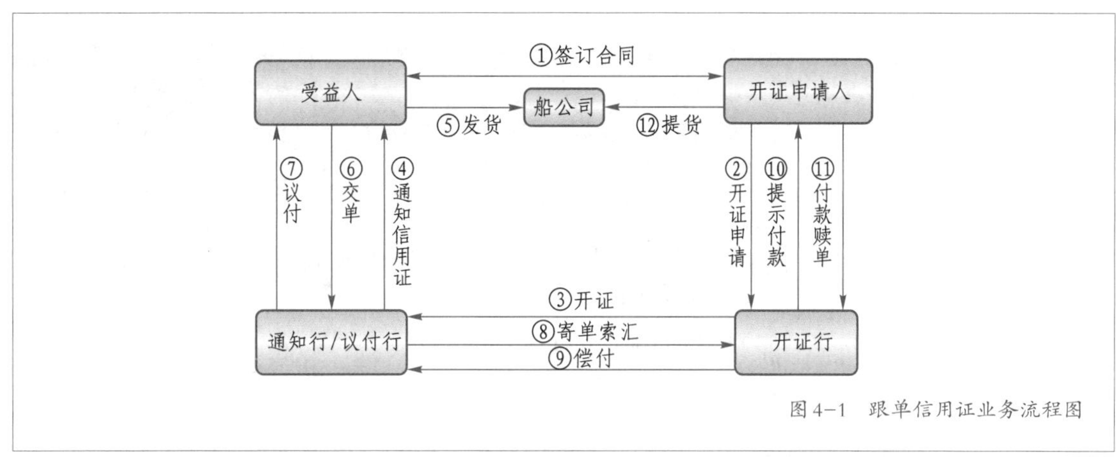

图 4-1 跟单信用证业务流程图

证行付款赎取单据。⑫开证申请人凭提单等运输单据向承运人提货。

二、信用证的内容

以SWIFT开立的信用证为例，信用证内容一般由一份MT700报文组成（见表4-4）。如果信用证内容超过MT700报文容量时，则由一份MT700报文和1~7份MT701报文（见表4-5）组成。

表 4-4 MT700报文内容

M/O	Tag 项目编号	Field Name 项目名称	Content/Options 内容
M	27	Sequence of Total 报文页次	1!n/1!n
M	40A	Form of Documentary Credit 跟单信用证类别	24× 24个×字符
M	20	Documentary Credit Number 跟单信用证号码	16× 16个×字符
O	23	Reference to Pre-Advice 预先通知编号	16× 16个×字符
M	31C	Date of Issue 开证日期	6!n
M	40E	Applicable Rules 适用的惯例	30× 30个×字符
M	31D	Date and Place of Expiry 到期日及到期地点	6!n29× 6个数字29个×字符
O	51a	Applicant Bank 开证申请人的银行	A or D A或D
M	50	Applicant 开证申请人	4*35× 4行×35个×字符
M	59	Beneficiary 受益人	4*35× 4行×35个×字符

续表

M/O	Tag 项目编号	Field Name 项目名称	Content/Options 内容
M	32B	Currency Code，Amount 币别代码、金额	3a15n　3个字母15个数字
O	39A	Percentage Credit Amount Tolerance 信用证金额允许浮动的范围	2n/2n　2个数字/2个数字
O	39C	Additional Amounts Covered 可附加金额	4*35×　4行×35个×字符
M	41a	Available With...By... 兑用方式和指定银行	A or D　A或D
O	42C	Drafts at...　汇票付款期限	3*35×　3行×35个×字符
O	42a	Drawee　汇票付款人	A or D　A或D
O	42M	Mixed Payment Details 混合付款详情	4*35×　4行×35个×字符
O	42P	Deferred Payment Details 议付/延期付款详情	4*35×　4行×35个×字符
O	43P	Partial Shipments　分批装运	11×　11个×字符
O	43T	Transhipment　转运	11×　11个×字符
O	44A	Place of Taking in Charge/ Place of Receipt 接管地/接收地	65×　65个×字符
O	44E	Port of Loading/Airport of Departure 装运港/起飞空港	65×　65个×字符
O	44F	Port of Discharge/Airport of Destination 卸货港/目的地空港	65×　65个×字符
O	44B	Place of Final Destination/of Delivery 最终目的地/交货地	65×　65个×字符
O	44C	Latest Date of Shipment 最迟装运日期	6!n
O	44D	Shipment Period　装运期	6*65×　6行×65个×字符
O	45A	Description of Goods and/or Services 货物和/或各种服务描述	100*65× 100行×65个×字符
O	46A	Documents Required 应提交的单据	100*65×　100行×65个×字符

续表

M/O	Tag 项目编号	Field Name 项目名称	Content/Options 内容	
O	47A	Additional Conditions 附加条件	100*65×	100 行 ×65 个 ×字符
O	49G	Special Payment Conditions for Beneficiary 对受益人的付款安排指示	100×65×	100 行 ×65 个 ×字符
O	49H	Special Payment Conditions for Bank Only 对收报行的付款安排指示	100×65×	100 行 ×65 个 ×字符
O	71D	Charges 费用负担	6*35×	6行×35个×字符
O	48	Period for Presentation in Days 交单期	3n	3 个数字
M	49	Confirmation Instructions 保兑指示	7×	7 个 × 字符
O	58a	Requested Confirmation Party 保兑行	A or D	A 或 D
O	53a	Reimbursement Bank 偿付行	A or D	A 或 D
O	78	Instructions to the Paying/ Accepting / Negotiating Bank 对付款/承兑/议付行之指示	12*65×	12 行 ×65 个 ×字符
O	57a	"Advise Through" Bank 通知行	A，B or D	A，B 或 D
O	72Z	Sender to Receiver Information 附言	6*35×	6行×35个×字符

说明：M/O 为 Mandatory 与 Optional 的缩写，前者是指必选项目，后者是指可选项目。

表 4–5　MT 701 报文内容

M/O	Tag 项目编号	Field Name 项目名称	Content/Options 内容	
M	27	Sequence of Total 报文页次	1!n/1!n	
M	20	Documentary Credit Number 跟单信用证号码	16×	16 个 × 字符
O	45A	Description of Goods and/or Service 货物和/或各种服务描述	100*65×	100行×65个×字符
O	46A	Documents Required 单据要求	100*65×	100行×65个×字符

续表

M/O	Tag 项目编号	Field Name 项目名称	Content/Options 内容
O	47A	Additions Conditional 附加条件	100*65× 100行×65个×字符
O	49G	Special Payment Conditions for Beneficiary 对受益人的付款安排指示	100×65× 100行×65个×字符
O	49H	Special Payment Conditions for Bank Only 对收报行的付款安排指示	100×65× 100行×65个×字符

三、信用证的种类

（一）按兑用方式分类

根据信用证兑用方式的不同可以分为即期付款信用证、延期付款信用证、承兑信用证和议付信用证。

1. 即期付款信用证

即期付款信用证（L/C by Sight Payment）是指开证行或被指定银行收到相符交单后即期付款的信用证。此类信用证可以要求受益人开立汇票，也可以不要求受益人开立汇票。如果要求受益人开立汇票，由开证行即期付款的信用证，汇票的付款人应是开证行；由被指定银行即期付款的信用证，汇票的付款人应是被指定银行。在实践中，即期付款信用证通常不要求受益人出具汇票。

2. 延期付款信用证

延期付款信用证（L/C by Deferred Payment）是指开证行或被指定银行在收到相符单据若干天后再付款的信用证。延期付款信用证的付款期限一般是海运提单日或交单日后一段期间（At ××× days after B/L date or the date of presentation）。延期付款信用证不要求受益人开立汇票。

3. 承兑信用证

承兑信用证（L/C by Acceptance）是指开证行或被指定银行对受益人递交的远期汇票进行承兑并在到期后付款的信用证。承兑信用证要求受益人开立远期汇票。开证行或被指定银行对受益人开立的汇票一经承兑，信用证项下的不可撤销的付款责任就上升到票据上的无条件付款责任。承兑后的汇票可以退回出票人，但大部分由承兑行保管并向受益人发出承兑通知书。受益人也可以要求承兑行将承兑汇票寄回，以便进行票据贴现，或采用福费廷方式无追索权的卖出汇票，取得扣除利息后的净额。

微课：可转让信用证

4. 议付信用证

议付信用证（L/C by Negotiation）是指开证行指定一家银行或任何银行购

买该信用证项下的汇票或单据的信用证。该指定的银行称为议付行。按照是否指定议付行分为限制议付信用证和自由议付信用证。此类信用证可以要求受益人开立汇票，也可以不要求受益人开立汇票，仅凭单据议付。

另外，在实践中，还有一种同时使用两种或两种以上付款方式的信用证，即混合付款信用证（L/C by Mixed Payment），如信用证部分金额采用即期付款，部分金额采用延期付款。

（二）按是否可转让分类

根据信用证是否可以转让分为可转让信用证和不可转让信用证。

1. 可转让信用证

可转让信用证（Transferable L/C）是指开证行授权有关银行在受益人（即第一受益人）的要求下，将信用证的全部或部分金额转让给其他受益人（即第二受益人）使用的信用证。UCP600规定，只要信用证允许分批支款或分批装运，信用证可以分为若干部分转让给一个或以上的第二受益人。可转让信用证只限转让一次，第二受益人不得再行转让。但是，如果第二受益人将信用证转让回第一受益人，不视为多次转让，是允许的。可转让信用证主要用于中间商贸易，以避免买方与实际供货商直接订约成交，影响中间商赚取差价。可转让信用证必须准确转载原证的条款及条件，包括保兑（如有），但下列项目除外：信用证金额、规定的任何单价、到期日、单据提示期限、最迟装运日期或特定的装运期限，以上任何一项或全部项目均可减少或缩短。第一受益人有权以自己的发票和汇票（如有）替换第二受益人的发票和汇票（如有），只要其金额不超过原信用证金额。在单据替换时，第一受益人可在原信用证项下支取自己的发票与第二受益人发票之间产生的差额。

2. 不可转让信用证

不可转让信用证（Non-transferable L/C）是指受益人无权转让给其他人使用的信用证。如果信用证未注明“可转让”，则均为不可转让信用证。

（三）其他形式信用证

1. 背对背信用证

背对背信用证（Back to Back L/C）是指受益人要求原证的通知行或其他银行以原证为基础，开立的一张以本地或第三国的实际供货商为受益人的新证。新证开立后，原证仍有效，由新证开证行代原受益人（中间商）保管。新证的开证行对其受益人（实际供货商）付款后，便立即要求原证受益人（中间商）提供符合原证条款的商业发票和汇票，以便同新证受益人提供的商业发票和汇票进行调换，然后附上货运单据寄原证的开证行收汇。原信用证和背对背信用证（新证）是两个完整的、独立的信用证，两家开证行独立承担其付款承诺。背对背信用证通常是由于中间商为转售他人货物赚取差价或在两国不能直接进行交易，需通过第三人而开立的。

2. 循环信用证

循环信用证（Revolving L/C）是指信用证的部分或全部金额被使用后可以恢复到原金额再被使用的信用证。为了便于向同一供货商持续、重复采购，并节省开证手续费和保证金，进口商可以申请开立循环信用证。循环信用证通常以时间或金额为循环基础。其循环的方式主要有三种：①自动循环。每期信用证金额用完后不必等开证行通知即可自动恢复至原金额继续使用。②半自动循环。每次议付后在某一特定时间内开证行未送达停止循环使用的通知，则在下次时期开始起信用证金额自动恢复至原金额继续使用。③非自动循环。每期金额用完必须在收到开证行通知后，信用证才能恢复至原金额继续使用。

3. 预支信用证

预支信用证（Anticipatory L/C）又称红条款信用证（Red clause L/C），是指开证行根据信用证上加列的预支条款授权出口地银行（一般为通知行或保兑行）在交单前向受益人预付全部或部分信用证金额的信用证。银行预支后会要求受益人将信用证正本交出，以确保受益人向该行交单。若受益人不履行装运或交单义务，垫款的被指定银行可向开证行要求付款，开证行保证偿还其垫款并立即向申请人追索款项。预支信用证实际上是进口商利用开证行信用向出口商提供的资金融通。

4. 对开信用证

对开信用证（Reciprocal L/C）是指两张信用证的开证申请人互以对方为受益人开立的信用证。两证的受益人和开证申请人互换，两证的开证行和通知行互换，两证的金额可相等也可不等，两证可同时生效也可先后生效。对开信用证适用于易货贸易、来料加工、来件装配和补偿贸易。

四、申请开立信用证

（一）信用证的开证形式

开证有信开和电开两种基本形式。信开是指开证行用信函格式开立信用证并以航邮方式送达通知行或受益人。如今，信开信用证已不多见。电开是指开证行用电信方式（加押电报、电传或SWIFT报文）开立和通知信用证。电开又可分为全电开和简电开。

1. 全电开

全电开（Full Cable）是指以电文形式开立内容完备有效的信用证，通常采用MT700/MT701的SWIFT报文。UCP600规定此类信用证无须再加证实。

如果开证行随后还要邮寄证实书，那么该证实书可视为无效，以免在制单环节无所依循。

2. 简电开

简电开（Brief Cable）是指将信用证金额、有效期、装运期等主要内容以电信方式传递给通知行或受益人，通常采用MT705的SWIFT报文开立。由于内容不完整，在简电开信用证中往往会注明“随寄证实书”（Mail Confirmation to Follow）。因此，简电开信用证也被称为“预通知信用证”（pre-advice L/C）。“简电”和“预通知”都不是有效的信用证。受益人要注意在未收到证实书之前，谨慎出货，万一证实书内容与简电开信用证有出入，可能导致无法正常收款。UCP600规定，只有准备开立有效信用证的开证行，才可以发送预先通知。发出预先通知的开证行应不得撤销地保证不延误地开出有效的信用证，且该信用证条款不能与预先通知相矛盾。

（二）开证行对开证申请书的审核

开证申请书不仅是开证行对外开证的依据，而且是开证行与申请人之间的契约性文件。开证行对开证申请书内容的审核要点包括：

（1）开证申请人的签章。

（2）受益人的名称和详细地址。

（3）信用证的种类：即期付款、延期付款、承兑或议付信用证。

（4）指示信用证的开立方式。

（5）要求受益人所提交单据的种类、份数、出单人。

（6）货物名称及其描述。

（7）起运地和目的地。

（8）货物的分批、转运条款。

（9）信用证的有效期和交单地点。

（10）对银行偿付方式的要求。

（11）对受益人的要求。

（12）特殊条款，如银行的费用由谁负担、交单期限等。

通常情况下，开证行还要对开证申请人的经营状况、商业信誉、保证金及付款计划，以及该笔业务的贸易背景等方面进行审核。

五、申请修改信用证

（一）改证

1. 改证的常见情形

（1）开证错误。因信用证条款与外贸合同条款不一致或存在“软条款”等开证错误，要求修改信用证。

（2）受益人要求展期。受益人由于货源不足、生产事故、运输脱节、社会动乱、开证申请人未能在合同规定期限内把信用证开到等原因无法如期装运，要求展期，展期涉及装运期和信用证到期日。

（3）开证申请人要求增加商品数量和金额。如果信用证项下的商品在开证申请人所在国很畅销，为了能够获得更多的货源，开证申请人与受益人协商后，就可向开证行提出增加商品数量和金额的改证申请。

2. 改证的业务流程（见图4–2）

①受益人给开证申请人发改证函，协商改证事宜。②协商一致后，开证申请人填写改证申请书，向开证行提出改证申请。③开证行同意后，向信用证的原通知行发信用证修改书MT707。④原通知行给受益人信用证修改通知书和信用证修改书，进行信用证修改通知。

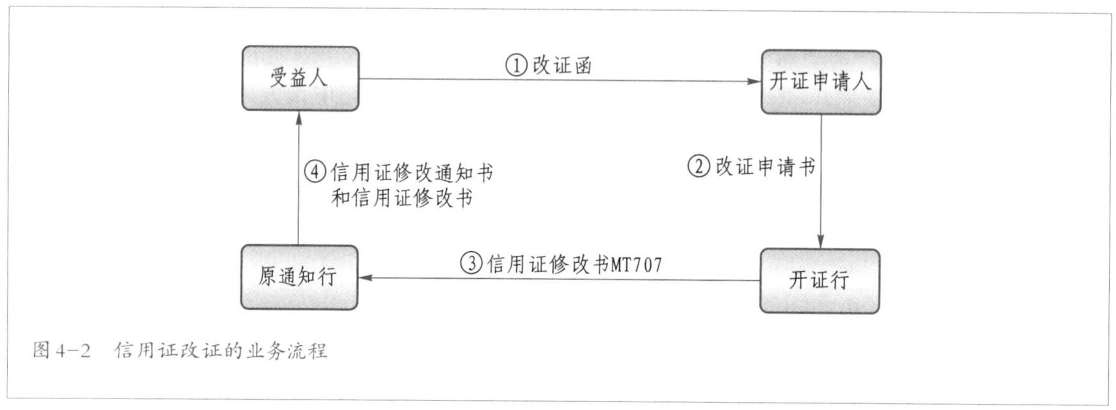

图4–2　信用证改证的业务流程

3. 改证操作与UCP600

（1）改证通知与UCP600。UCP600第9条b款规定，通知行通知信用证或其修改的行为表示其已确认信用证或修改的表面真实性，而且其通知准确地反映了其收到的信用证或修改的条款及条件。UCP600第9条c款规定，通知行可以通过另一银行（“第二通知行”）向受益人通知信用证及修改。第二通知行通知信用证或修改的行为表明其已确信收到的通知的表面真实性，并且其通知准确地反映了收到的信用证或修改的条款。UCP600第9条d款规定，经由通知行或第二通知行通知信用证的银行必须经由同一银行的服务通知修改书。UCP600第9条e款规定，如一银行被要求通知信用证或修改但其决定不予修改，则应毫不延误地告知自其处收到信用证、修改或通知的银行。UCP600第9条f款规定，如一银行被要求通知信用证或修改但其不能确信信用证、修改或通知的表面真实性，则应毫不延误地通知看似从其处收到指示的银行。如果通知行或第二通知行决定仍然通知信用证或修改，则应告知受益人或第二通知行其不能确信信用证、修改或通知的表面真实性。

（2）开证行、保兑行改证责任与UCP600。UCP600第10条b款规定，开证行发出信用证修改书之时起，即不可撤销地受其约束。保兑行可将其保兑扩展至修改，并自通知该修改之时起，即不可撤销地受其约束。但是，保兑行可以选择将修改通知受益人而不对其加具保兑，但必须毫不延误地将此告知开证行，并在其给受益人的通知中告知受益人。

（3）改证生效与UCP600。UCP600第10条a款规定，除第38条另有规定者外，未经开证行、保兑行（如有的话）及受益人同意，信用证既不得修改，也不得撤销。UCP600第10条c款规定，在受益人告知通知修改的银行其接受该修改之前，原信用证（或含有先前被接受的修改的信用证）的条款对受益人仍然有效。受益人应提供接受或拒绝修改的通知。如果受益人未能给予通知，当交单与信用证以及尚未表示接受的修改的要求一致时，即视为受益人已做出接受修改的通知，并且从此时起，该信用证被修改。UCP600第10条e款规定，对同一修改的内容不允许部分接受，部分接受将被视为拒绝修改的通知。UCP600第10条f款规定，修改中关于“除非受益人在某一时间内拒绝修改，否则修改生效”的规定应不予理会。

（二）MT707报文

MT707是“跟单信用证修改”报文，其具体内容见表4-6。

表4-6　MT707信用证修改书（Amendment to a Documentary Credit）

M/O	Tag 项目编号	Field Name 项目名称	Content/Options 内容
M	27	Sequence of Total 报文页次	1!n/1!n 1个数字/1个数字
M	20	Sender's Reference 发报行业务编号	16x 16个x字符
M	21	Receiver's Reference 收报行业务编号	16x 16个x字符
M	23	Issuing Bank's Reference 开证行业务编号	16x 16个x字符
O	52a	Issuing Bank 开证行	A or D A或D
O	50B	Non-Bank Issuer 非银行机构信息	4*35x 4行x35个x字符
M	31C	Date of Issue 开证日期	6!n 6个数字

续表

M/O	Tag 项目编号	Field Name 项目名称	Content/Options 内容
M	26E	Number of Amendment 修改次数	3n 3个数字
M	30	Date of Amendment 修改日期	6!n 6个数字
M	22A	Purpose of Message 报文目的	4!c 4个字母和数字
O	23S	Cancellation Request 要求信用证撤销	6!a 6个字母
O	40A	Form of Documentary Credit 跟单信用证类别	24x 24个x字符
O	40E	Applicable Rules 适用的规则	30x 30个x字符
O	31D	Date and Place of Expiry 到期日及到期地点	6!n29x 6个数字29个x字符
O	50	Changed Applicant Details 申请人信息变更	4*35x 4行x35个x字符
O	59	Beneficiary 受益人	4*35x 4行x35个x字符
O	32B	Increase of Documentary Credit Amount 跟单信用证金额的增加	3!a15d 3个字母15个数字
O	33B	Decrease of Documentary Credit Amount 跟单信用证金额的减少	3!a15d 3个字母15个数字
O	39A	Percentage Credit Amount Tolerance 信用证金额允许浮动的范围	2n/2n 2个数字/2个数字
O	39C	Additional Amounts Covered 附加金额	4*35x 4行x35个x字符
O	41a	Available With…By… 兑用方式和指定银行	A or D A或D
O	42C	Drafts at… 汇票付款期限	3*35x 3行x35个x字符
O	42a	Drawee 汇票付款人	A or D A或D
O	42M	Mixed Payment Details 混合付款详情	4*35x 4行x35个x字符

续表

M/O	Tag 项目编号	Field Name 项目名称	Content/Options 内容
O	42P	Negotiation/Deferred Payment Details 议付/延期付款详情	4*35x 4行x35个x字符
O	43P	Partial Shipments 分批装运	11x 11个x字符
O	43T	Transhipment 转运	11x 11个x字符
O	44A	Place of Taking in Charge/Dispatch from…/Place of Receipt 接管地/接收地	65x 65个x字符
O	44E	Port of Loading/Airport of Departure 装运港/起飞空港	65x 65个x字符
O	44F	Port of Discharge/Airport of Destination 卸货港/目的空港	65x 65个x字符
O	44B	Place of Final Destination/For Transportation to…/Place of Delivery 最终目的地/交货地	65x 65个x字符
O	44C	Latest Date of Shipment 最迟装运日期	6!n 6个数字
O	44D	Shipment Period 装运期	6*65x 6行x65个x字符
O	45B	Description of Goods and/or Services 货物和/或各种服务描述	100*65z 100行x65个z字符
O	46B	Documents Required 应提交的单据	100*65z 100行x65个z字符
O	47B	Additional Conditions 附加条件	100*65z 100行x65个z字符
O	49M	Special Payment Conditions for Beneficiary 对受益人的付款安排指示	100*65z 100行x65个z字符
O	49N	Special Payment Conditions for Bank Only 对收报行的付款安排指示	100*65z 100行x65个z字符
O	71D	Charges 费用负担	6*35z 6行x35个z字符

续表

M/O	Tag 项目编号	Field Name 项目名称	Content/Options 内容
O	71N	Amendment Charge Payable By 修改费用承担方	6*35z 6行x35个z字符
O	48	Period for Presentation in Days 交单期	3n 3个数字
O	49	Confirmation Instructions 保兑指示	7!x 7个x字符
O	58a	Requested Confirmation Party 保兑行	A or D A或D
O	53a	Reimbursing Bank 偿付行	A or D A或D
O	78	Instructions to the Paying/Accepting/Negotiating Bank 对付款行/承兑行/议付行的指示	12*65x 12行x65个x字符
O	57a	'Advise Through' Bank 通知行	A,B, or D A，B或D
O	72Z	Sender to Receiver Information 附言	6* 35z 6行x35个z字符

国际结算与中国经济

全球首张离岸人民币跨国区块链信用证开出

在新型冠状病毒疫情的影响下，传统贸易金融中对纸质文件的高度依赖，正在成为交易的一大“痛点”。但值得注意的是，基于区块链技术的数字化方案为缓解以上问题提供了可能。

2020年5月，全球首张以离岸人民币计价结算的跨国区块链信用证由渣打银行通过康拓（Contour）平台开出，用以支持中国最大的钢铁集团——中国宝武钢铁集团有限公司从澳大利亚进口铁矿石的交易。这也是铁矿石业内首笔“全程无纸化”的人民币交易，体现了市场对人民币国际化的认可。

本次交易中，中国宝武、铁矿石出口商、渣打银行及其他交易相关方在线上完成了买卖合约签署、信用证开立、议付和交单的全部流程。数字化的信用证和交易文件在一定程度上简化了交易流程，缩短了处理时间。此外，由于整笔交易无须任何纸质文件，因此不会受到国际快递服务因疫情而延误的影响。

习题测验

一、单项选择题

1. 以下不属于信用证特点的是（　　）。

A. 信用证是由开证行承担第一性付款责任的书面文件

B. 信用证是开证行对受益人作出的不可撤销的无条件付款的承诺

C. 开证行履行付款责任是有限度和条件的

D. 信用证是一种自足的文件

2. 在使用保兑的信用证时，若无其他规定，则下列做法中正确的是（　　）。

A. 受益人必须先向开证行交单要求付款，在其不能履行付款义务时，转向保兑行索偿

B. 受益人应先向保兑行交单要求付款，若其拒付，可转向开证行索偿

C. 受益人可随意选择向保兑行或开证行交单要求付款或议付

D. 若开证行不能履行付款责任，保兑行可以免责

3. 目前国际上最常用的信用证开证形式是（　　）。

A. 信开本　　B. 简电本

C. 全电本　　D. 预通知

4. 根据UCP600，信用证的第一付款人是（　　）

A. 进口商　　B. 通知行

C. 开证行　　D. 议付行

5. 可转让信用证允许转让（　　）。

A. 一次　　B. 二次

C. 多次　　D. 三次

6. 下列关于信用证有效期的说法错误的是（　　）。

A. 必须在申请开证日期之后

B. 一般在最迟装运日之前

C. 必须规定信用证的有效期

D. 有效期越长对受益人越有利

7. 使用假远期信用证，实际上是套用（　　）资金。

A. 出口商　　B. 进口商

C. 议付行　　D. 付款行

8. 采用（　　）支付方式时受益人一般不出具汇票。

A. 延期付款信用证　　B. 即期付款信用证

C. 议付信用证　　　　　　　　　D. 承兑信用证

9. 如果信用证的汇票条款注明：Drawn on us，则汇票的付款人应是(　　)。

A. 开证行　　　　　　　　　　　B. 开证申请人

C. 通知行　　　　　　　　　　　D. 议付行

10. 下列说法中错误的是(　　)。

A. 对同一信用证修改书的内容，必须全部接受，部分接受无效

B. 在受益人告知通知行其接受修改前，原信用证对受益人仍有效

C. 不能接受信用证的到期地点在开证人所在地的信用证

D. 信用证下汇票的付款人是开证行，否则汇票将被视作附属单据

二、多项选择题

1. 按惯例，若信用证(　　)。

A. 未规定是否保兑，即为保兑信用证

B. 未规定可否转让，即为可转让信用证

C. 未规定可否转让，即为不可转让信用证

D. 未规定可否撤销，即为不可撤销信用证

2. 在信用证业务的有关当事人之间，一定存在契约关系的有(　　)。

A. 开证申请人与开证行　　　　　B. 开证申请人与受益人

C. 开证行与受益人　　　　　　　D. 开证申请人与通知行

3. 以下当事银行中，(　　)对信用证付款之后不再享有追索权。

A. 议付行　　B. 开证行　　C. 保兑行　　D. 付款行

4. 不可撤销信用证开出后，买卖双方因故要求修改，则必须符合(　　)条件才可进行。

A. 要在信用证有效期内　　　　　B. 买卖双方要一致同意

C. 经原开证行同意　　　　　　　D. 缴纳有关手续费

5. 下面关于改证申请书说法正确的有(　　)。

A. 改证申请书是开证申请人在修改信用证条款时向开证行提交的书面文件

B. 申请书中内容需写明信用证受益人、金额、编号等

C. 申请书需详细列出要修改的内容和修改书应以什么方式作出

D. 修改的费用一般按次数收取，另加电报费或邮费

三、判断题

1. 延期付款信用证下，指定银行审单无误后收进单据，在受益人开具的

远期汇票上作出承兑，待汇票到期再行付款。（　　）

2. 即期付款信用证可以不要求汇票。（　　）

3. 所有信用证均须规定一个付款、承兑和议付的交单地点，但自由议付信用证除外。（　　）

4. 在背对背信用证中，原通知行成为新证的开证行，承担付款责任。原信用证的开证行亦对新证承担付款责任。（　　）

5. UCP600规定，经由通知行或第二通知行通知信用证的银行，必须经由同一银行通知其后的任何修改。（　　）

6. 可转让信用证只能按原证规定条款转让，因此，有关信用证金额、商品单价、到期交单日及最迟装运日期等项均不可改变。（　　）

7. 自受益人收到信用证修改之日起，开证行就受其所发出修改的约束。（　　）

8. 按照惯例，对于分批装运合同，如果任何一批未按期装运，那么信用证中该批和以后各批均告失效。（　　）

9. 信用证中的“Confirmation Instructions：Without”表示该信用证不保兑。（　　）

10. 对于修改要求受益人未作出反馈的情况，当其提交给指定银行或开证行的单据与尚未表示接受的修改的要求一致时，则受益人被视为接受该修改的通知。（　　）

能力实训

【能力实训4–1】 申请开立延期付款信用证业务操作

2021年5月1日，浙江新大集团有限公司与韩国PAR POLYMER CO., LTD就进口一批低密度聚乙烯（LDPE），签订如下进口合同。

SALES CONTRACT

Contract No.: PAE1792

Signing Date: May1, 2021

The Buyer: ZHEJIANG SHINDAI GROUP CO., LTD.

Address: 1888 JIANGHUI ROAD, HANGZHOU, CHINA

The Seller: PAR POLYMER CO., LTD.

Address: RM526, 241, DIGITAL-RO, GURO-GU, SEOUL, KOREA

This Contract is made by and between the Buyer and Seller, whereby the Buyer agrees to buy and the Seller agrees to sell the under-mentioned commodity according to the terms and

续表

conditions stipulated below:

1. Commodity, Specifications and Packing	2. Quantity	3. Unit Price	4. Total Amount
LDPE PG 7008 PACKING: 25KG/BAG	198 M/T	CIF SHANGHAI, CHINA as per INCOTERMS® 2020	
		US$2 200.00/MT	US$435 600.00
	Packing: By manufacturer's standard packing. Remarks: 1. Total quantity and value 5% more or less are acceptable. 2. Tolerance of weight is 5% more or less. 3. The final shipment quantity is based on invoice quantity.		

TOTAL VALUE: U.S.DOLLARS FOUR HUNDRED AND THIRTY-FIVE THOUSAND SIX HUNDRED ONLY.

5. Time of Shipment: Before Jun. 30, 2021

6. Port of Shipment: Inchon, Seoul

7. Port of Destination: Shanghai, China

8. Partial Shipment: Allowed

9. Transshipment: Allowed

10. Payment: 100% contract value payable against irrevocable deferred payment L/C at 60 days after B/L date to be advised through:

WOORI BANK SEOUL, KOREA

SWIFT CODE: HVBKKRSE

11. Insurance: To be covered by the Seller for 110% of invoice value covering All Risks in favor of the Buyer.

12. Documents:

a. Signed Commercial Invoice in triplicate indicates the L/C No. and contract No.

b. Packing List in triplicate indicates quantity, gross and net weight of each package.

c. Full set of clean on board ocean bill of lading made out to order marked freight prepaid and notify the buyer.

d. Insurance Policy/Certificate in full set for 110% of the invoice value showing claims payable in China in the same currency of the invoice, blank endorsed, covering All Risks.

e. Certificate of Quality in two originals issued by the Seller.

13. Other Terms: (omitted)

This contract is made in two originals, one original for each party in witness thereof.

THE SELLER:	**THE BUYER:**
PAR POLYMER CO., LTD.	浙 江 新 大 集 团 有 限 公 司
Kate White	ZHEJIANG SHINDAI GROUP CO., LTD
	金 杨

实训任务　填写开证申请书并办理申请开证手续

2021年5月3日，浙江新大集团有限公司外贸业务员陆芳需根据以上进口合同的要求填写以下开证申请书，并向其账户行中国农业银行浙江省分行国际业务部办理申请开证手续。本业务要求采用SWIFT电报方式开证，交单期为装运日期后15天内。中国农业银行浙江省分行给予浙江新大集团有限公司的开证授信额度为100万美元。

开立不可撤销跟单信用证申请书

IRREVOCABLE DOCUMENTARY CREDIT APPLICATION

To: AGRICULTURAL BANK OF CHINA ZHEJIANG BRANCH　　　　Date:

<table>
<tr><td colspan="2" rowspan="2">( )Issue by mail
( )With brief advice by teletransmission
( )Issue by teletransmission</td><td>Credit No.</td></tr>
<tr><td>Date and place of expiry</td></tr>
<tr><td colspan="2">Applicant</td><td>Beneficiary</td></tr>
<tr><td colspan="2" rowspan="2">Advising Bank</td><td>Amount:</td></tr>
<tr><td>Say:</td></tr>
<tr><td>Partial shipments
( ) allowed
( ) not allowed</td><td>Transhipment
( ) allowed
( ) not allowed</td><td rowspan="3">Credit available with ________
By ( ) sight payment ( ) acceptance ( ) negotiation ( ) deferred payment at against the documents detailed herein ( ) and beneficiary's draft(s) for ____% of invoice value at sight drawn on______</td></tr>
<tr><td colspan="2">Loading on board:
Not later than:
For transportation to:</td></tr>
<tr><td colspan="2">( ) FOB ( ) CFR ( ) CIF ( ) other terms</td></tr>
<tr><td colspan="3">Documents required: (marked with ×)
1. ( ) Signed commercial invoice in ________ copies indicating L/C No. and Contract No. ________.
2. ( ) Full sets of clean on board Bill of Lading made out to order and blank endorsed, marked "freight [ ] to collect / [ ] prepaid" notifying ________.
( ) Airway bills/cargo receipt/copy of railway bills issued by ________ showing "freight [ ] to collect/[ ] prepaid" [ ] indicating freight amount and consigned to ________.
3. ( ) Insurance Policy/Certificate in _____ for _____ of the invoice value blank endorsed, covering ________.</td></tr>
</table>

续表

4. ( ) Packing List/Weight Memo in ________ copies indicating quantity, gross and net weights of each package. 5. ( ) Certificate of Quantity and/or Quality in ______ copies issued by ________. 6. ( ) Certificate of Origin in ______ copies issued by _____. 7. ( ) Beneficiary's certified copy of fax send to the applicant within days after shipment advising L/C No., name of vessel, date of shipment, name, quantity, weight and value of goods. ( ) Other documents, if any
Description of goods:
Additional instructions: 1. ( ) All banking charges outside the opening bank are for beneficiary's account. 2. ( ) Documents must be presented within _____ days after date of shipment but within the validity of this credit. ( ) Other terms, if any

STAMP OF APPLICANT:

中国农业银行浙江省分行国际业务部对浙江新大集团有限公司提交的相关材料进行审核后很快批准了开证申请。5月7日，中国农业银行浙江省分行国际业务部经办人郑晨根据开证申请书填制信用证MT700报文各项内容，审核无误后通过SWIFT发送给通知行。

【能力实训4-2】 开证有误情形下的申请改证操作

2021年4月18日，南京尚品贸易有限公司与美国MORONA FOOTWARE INC.就出口雪地靴，签订如下合同。

SALES CONTRACT NO.: MF152 DATE: Apr. 18, 2021 **THE SELLER:** NANJING SHOPIN TRADING CO., LTD. Add.: No. 188 Zhongshan Road, Nanjing, China **THE BUYER:** MORONA FOOTWARE INC. Add.: 120, Delancey Street, New York, 10002, U.S.A. This Contract is made by and between the Buyer and Seller, whereby the Buyer agrees to buy and the Seller agrees to sell the under-mentioned commodity according to the terms and conditions stipulated below:

续表

Commodity & specification	Quantity	Unit price	Amount
Pac Boots As per Order No.60	5 000 pairs	CFR New York, U.S.A. as per INCOTERMS® 2020 USD18.50/pair	USD92 500.00
TOTAL CONTRACT VALUE: SAY U.S. DOLLARS NINETY-TWO THOUSAND FIVE HUNDRED ONLY.			

PACKING: 5 pairs/carton

PORT OF LOADING AND DESTINATION: From Nanjing, China to New York, U.S.A.

TIME OF SHIPMENT: Shipped in Jul. 2021

INSURANCE: Covered by the buyer.

TERMS OF PAYMENT: 30% of contract value paid by T/T within 15 days after the contract date; The remaining paid by Letter of Credit at sight.

DOCUMENTS:

+ Signed Invoice in quadruplicate.
+ Packing List in quadruplicate.
+ Full sets of clean on board ocean Bill of Lading marked "freight prepaid" made out to order of issuing bank blank endorsed notifying the applicant.
+ Certificate of Chinese Origin certified by Chamber of Commerce or CCPIT.
+ Shipping advice showing the name of the carrying vessel, date of shipment, marks, quantity, net weight and gross weight of the shipment to applicant within 1 day after the date of Bill of Lading.

OTHER CLAUSE:

(1) Transshipment is not allowed.

(2) 1 set shipping sample will be sent to the buyer before shipment.

In witness thereof, this S/C is signed by both parties in two original copies, each party holds one copy.

Signed by:

THE SELLER:	**THE BUYER:**
南 京 尚 品 贸 易 有 限 公 司	MORONA FOOTWARE INC.
NANJING SHOPIN TRADING CO., LTD.	*Alex White*
邵尚品	

4月26日，南京尚品贸易有限公司收到美国MORONA FOOTWARE INC.电汇过来的27 750美元预付款。4月28日，南京尚品贸易有限公司外贸业务员周宇收到了中国银行江苏省分行国际业务部的信用证通知书和信用证（L/C

No. LC70352105320）后，根据双方签订的雪地靴出口合同，审核该信用证，找出如下问题条款并向美国MORONA FOOTWARE INC.提出修改意见。

1. 42C栏位中，汇票付款时间“AT 30 DAYS AFTER SIGHT”错误，应该改为“AT SIGHT”； 2. 44D栏位中，装运时间“JUN. 2021”错误，准确的应该是“JUL. 2021”； 3. 46A栏位的提单条款中“FREIGHT COLLECT”错误，应该为“FREIGHT PREPAID”。

2021年4月29日，美国MORONA FOOTWARE INC.同意了南京尚品贸易有限公司的改证意见，请填制如下信用证修改申请书，向开证行中国银行纽约分行办理改证申请。

信用证修改申请书

APPLICATION FOR AMENDMENT	
To:	Amendment to Our Documentary Credit No.
Date of Amendment:	No. of Amendment:
Applicant	Advising Bank
Beneficiary (before this amendment)	Amount: SAY:
The above mentioned credit is amended as follows: ( ) The latest shipment date extended to ________ ( ) Expiry date extended to ________ ( ) Amount increased by ________ to ________ ( ) Other terms: ( ) Banking charges: The amendment fee is borne by the applicant. All other terms and conditions remain unchanged. Authorized Signature(s):	
This Amendment is Subject to Uniform Customs and Practice for Documentary Credits (2007 Revision) International Chamber of Commerce Publication No.600.	

项目五　信用证业务（二）：审证

【学习目标】

能力目标：

- 能根据外贸合同审核信用证，找出问题条款；
- 能根据审证结果提出修改意见。

知识目标：

- 掌握审证依据和步骤；
- 掌握审证要点；
- 熟悉审单要点和单据的常见不符点；
- 熟悉不符点单据的处理方法；
- 熟悉MT700和MT707报文的内容；
- 熟悉UCP600、ISBP745的主要条款。

素养目标：

- 践行爱岗敬业、精益求精的职业精神；
- 增强诚实守信、开拓创新的职业品格；
- 增强规则意识、责任意识和风险意识。

【思维导图】

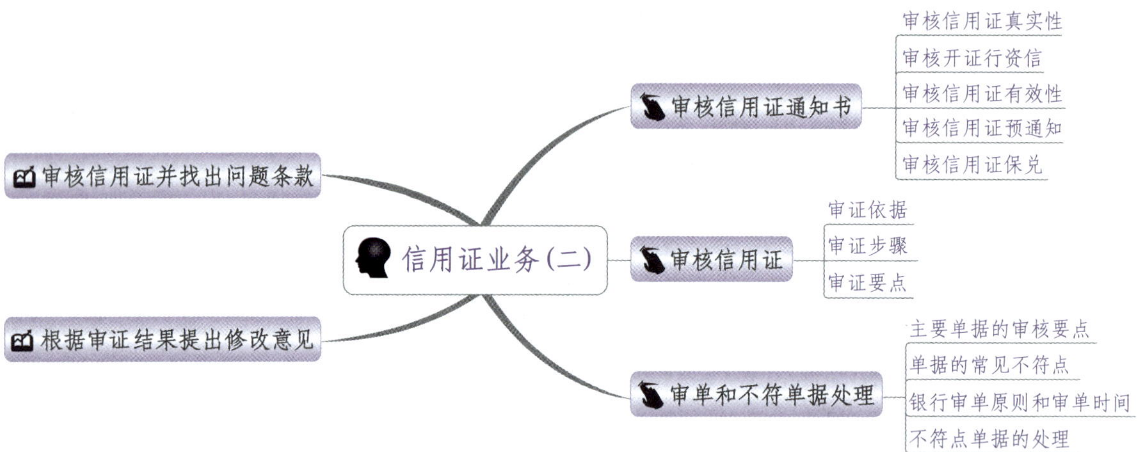

项目背景

2021年4月22日，宁波长城贸易有限公司与芬兰F.T.C CO.，LTD.就出口T恤衫，签订如下合同。

动画：信用证业务——审证

SALES CONTRACT

Contract No.: GW2021X06

Date: Apr. 22, 2021

Signed at: Ningbo

SELLER: NINGBO GREAT WALL TRADING CO.，LTD.

Address.: RM201, HUASHENG BUILDING, NINGBO, P.R.CHINA

BUYER: F.T.C CO., LTD.

Address: AKEDSANTERINK AUTOP P.O.BOX 9, FINLAND

This sales contract is made by and between the Seller and the Buyer, whereby the Seller agrees to sell and the Buyer agrees to buy the under-mentioned goods according to the terms and conditions stipulated below:

Name of commodity and Specification	Quantity	Unit Price	Amount
T-SHIRT 10% more or less both in amount and quantity allowed	9 600 PCS	USD3.80/PC CIF HELSINKI, FINLAND as per INCOTERMS® 2020	USD36 480.00
		Total Amount	USD36 480.00

续表

Packing: CARTON

Delivery from: NINGBO to HELSINKI

Shipping Marks: N/M

Time of Shipment: Within 30 days after receipt of L/C, allowing transshipment and partial shipment.

Payment: By 100% confirmed irrevocable letter of credit in favor of the seller to be available by sight draft to be opened and to reach China before May 1, 2021 and to remain valid for negotiation in China until 15 days after the foresaid time of shipment. L/C must mention this contract number. L/C is advised by Agricultural Bank of China Ningbo Branch. All banking charges outside China (the mainland of China) are for account of the drawee.

Insurance: To be effected by the seller for 110% of full invoice value covering F.P.A up to Helsinki.

Other terms: Omitted.

The Seller: GREAT WALL TRADING CO., LTD.　　**The Buyer:** F.T.C CO., LTD.

马宗汉　　*ALICE*

2021年4月28日，宁波长城贸易有限公司收到中国农业银行宁波市分行国际业务部的信用证通知书和信用证，告知F.T.C CO.，LTD.已经通过METTTA BANK LTD.，FINLAND开来信用证。

信用证通知书

NOTIFICATION OF DOCUMENTARY CREDIT

OFFICE: 中国农业银行宁波市分行

ADDRESS: 88 NORTH CAIHONG ROAD，NINGBO　　Date:2021-04-28

To: 致 宁波长城贸易有限公司	Our Reference Number 我行编号： Currency and Amount 币种及金额 GBP 36 480.00
Issuing Bank 开证行 METTTA BANK LTD.，FINLAND	Advised through 转通知行 Transferred from 转让行
L/C No. 信用证号 LRT9802457 Transferring Bank's Reference Number 转让行编号	Issuing Date 开证日期 20210428 Transferring Date 转让日期

续表

Dear Sirs，敬启者：

We have pleasure in advising you that we have received from the A/M bank a(n)

兹通知贵公司，我行收自上述银行

☒ issuing by SWIFT　SWIFT 开立　☐ ineffective　未生效

☐ issued by mail　信开

☐ pre-advising of　预先通知　☐ mail confirmation of　证实书

☒ original　正本　☐ copy　副本

Letter of Credit, contents of which are as per attached sheet(s).

This advice and the attached sheet(s) must accompany the relative documents when presented.

信用证一份，现随附通知。贵公司交单时，请将本通知书及信用证一并提示。

(×) Please note that this advice neither constitute our confirmation of the above L/C nor does it convey any engagement or obligation on our part.

本通知并不构成我行对该信用证之保兑及其他任何责任。

( ) Please note that we have added our confirmation to the above L/C, which is available with ourselves only.

上述信用证已由我行加具保兑，并限向我行交单。

Remarks 备注：

信用证核押相符

This L/C consists of ___1___ sheet(s), including the covering letter and attachment(s).

该信用证连同本面函及附件共 ___1___ 页。

If you find any terms and conditions in the L/C which you are unable to comply with and/or any errors(s), it is suggested that you contact applicant directly for necessary amendment(s) so as to avoid any difficulties which may arise when documents are presented.

如该信用证中有无法办到的条款及/或错误，请与开证申请人联系进行必要的修改，以排除交单时可能发生的问题。

Please credit　as advising fee to our A/C

No.　with

本通知费　请划入我行　账户

账号

Yours faithfully

AGRICULTURAL BANK OF CHINA

中国农业银行

信 用 证

MT 700	**ISSUE OF A DOCUMENTARY CREDIT**
SENDER:	METTTA BANK LTD., FINLAND
RECEIVER:	AGRICULTURAL BANK OF CHINA NINGBO BRANCH, CHINA
27 :	SEQUENCE OF TOTAL 1/1
40A:	FORM OF DOCUMENTARY CREDIT REVOCABLE
20 :	DOCUMENTARY CREDIT NUMBER LRT9802457
31C:	DATE OF ISSUE 210428
40E:	APPLICABLE RULES UCP LATEST VERSION
31D:	DATE AND PLACE OF EXPIRY 210516 FINLAND
50 :	APPLICANT F.T.C. CO., LTD. AKEDSANTERINK AUTOP P.O.BOX 9, FINLAND
59 :	BENEFICIARY NINGBO GREAT WALL TRADING CO., LTD. RM201, HUASHENG BUILDING NINGBO, P.R.CHINA
32B:	CURRENCY CODE, AMOUNTGBP36 480.00
41D:	AVAILABLE WITH …BY… ANY BANK IN ADVISING COUNTRY BY NEGOTIATION
42C:	DRAFT AT… AT 20 DAYS AFTER SIGHT FOR FULL INVOICE VALUE
43P:	PARTIAL SHIPMENT NOT ALLOWED
43T:	TRANSHIPMENT ALLOWED
44E:	PORT OF LOADING /AIRPORT OF DEPARTURE CHINESE MAIN PORT
44F:	PORT OF DISCHARGE/AIRPORT OF DESTINATION HELSINKI, FINLAND
44D:	SHIPMENT PERIOD AT THE LATEST MAY 30, 2021

续表

45A:	DESCRIPTION OF GOODS AND/OR SERVICES 960 PCS OF T-SHIRT. GBP 3.80 PER PC AS PER SALES CONTRACT GW2021M06 CIF HELSINKI, FINLAND AS PER INCOTERMS® 2020.
46A:	DOCUMENTS REQUIRED + COMMERCIAL INVOICE 1 SIGNED ORIGINAL AND 5 COPIES + PACKING LIST IN 2 COPIES + FULL SET OF CLEAN ON BOARD MARINE BILL OF LADING, MADE OUT TO ORDER MARKED "FREIGHT PREPAID" AND NOTIFY APPLICANT (AS INDICATE ABOVE) + CERTIFICATE OF ORIGIN + INSURANCE POLICY/CERTIFICATE COVERING ALL RISKS AND WAR RISKS OF PICC. INCLUDING WAREHOUSE TO WAREHOUSE CLAUSE UP TO FINAL DESTINATION AT HELSINKI. FOR AT LEAST 120 PCT OF CIF VALUE + SHIPPING ADVICE MUST BE SENT TO APPLICANT WITH 2 DAYS AFTER SHIPMENT ADVISING NUMBER OF PACKAGE, GROSS & NET WEIGHT, VESSEL NAME, BILL OF LADING NO. AND DATE, CONTRACT NO., VALUE
47A:	ADDITIONAL CONDITION + DOCUMENTS DATED PRIOR TO THE DATE OF THIS CREDIT ARE NOT ACCEPTABLE. + TRANSSHIPMENT ALLOWED AT ROTTERDAM OR HAMBURG ONLY. +ALL PRESENTATIONS CONTAINING DISCREPANCIES WILL ATTRACT A DISCREPANCY FEE OF USD60.00 PLUS TELEX COSTS OR OTHER CURRENCY EQUIVALENT. THIS CHARGE WILL BE DEDUCTED FROM THE BILL AMOUNT WHETHER OR NOT WE ELECT TO CONSULT THE APPLICANT FOR A WAIVER
71D:	CHARGES ALL BANKING CHARGES OUTSIDE THE ISSUING BANK ARE FOR ACCOUNT OF BENEFICIARY.
48 :	PERIOD FOR PRESENTATION IN DAYS 006
49 :	CONFIRMATION INSTRUCTION WITHOUT
78 :	INSTRUCTIONS TO THE PAYING/ACCEPTING/NEGOTIATING BANK THE NEGOTIATION BANK MUST FORWARD THE DRAFTS AND ALL DOCUMENTS BY REGISTERED AIRMAIL DIRECT TO US IN TWO CONSECUTIVE LOTS, UPON RECEIPT OF THE DRAFTS AND DOCUMENTS IN ORDER; WE WILL REMIT THE PROCEEDS AS INSTRUCTED BY THE NEGOTIATING BANK.

任务分解

2021年4月28日，宁波长城贸易有限公司外贸单证员何业收到了中国农业银行宁波市分行国际业务部的上述信用证通知书和信用证后，根据与芬兰F.T.C CO., LTD.签订的T恤衫出口合同，审核该信用证。

任务5.1　审核信用证并找出问题条款

任务5.2　根据审证结果提出修改意见

操作示范

任务5.1　审核信用证并找出问题条款

第一步：读懂GW2021X06外贸合同条款

宁波长城贸易有限公司外贸单证员何业取出GW2021X06外贸合同，先熟悉外贸合同各条款内容，尤其是一些特殊条款，如合同中的增减条款："10% more or less both in amount and quantity allowed "。

第二步：根据GW2021X06外贸合同，审核LRT9802457信用证并找出问题条款

首先，对照外贸合同条款，逐条审核信用证内容。经审核发现如下问题条款：

1. 信用证类型应为不可撤销和保兑，而不是可撤销；

2. 信用证截止日期比最迟装运日期早，这是不合理的，建议改为JUNE 14，2021；

3. 信用证的交单地点错误，不应该在开证申请人所在国芬兰，应该在受益人所在国中国，否则对受益人非常不利；

4. 信用证中的单价与金额货币单位错误，不是英镑而是美元；

5. 汇票的付款期限错误，不是"AT 20 DAYS AFTER SIGHT"而是"AT SIGHT"；

6. 根据合同，应该允许分批装运，而信用证规定不允许分批装运是错误的；

7. 信用证中装运港为"CHINESE MAIN PORT"，与合同中的"NINGBO, CHINA"不一致；

8. 信用证中的商品数量错误，正确的应该是9 600PCS；

9. 合同号码错误，正确的是GW2021X06；

10. 信用证中保险条款的投保险别错误，正确的是F.P.A.；投保金额比例错误，正确的是110% OF CIF VALUE；

11. 信用证规定只能在鹿特丹或汉堡转运，但合同中并未限定转运港；

12. 交单期错误，正确的是“WITHIN 15 DAYS AFTER THE DATE OF SHIPMENT”。

其次，核对外贸合同，检查有无信用证漏开的外贸合同条款。

通过仔细核对，信用证漏开了一个重要的外贸合同条款“MORE OR LESS 10% BOTH IN QUANTITY AND AMOUNT ALLOWED”。这对受益人非常不利，大大限制了操作的弹性。

最后，列出信用证中如下问题条款。

1. 信用证类型应为不可撤销和保兑，而不是可撤销；

2. 信用证截止日比最迟装运日期早，这是不合理的，建议改为JUNE 14，2021；

3. 信用证的交单地点错误，不应该在开证申请人所在国芬兰，应该在受益人所在国中国，否则对受益人非常不利；

4. 信用证中的单价与金额货币单位错误，不是英镑而是美元；

5. 汇票的付款期限错误，不是“AT 20 DAYS AFTER SIGHT”而是“AT SIGHT”；

6. 根据合同，应该允许分批装运，而信用证规定不允许分批装运是错误的；

7. 信用证中装运港为“CHINESE MAIN PORT”，与合同中的“NINGBO，CHINA”不一致；

8. 信用证中的商品数量错误，正确的应该是9 600PCS；

9. 合同号码错误，正确的是GW2021X06；

10. 信用证中保险条款的投保险别错误，正确的是F.P.A.；投保金额比例错误，正确的是110% OF CIF VALUE；

11. 信用证规定只能在鹿特丹或汉堡转运，但合同中并未限定转运港；

12. 交单期错误，正确的是“WITHIN 15 DAYS AFTER THE DATE OF SHIPMENT”。

13. 信用证漏开了一个重要的外贸合同条款“MORE OR LESS 10% BOTH IN QUANTITY AND AMOUNT ALLOWED ”。这对受益人非常不利，大大限制了操作的弹性。

任务5.2　根据审证结果提出修改意见

宁波长城贸易有限公司外贸单证员何业遵循“利己不损人”原则，对上述审证结果，分别按5种常见的原则处理如下。

1. 对我方有利，又不影响对方利益，一般不改

问题条款：“信用证中装运港为‘CHINESE MAIN PORT’，与合同中的

‘NINGBO CHINA’不一致”。信用证的装运港是包括宁波港在内的中国主要港口，扩大了受益人的选择范围，对我方有利，又不影响对方的利益，一般不改。

2. 对我方有利，但会严重影响对方利益，一定要改

问题条款：信用证中的单价与金额货币单位错误，不是英镑而是美元。商品数量错误，不是960PCS 而是9 600PCS。若不改，我方会增加收入，对方将遭受损失。本着商事活动的诚信原则和公司业务的可持续发展，一定要改。

3. 对我方不利，但是在不增加或基本不增加成本的情况下能够完成，可以不改

问题条款：“信用证规定只能在鹿特丹或汉堡转运，但合同中并未限定转运港”。尽管我方在选择运输路线上缺少弹性，但不影响正常的托运操作，也基本不影响运费，因此可以不改。

4. 对我方不利，又要在增加成本的情况下完成，若对方愿意承担成本，则不改；否则，要改

问题条款：

（1）信用证项下汇票的付款期限错误，不是“AT 20 DAYS AFTER SIGHT”而是“AT SIGHT”。

（2）信用证中保险单据条款的投保险别错误，正确的是F.P.A.；投保金额比例错误，正确的是110% OF CIF VALUE。

5. 对我方不利，若不改就会严重影响安全收汇的，则坚决要改

问题条款：

（1）信用证类型应为不可撤销和保兑，而不是可撤销。

（2）信用证截止日期比最迟装运日期早，这是不合理的，建议改为JUNE 14，2021。

（3）信用证的交单地点错误，不应该在开证申请人所在国芬兰，应该在受益人所在国中国，否则对受益人非常不利。

（4）根据合同，应该允许分批装运，而信用证规定不允许分批装运是错误的。

（5）合同号码错误，正确的是GW2021X06。

（6）交单期错误，正确的是015，表示装运日后15天交单。

（7）信用证漏开了一个重要的外贸合同条款：“MORE OR LESS 10% BOTH IN QUANTITY AND AMOUNT ALLOWED ”。这对受益人非常不利，大大限制了操作的弹性。

根据审证结果，宁波长城贸易有限公司外贸单证员何业向外贸业务员提

出如下修改意见。

1. 信用证类型改为不可撤销和保兑；
2. 信用证截止日建议改为JUNE 14，2021；
3. 信用证的交单地点改为受益人所在国中国；
4. 信用证中的单价与金额货币单位均改为美元；
5. 汇票的付款期限改为“AT SIGHT”；
6. 信用证应该改为允许分批装运；
7. 信用证中的商品数量改为9 600PCS；
8. 合同号码错误，正确的是GW2021X06；
9. 信用证中保险条款的投保险别改为F.P.A.；投保金额比例应该是110% OF CIF VALUE；
10. 交单期改为“015”；
11. 增加信用证漏开条款：“MORE OR LESS 10% BOTH IN QUANTITY AND AMOUNT ALLOWED ”。

知识要点

一、审核信用证通知书

微课：审核信用证真实性

（一）审核信用证真实性

由于信用证开立方式有信开和电开两种，通知行将分别采用核对印鉴（Specimen Signature）与密押（Test）的方式审核信用证的真实性。通知行对信开信用证、简电开证的证实书核对印鉴，对电报或电传开立的信用证核对密押。如果是SWIFT发送的MT700报文格式的信用证，在报尾有随报接收的“MAC”或“SWIFT，Authentication Successful with Primary Key（密押相符）”的标志，由系统自动核押。

UCP600第9条b款规定，通过通知信用证或修改，通知行即表明其认为信用证或修改的表面真实性得到满足，且通知准确地反映了所收到的信用证或修改的条款及条件。因此，通知行收到开证行开来的信用证时，对经核验印鉴与密押相符者，应在原函/电文上注明“印押相符”；对印鉴与密押不符者，应向开证行查询核实。在未核验信用证的表面真实性之前，通知行欲通知受益人的，应注明“押未核，仅供参考”（As we are unable to verify the signature/test keys appearing on this credit，we merely pass it to you without any responsibility or engagement.）。在这种情况下，受益人不能贸然安排生产，应在通知行与开证行核实确认信用证的真实性后，才能安排下一步的工作。

（二）审核开证行资信

开证行资信是能否安全收汇的基础。通知行对开证行资信的审核主要包括：资产规模的大小、分支机构的多寡、经营历史的长短、以往经营状况和业务往来情况，以及开证行国家或地区政治经济风险等。对资信较差的银行开立的信用证，通知行会提醒受益人注意防范风险。此时，受益人可以要求申请人联系资信较好的银行重新开证或者由资信较好的银行对该信用证进行保兑。

微课：审核开证行资信和信用证有效性

（三）审核信用证有效性

UCP600第11条a款规定，以经证实的电信方式发出的信用证或信用证修改即被视为有效的信用证或修改文据，任何后续的邮寄确认书应被不予理会。如电信声明“详情后告”（或类似用语）或声明以邮寄确认书为有效的信用证或修改，则该电信不被视为有效信用证或修改。开证行必须随即毫不迟延地开立有效信用证或修改，其条款不得与该电信矛盾。也就是说，通过SWIFT方式开立的经核押的信用证均为有效信用证。如果开立的信用证中载明“详情后告”，则该信用证未生效（ineffective）。

微课：审核信用证预通知和保兑

（四）审核信用证预通知

UCP600第11条b款规定，开证行只有在准备开立有效信用证或作出有效修改时，才可以发出关于开立或修改信用证的初步通知（预先通知）。开证行作出该预先通知，即不可撤销地保证毫不迟延地开立或修改信用证，且其条款不能与预先通知相矛盾。如果开证行发出了预通知（pre-advice），则应当及时开立信用证。另外，由于信用证预通知（MT705报文）中并不包含单据要求、附加条件、交单期、保兑等重要栏目，因此，如果收到了预通知信用证，受益人必须谨慎处理，以免无法构成相符交单。

（五）审核信用证保兑

通知行在通知信用证时，会在信用证通知书上明确表明该行是否对信用证进行保兑。如果通知行对该信用证加具保兑，就意味着通知行作为保兑行，将与开证行一同对受益人承担第一性付款责任。要注意的是，非保兑行的通知行通知信用证及修改时不承担承付或议付的责任。

目前多数通知行都义务帮客户审核信用证中的重要条款，减轻客户的审证压力。若来证中带有软条款、信用证条款相互间矛盾或含糊不清或来证为大额信开信用证，银行往往会加以注明提请受益人注意，或提请受益人径洽开证申请人要求开证行修改或澄清。

微课：审证依据

二、审核信用证

通知行主要审核信用证的真实性和开证行资信。受益人则主要审核信用证的内容，即信用证条款。

（一）审证依据

1. 外贸合同

信用证是依据外贸合同开立的，因此其条款应与外贸合同条款相符。即使受益人按照外贸合同约定履行了义务，但如果信用证条款与外贸合同不符，受益人也可能无法构成相符交单，从而无法凭信用证兑款。因此，外贸单证员应首先审核信用证条款是否与外贸合同条款相符。

2. UCP600

外贸单证员审核信用证时，应遵循UCP600的规定确定是否可以接受信用证的某些条款。例如，UCP600第38条规定，可转让信用证系指特别注明"可转让（transferable）"字样的信用证。

微课：审证步骤

3. 业务实际情况

对于外贸合同中未作规定或无法根据UCP600做出判断的信用证条款，外贸单证员应根据业务实际情况审核。这里的业务实际情况，是指信用证条款对安全收汇的影响程度、进口国的法律法规以及开证申请人的商业习惯等。

（二）审证步骤（见图5-1）

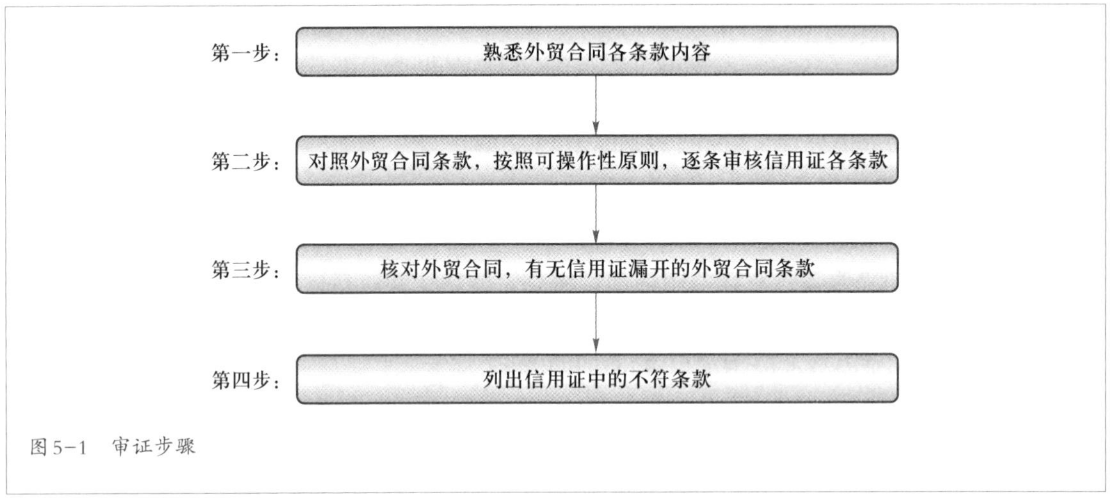

图5-1　审证步骤

（三）审证要点

1. 信用证页序和类型

当信用证内容超过MT700报文容量时，可以同时开立MT701报文作为补充。MT701报文只有页次（27）、信用证号码（20）、货物描述（45A）、单据要求（46A）和附加条款（47A）7个栏位，且最多不超过7份。因此，如果信用证由1份MT700报文和2份MT701报文组成，则MT700“报文页次”（27：SEQUENCE OF TOTAL）栏位显示为1/3，2份MT701报文栏位则分别显示为2/3和3/3。本业务只有一份MT700报文，因此该栏位为1/1。

另外，按照UCP600规定，信用证均是不可撤销（IRREVOCABLE）的，即使信用证中对此未作指示也是如此。因此，在审核“信用证类型”（40A：FORM OF DOCUMENTARY CREDIT）时，需要注意是否可转让（TRANSFERABLE）。

2. 信用证号码、开证日期和适用规则

“信用证号码”（20：DOCUMENTARY CREDIT NUMBER）一般由系统自动生成。如果开证行事先发送了预通知，则在后续开立的信用证中会注明“预先通知信用证号码”（23：REFERENCE TO PRE-ADVICE）。

“开证日期”（31C：DATE OF ISSUE）表明进口商是否根据外贸合同规定的开证期限开立信用证。同时，在需要使用开证日期计算其他时间或根据开证日期来判断所提示单据的出单日期是否在开证日之后等情况时，开证日期尤为重要。

“适用规则”（40E：APPLICABLE RULES）通常注明“UCP LATEST VERSION”，适用UCP最新版本，即UCP600。如果该业务采用电子交单，则适用“eUCP LATEST VERSION”（跟单信用证统一惯例关于电子交单的附则）。此外，该栏位还有可能显示“UCPURR LATEST VERSION”，即适用跟单信用证项下银行间偿付统一规则，最新版为URR725。

3. 信用证“三期”

微课：审核信用证三期

所谓信用证“三期”，是指信用证到期日（31D：DATE AND PLACE OF EXPIRY）、最迟装运日期（44C：LATEST DATE OF SHIPMENT）和交单期（48：PERIOD OF PRESENTATION IN DAYS）。信用证到期或有效期届满，意味着开证行对受益人承担的有条件付款承诺期限的终止。信用证有效期的审核需要结合最迟装运日期和交单期，三者之间的联系是“信用证到期日=最迟装运日期+交单期”。装运日期是指卖方将货物装上运往目的地（港）的运输工具或交付给承运人的日期。若信用证中未规定装运日期，则最迟装运日期与信用证截止日为同一天，即通常所称的“双到期”。实务中，应将装运日期提前一定的时间（一般在信用证截止日的前10天），以便有合理时间来制单结汇。在信用证中涉及的装运期限还有另一种形式，即注明装运期间（44D：SHIPMENT PERIOD）。

交单期是指信用证中规定的一个运输单据出单日期后必须向信用证指

定的银行提交单据请求付款、承兑或议付的特定期限。若信用证未注明此期限，按UCP600第14条c款规定，如果单据中包含一份或多份受第19条、20条、21条、22条、23条、24条或25条规制的正本运输单据，则须由受益人或其代表在不迟于本惯例所指的发运日之后的21个公历日内交单，但是在任何情况下都不得迟于信用证的截止日。其中，“运输单据”主要指海运提单、租船提单、多式联运单据、空运单、铁路运单、公路运单以及快递收据、邮政收据等。

信用证同时也应规定交单地点，包括出口地、进口地和第三国等三种情况。出口地交单对受益人最有利，进口地和第三国交单地点均在国外，容易产生寄单延误或遗失的风险。为此，受益人应争取在出口地交单，若争取不到，应预先估计单据的邮寄时间，提前交单，以免逾期。

4. 开证申请人和受益人名称、地址

开证申请人和受益人的名称、地址应分别与外贸合同买方、卖方信息相符。如有错误应及时修改，以确保安全收汇。

微课：审核信用证金额

5. 信用证币种和金额

信用证币种和金额（32B：CURRENCY CODE，AMOUNT）必须与外贸合同相符。若信用证列有商品数量或单价的，应计算总值是否正确。若外贸合同订有商品数量的“溢短装”条款时，信用证金额也应规定相应的机动幅度。若信用证金额已扣除佣金，则不能在信用证上再出现“议付行内扣佣金”词句。

信用证中与金额有关的栏位除32B之外，还可能显示“信用证金额允许浮动的范围”（39A：PERCENTAGE CREDIT AMOUNT TOLERANCE）和“可附加金额”（39C：ADDITIONAL AMOUNTS COVERED）。如果39A栏位显示05/05，则意味着允许信用证金额上下浮动5%。实务中，39C栏位较少出现。所谓“附加金额”主要是指运费、保险费和利息等费用。

微课：审核信用证兑付方式和指定银行

6. 信用证兑付方式和指定银行

信用证兑付方式（41a：Available with... By...）包括承付和议付。承付有三种情况：（1）如果为即期付款信用证，则即期付款（by sight payment）；（2）如果为延期付款信用证，则承诺延期付款并在承诺到期日付款（by deferred payment）；（3）如果为承兑信用证，则承兑受益人开出的汇票并在汇票到期日付款（by acceptance）。所谓议付（by negotiation）是指定银行在相符交单下，在其应获偿付的银行工作日当天或之前向受益人预付或者同意预付款项，从而购买汇票及/或单据的行为。指定银行在41a栏位中有两种形式，（1）41D：指定银行用名称和地址表示；（2）41A：指定银行用SWIFT代码表示。如果信用证为自由议付信用证，该项目代码为“41D”，银行用“ANY

BANK IN …（地点/国名）”表示。如果该信用证为自由议付信用证，且对议付地点也无限制时，仅需注明“ANY BANK”。

7. 汇票条款

信用证汇票条款包括“汇票付款期限”（42C：DRAFT AT…）和“汇票付款人”（42A：DRAWEE）。如果是延期付款信用证，受益人无须开立汇票。如果是承兑信用证，受益人须开立远期汇票。在审核该栏位时，注意信用证项下汇票不得做成以开证申请人为付款人，而应该以开证行或其指定银行为付款人。

微课：审核信用证汇票条款

8. 其他兑付条款

如果是即期付款信用证，兑付条款应注明“BY SIGHT PAYMENT”并指明付款行。即期付款信用证可以要求受益人开立汇票，也可以不要求开立汇票。如果不开立汇票，则信用证不显示42C和42A栏位。如果要求受益人开立汇票，则42C栏位应注明“SIGHT”。如果是延期付款信用证，兑付条款应注明“BY DEFERRED PAYMENT”并指明付款行。此外，延期付款信用证还应作出“延期付款指示”，（42P：Negotiation/DEFERRED PAYMENT DETAILS），明确具体的付款期限。例如，“60 DAYS AFTER B/L DATE”或者“60 DAYS AFTER THE DATE OF PRESENTATION”。如果是承兑信用证，兑付条款应注明“BY ACCEPTANCE”并指明承兑行。

9. 运输条款

信用证运输条款包括是否允许分批装运（43P：PARTIAL SHIPMENT）、是否允许转运（43T：TRANSHIPMENT）、装运港/起飞空港（44E：PORT OF LOADING/AIRPORT OF DEPARTURE）、卸货港/目的地空港（44F：PORT OF DISCHARGE/AIRPORT OF DESTINATION）、最迟装运日期、装运期等栏位。若信用证中未注明可否转运及/或分批装运，则视为允许转运及/或分批装运。

对于分期付款或分期装运，UCP600第32条规定，如信用证规定在指定的时间段内分期付款或分期装运，任何一期未按信用证规定期限装运时，信用证对该期及以后各期均告失效。44E和44F只能适用海运和空运。如果是其他运输方式，则应分别显示“接管地/接收地”（44A：PLACE OF TAKING IN CHARGE/DISPATCH FROM……/PLACE OF PECEIPT）和“最终目的地/交货地”（44B：PLACE OF FINAL DESTINATION/FOR TRANSPORTATION TO/PLACE OF DELIVERY）。上述栏位的内容应与外贸合同相符，交货地点也必须与贸易术语一致。若来证指定运输方式、运输工具或运输路线，以及要求承运人出具船龄或船籍证明，应及时与承运人联系。

10. 货物描述

信用证货物描述（45A：DESCRIPTION OF GOODS AND/OR SERVICES）

条款的审核重点是明确包括货物名称、货号、规格、包装、合同号码、订单号码、数量、单价等内容是否与外贸合同完全一致。

11. 单据要求条款

由于信用证是开证行对受益人作出的有条件付款承诺，其条件就是“相符交单”。因此，外贸单证员须认真审核单据要求（46A：DOCUMENTS REQUIRED），明确单据的种类、内容、出单人和份数等，以确保可以构成相符交单。信用证要求的单据主要包括商业发票、装箱单、运输单据、产地证、商检证书、保险单、船公司证明等。例如，在审核保险单据时，若来证要求的投保险别或投保金额超出了外贸合同的规定，除非信用证上表明由此产生的超保费用由开证申请人承担并允许在信用证项下支取，否则应要求修改。若保险加成过高，还需要征得保险公司同意，否则也应要求修改。

12. 附加条款

信用证附加条款（47A：ADDITIOANAL CONDITION）主要是指对单据条款的补充，包括出单日期要求、是否要求在单据上显示信用证号或开证日期、是否接受第三方提单/租船提单/简式提单、是否要求提供受益人声明以及关于不符点费等问题。例如，UCP600第14条i款规定，单据日期可以早于信用证的开立日期，但不得晚于交单日期。但是，如果信用证47A注明“DOCUMENTS DATED PRIOR TO THE DATE OF THIS CREDIT ARE NOT ACCEPTABLE（出单日期早于信用证开立日期的单据不予接受）”，则应照办。

微课：审核信用证软条款

13. 软条款

所谓软条款（Soft Clause），有时也称“陷阱条款”（Pitfall Clause），是指在信用证中加列的使受益人在客观上难以构成相符交单从而严重影响收汇的条款。软条款的存在往往使受益人处于被动地位，甚至在尚未收款的情况下丧失物权。例如，商业发票要经开证申请人复签生效；信用证开出后暂不生效，待进口许可证签发后通知生效或待货样经申请人确认后生效；1/3正本提单直接寄给开证申请人等。

14. 费用条款和保兑指示

UCP600第37条对费用（71D：CHARGES）的问题做了如下规定：为了执行申请人的指示，银行利用其他银行的服务，其费用和风险由申请人承担。即使银行自行选择了其他银行，如果发出的指示未被执行，开证行或通知行对此亦不负责。指示另一银行提供服务的银行有责任负担被指示方因执行指示而产生的任何佣金、手续费、成本或开支（“费用”）。如果信用证规定费用由受益人负担，而该费用未能收取或从信用证款项中扣除，开证行依然承担支付此费用的责任。信用证或其修改不应规定向受益人的通知以通知行或第二通知行收到其费用为条件。可见，费用承担的基本原则是“谁发指示，谁承担费用”。实务中，一般情况下，出口方银行费用（如议付费用）由受益人承担，进口方银行费用由开证申请人承担。进出口双方可在贸易磋商时事先加以明确。

保兑指示（49：COMFIRMATION INSTRUCTION）栏位有三种情况，分别是“CONFIRM”“MAY ADD”和“WITHOUT”。“CONFIRM”表明开证行授权或要求收报行（通知行）对该信用证加具保兑，但通知行最终是否同意保兑还需要结合信用证通知书进行审核。

15. 其他条款和漏开条款

信用证其他条款主要包括保兑行（58a：REQUESTED CONFIRMATION PARTY）、对付款/承兑/议付行之指示（78：INSTRUCTIONS TO THE PAYING/ACCEPTING/NEGOTIATING BANK）、通知行（57a：ADVISE THROUGH BANK）和附言（72：SENDER TO RECEIVER INFORMATION）等内容。例如，要求被指定银行通过哪种方式几次寄单。同时，审核信用证时还需要对照外贸合同确定有无漏开条款，如溢短装条款等。

三、审单和不符单据处理

（一）主要单据的审核要点

1. 汇票的审核要点

汇票的出票日期不得超过信用证的有效期和最迟交单期。汇票的付款期限应符合信用证规定。汇票收款人应为受益人或交单银行。汇票号码通常与发票号码一致。汇票的金额大小写要一致并不得超过信用证的可用余额。汇票应加列包括开证行名称、信用证号码和开证日期等内容的出票条款。汇票的付款人应填写正确，不得开成凭以申请人为付款人的汇票兑用。汇票的出票人应当是信用证的受益人，其名称应与信用证上的记载完全相符。如果需要背书，应进行正确的背书。

2. 商业发票的审核要点

除非信用证另有规定，商业发票应当由受益人出具并以开证申请人为抬头。商业发票上的货物描述应当与信用证中的商品描述一致，但货物细节可以在发票中的若干处显示，合并到一起时与信用证中的一致即可。信用证规定的金额、数量或单价前有“约”（about）或“大约”（approximately）字样时，则允许有关金额、数量或单价有不超过10%的浮动幅度。在总支取金额不超过信用证金额的条件下，货物数量准许有5%的浮动幅度，但当信用证注明货物以包装单位或个体计数时，此项浮动不适用。商业发票上的唛头应当与信用证一致，但只要其与信用证条款不相矛盾，就可以接受额外信息。只要付款或议付的金额未超过信用证允许的金额，就可以接受超过信用证允许金额出具的商业发票。如果信用证有要求，商业发票上应加注各类声明文句。正副本的提交应符合信用证的规定。信用证要求签字（Sign）、公证（Notarize）、认证（Legalize）或证实（Certify）的，应予照办。

3. 运输单据的审核要点

运输单据的种类必须与信用证规定相符。运输单据应注明承运人名称并由承运人或其代理人、船长或其代理人签字。可以提交一份或多份正本，但如果是多份，则应当是运输单据中标明的全套正本份数。收货人和被通知人的名称、地址、装货港、卸货港、装运日期等，应符合信用证规定。除非信用证另有规定，发货人（Shipper）通常为受益人或转让信用证中的受让人，但若是受益人以外的一方作为发货人，也可接受。

提单货物描述可以使用与信用证规定不矛盾的货物统称，唛头、数量、重量、船名、线路等应与信用证相符，并与其他单据一致。提单上价格条款或有关运费的记载必须符合信用证的规定。如CIF、CFR的运费记载应为"Freight Prepaid"（运费已预付）或"Freight Paid"（运费已付）；FOB的运费记载应为"Freight Collect"（运费到付）或"Freight Payable at Destination"（目的地支付运费）。提单抬头若为"To Order of Shipper""To Shipper's Order""To Order"，均应作背书。备运提单（Received B/L）必须于货物实际装船后，加注"On Board"（已装船）字样及已装船日期。海运提单不得注明受到租船合同的约束。提单上的更正或更改必须经过证实，在更正处加盖更正章及承运人或其代理人签章，船长的小签（Initial Signature）亦可。运输单据上未载有明确宣称货物及/或包装状况有缺陷的条款或批注。

4. 保险单的审核要点

如果保险单据表明其以多份正本出具，所有正本（Full set）均须提交。信用证要求提交保险单（Insurance Policy）时，不得以保险凭证（Insurance Certificate）代替，反之则可以。保险单据必须由保险公司或承保人（Underwriters）或其代理人或代表开立并签署。除非信用证另有规定，银行不接受由保险经纪人签发的暂保单（Cover Note）。保险单据日期不得晚于提单日期，除非保险单据表明保险责任不迟于发运日生效。保险单据必须以信用证的币种，至少按信用证要求的金额出具。投保的险种必须符合信用证的要求，若信用证使用了含义不明确的用语，如"通常险别"（Usual Risks）或"惯常险别"（Customary Risks），则无论是否有漏保风险，保险单据将被照样接受。除非信用证另有规定，银行将接受注明受免赔率（Franchise）或免赔额约束的保险单据。当信用证规定投保"一切险"时，银行应接受含有任何"一切险"批注或条款的保险单据，不论其是否有"一切险"标题，甚至表明不包括某种险别。保险单的船名、航程、装运港、目的港、唛头等应与提单、发票等其他单据一致。保险单据应按信用证规定表明赔付地点和赔付币别。如信用证未规定赔付地点，应以货物运抵目的地或其邻近地点为赔付地点。

5. 原产地证明的审核要点

原产地证明是独立的单据，无须与其他单据联合起来。如信用证要求原产地证明，则提交经过签署、注明日期的证明货物原产地的单据即满足要求。原产地证明必须由信用证指定的机构出具。如信用证要求原产地证明由某一机构出具，但出口国无此机构，也可由另一方进行签发，只要在单据上表明为同一机构或代其签发即可。如信用证要求原产地证明由受益人、出口商或制造商出具，则由商会出具的单据可以接受，只要该单据根据不同情形相应地注明受益人、出口商或制造商。如果信用证没有规定由具体何方出具原产地证明，则可以由包括受益人在内的任何人出具。原产地证明必须与发票所指货物相关联，必须清晰地表明货物的原产地。除非信用证另有规定，原产地证的签发日期可以早于信用证的开证日期。但在普惠制产地证情况下，除非是后发证书（Issued Retrospectively）或信用证允许，签发日期不得迟于货物的出运日期，以免影响货物通关。原产地证明要确保已被签字，如信用证有要求，还应确保已被公证人证实、合法化、签证等。原产地证明的份数要符合信用证的规定。

6. 商检证书的审核要点

商检证书应由信用证规定的检验机构出具并签发，如信用证未做此规定，可以由包括受益人在内的任何人出具。商检证书必须按照信用证要求签字，内容必须与发票或其他单据的记载保持一致，并符合信用证的规定。通常情况下，商检证书的发货人应是受益人，但如果受益人不是实际发货人而是第三人时，该栏应与提单发货人名称相同。

7. 包装单据的审核要点

包装单据有关内容要与发票内容一致，名称和份数必须和信用证要求相符。包装单据的出具日期一般应与发票日期相同或略迟于发票日期。如果信用证要求装箱单和重量单，可以提交两份独立的单据，也可提交两份合并的装箱单和重量单正本，只要该单据同时表明装箱和重量两项细节。货物的名称、规格、数量及唛头等必须与其他单据相符，不可相互矛盾。数量、重量及尺码的小计必须吻合，但银行不负责核对装箱单据中的计算细节，而只负责将总量与信用证及其他要求的单据相核对。

（二）单据的常见不符点

1. 单据的共同不符点

单据的共同不符点包括：①过效期（L/C Expired），即交单时已超过了信用证规定的有效期；②过装期（Late Shipment），即运输单据的装运日期超过了信用证规定的最迟装运期；③过交单期（Late Presentation），即交单时超过信用证规定的货物装运后向指定银行提示单据的期限。

2. 汇票的常见不符点

汇票常见不符点主要有：汇票的出票人非信用证受益人，出票日期迟于信用证有效期。汇票金额、币别、付款期限、付款人、收款人与信用证规定不符。汇票金额与发票金额不符。出票人未签字。汇票未经背书或背书不正确。未按规定列出“利息条款”或“出票条款”（Drawn under）。未按规定显示发票号码、信用证号码等其他需要显示的号码。

3. 商业发票的常见不符点

商业发票常见不符点主要有：商业发票非由信用证受益人出具。发票日期迟于信用证有效期。信用证要求签字而未签字。发票抬头名称与信用证申请人不一致（信用证规定做成其他人抬头除外）。发票货物描述与信用证不符，单价不一致。发票金额超过信用证金额或超出信用证允许的增减幅度。发票金额与汇票金额不符。未按信用证要求显示特殊内容，如需经过使馆认证而未认证，信用证要求显示扣减或增加附属费用而发票未显示。其他如开证行名、装运港、目的港与信用证规定或其他单据不一致。提交发票的份数与信用证不符。

4. 海运提单的常见不符点

海运提单常见不符点主要有：提单上收货人、被通知人的名称地址、货物描述、唛头、起运港、卸货港、转运路线与信用证规定或发票等其他单据不符。提单未显示“On board”字样，或“On board”的批注没有标明日期。提单上未注明运费已付还是未付。提单为不清洁提单。提单未经背书或背书不正确。信用证禁止转运却提交转运提单。正本提单份数与信用证规定不符。

5. 保险单据的常见不符点

保险单据常见不符点主要有：提交的保险单据种类与信用证要求不符。被保险人、保险金额、币别、保险险别、承保人与信用证规定不符。保险标的物描述与信用证矛盾。保险日期迟于装运日期。保险单据未经背书或背书不正确。未提交全套正本保险单据。保险单漏载理赔地点。保险单上的装运港或卸货港、航程线路与提单、信用证不符。

6. 原产地证明的常见不符点

原产地证明常见不符点主要有：原产地证明签发机构与信用证规定不符。未按照规定签署。未注明制造商名称。签发日期迟于信用证有效期。

7. 商检证书的常见不符点

商检证书常见不符点主要有：商检证书名称、签发机构、检验内容和所列结果与信用证规定不符。商检证书出证日期迟于装运日期。

8. 包装单据的常见不符点

包装单据常见不符点主要有：包装单据所列货物的商品名称、件数、数量、净重、毛重、体积等与其他单据不符。包装方法与发票所列不符，单据彼此间的唛头不一致。

（三）银行审单原则和审单时间

1. 审单原则

按照指定行事的被指定银行、保兑行（如有）和开证行必须对提交的单据进行审核，并仅以单据为基础确定其是否在表面上构成相符交单。相符交单是指单据在种类、份数和内容上要与信用证条款、UCP600适用条款和国际标准银行实务相符。单据中内容的描述不必与信用证、信用证对该项单据的描述以及国际标准银行实务完全一致，但不得与该项单据中的内容、其他规定的单据或信用证相冲突。

2. 审单时间

根据UCP600第14条b款的规定，按指定行事的指定银行、保兑行（如有的话）及开证行各有从交单次日起的至多五个银行工作日用以确定交单是否相符。这一期限不因在交单日当天或之后信用证截止日或最迟交单日届至而受到缩减或影响。假设根据信用证条款计算出的最迟交单日为2021年8月11日，信用证到期日为8月12日，单据于8月6日交到开证行，则开证行仍然有从8月9日起算的最长5个银行工作日来审核单据，即该行最迟可于8月13日决定是否接受单据。另外，当按照指定行事的被指定银行、保兑行（如有）或开证行决定拒绝兑付或议付时，必须将不符点一次性通知提示人。

（四）不符点单据的处理

1. 更改不符点单据

如果信用证有效期与交单期未到，受益人可以要求银行将单据退回，并在最迟交单期内及时将更正后的相符单据重新提示。

2. 要求电提不符点

对于不符点无法更改且金额较大的单据，可要求议付行或付款行等出口地银行暂不向开证行寄单，而是用电报、电传或电信将单据不符点通知开证行。如开证行确认接受不符点，出口地银行再行议付或付款并寄单索汇；如不同意，则将单据退回受益人。

3. 要求表提不符点

受益人授权议付行或付款行等出口地银行采用寄单待批准方式（Forwarding Documents for Approval）将不符点单据寄送开证行，并将不符点列在寄单函上，要求该行审查和批准接受单据或拒绝接受单据。开证行审单后联系申请人是否同意付款。在接到肯定答复后指定银行进行承付或议付。如申请人不予接受，开证行退单给指定银行，后者再退单给受益人。这种方式一般不建议采用。

4. 接洽申请人放弃不符点

受益人可以联系开证申请人放弃不符点。开证行也可以根据其独立的判断联系申请人放弃不符点。如果申请人同意放弃不符点，在不损害自身利益前提下，开证行将在申请人授权下向寄单行付款或承兑，但此时开证行仍有权自行决定对外拒付；如果申请人不同意放弃不符点，开证行通常就会按规定拒付。尽管开证行往往会联系申请人征求其是否放弃不符点，但不管申请人同意与否，最终仍然由开证行决定是否拒付，体现了开证行独立承担第一性付款责任的特点。

5. 作托收处理

如果单据中不符点较多或者较为严重，受益人可以同意将单据按信用证项下托收处理（Remittance of Documents for Collection），寄单行在寄单索汇通知书上须注明“WE SEND DOCUMENTS UNDER THE CREDIT FOR PAYMENT.”，并将不符点单据寄交开证行，同时将议付费/付款费改为验单费（HANDLING CHARGES）。寄单托收方式下，开证行不予审单，直接交单给申请人，申请人如果拒付则告知开证行转告寄单行。此种方法使受益人完全失去了开证行的承付保证，单据是否被接受，完全取决于申请人的资信状况。因此，该方法也较少被受益人采用。

国际结算与中国经济

创新实施铁路运输信用证　畅通中欧陆路国际贸易通道

2020年4月25日，重庆铁路口岸平行进口车试点平台当年首票批量使用铁路信用证结算的平行进口车抵达重庆国际物流枢纽园区。这批平行进口车货值逾1 200万元，于4月上旬搭乘中欧班列（渝新欧）从德国杜伊斯堡出发，落地即销售过半。除了引入铁路运输信用证结算外，重庆国际物流枢纽园区还联动铁路、场站、货代、车商等多个主体，跨境协调实时跟进，保证这批平行进口车从制造工厂到目的地的全程畅通。

自2018年3月重庆铁路口岸首次以铁路运输信用证作为国际结算方式大规模进口平行进口车以来，当地铁路运输信用证运用已实现规模化和常态化。

此前，铁路运单仅仅是运输合同凭证，不具有类似海运提单的物权凭证属性，欠缺转让、融资、兑付等功能，也无法作为银行风险控制措施，因此制约了铁路运输进出口贸易额的融资需求。铁路运输信用证使“运单”兼具“提单”功能，成为信用证的议付单据，同时通过整合国际班列、关检、境内外仓储等资源，确保货物运输全流程、闭环监管。

习题测验

一、单项选择题

1. 信用证受益人审核信用证的重点是（　　）。

A. 信用证的真实性

B. 开证行的资信

C. 信用证的内容与合同内容是否一致

D. 开证行的政治背景

2. 下列有关信用证的描述中，正确的是（　　）。

A. 即使是资信高的大银行开出的信用证，若金额较高还须保兑

B. 信用证若未注明是否可撤销，则视为可撤销

C. 不能接受到期地点规定为国外的信用证

D. 受益人只有收到开证行通过通知行转递的修改通知后，对信用证的修改才有效

3. 在要求提交的单据中包括一份或多份正本运输单据的情况下，如果信用证没有明确交单期，则应在装运日后（　　）内交单，但不能超过信用证有效期。

A. 19日　　B. 20日　　C. 21日　　D. 22日

4. L/C的39A栏显示：39A/PERCENTAGE CREDIT AMOUNT TOLERANCE：10/10，表明信用证允许上下浮动各不超过10%的是（　　）。

A. 数量　　B. 金额　　C. 单价　　D. 数量和金额

5. 国外来证规定，数量为10 000 t散装货物，总金额90万美元，未表明可否溢短装，不准分批装运。根据UCP600规定，卖方发货的（　　）。

A. 数量和总金额均不能增减

B. 数量和总金额均可增减10%以内

C. 数量和总金额均可增减5%以内

D. 数量可以有5%的增减，金额不得超过90万美元

6. 指定银行是指（　　）。

A. 开证行指定负责偿付交单行索汇的银行

B. 开证行指定信用证可在其柜台进行付款或承兑或议付的银行

C. 开证行指定单据寄至该处进行审单的银行

D. 受益人自行选择的交单银行

7. 在一笔出口业务中，付款方式采用信用证和D/P即期各半，为保障收汇，应在合同中规定（　　）。

A. 开两张汇票，各随附一套等价的货运单据

B. 开两张汇票，信用证项下采用跟单汇票；托收项下采用光票

C. 开两张汇票，信用证项下采用光票；托收项下采用跟单汇票

D. 开两张汇票，信用证项下和托收项下均采用光票

8. 根据UCP600的规定，若信用证没有规定单据需要签字，则允许出单人不签字的单据是（　　）。

A. 商业发票　　B. 保险单

C. 受益人证明　　D. 海运提单

9. 根据UCP600规定，若信用证中无其他规定，商业发票必须以（　　）为抬头。

A. 开证行　　B. 受益人　　C. 付款行　　D. 开证申请人

10. 以下当事银行中，（　　）向信用证受益人付款之前不必审核单据。

A. 议付行　　B. 开证行　　C. 偿付行　　D. 付款行

二、多项选择题

1. 下列说法中正确的有（　　）。

A. 根据UCP600规定，信用证如未规定有效期，则该证可视为无效

B. 国外开来信用证规定货物数量为3 000箱，6—8月，每月均匀装运。我出口公司于6月份装运1 000箱，并收妥款项。7月份由于货未备妥，未能装运。8月份装运2 000箱。根据UCP600规定，银行不得拒付

C. 在信用证支付方式下，受益人只要在信用证规定的有效期内向银行提交符合信用证规定的全部单据，银行就必须履行付款义务

D. 假如受益人要求开证申请人将信用证的有效期延长一个月，在信用证未规定装运期的情况下，同一信用证上的装运期也可顺延一个月

2. 在审核信用证金额与货币时需要审核的内容包括（　　）。

A. 信用证总金额大小写必须一致

B. 来证采用的货币与合同规定的货币必须一致

C. 发票或汇票的金额不能超过信用证规定的金额

D. 若合同中有溢短装条款，信用证应有相应规定

3. 下列词语中在用于确定发运日期时包含提及日期的有（　　　　）。

A. to　　B. till　　C. from　　D. before

4. 以下信用证规定中属于“非单据条件”的有（　　　　）。

A. 载货船舶的船龄不超过15年

B. 载货船舶挂巴拿马国旗

C. 装船后立即通知申请人装货细节并提交传真副本

D. 提供原产地证明书

5. 以下条款中应被视为信用证“软条款”的有（　　　　）。

A. 检验人在检验证书上的签名必须与开证行所保留的签名样本相符

B. 受益人出具的报关单、合同及商业发票必须做使馆认证

C. 必须得到开证申请人对样品的确认后，信用证方可生效

D. 货物必须经有关人员检验合格后方可装船

三、判断题

1. 在信用证业务中，信用证的开立是以买卖合同为基础的，因此，信用证条款与买卖合同条款严格相符是开证行向受益人承担付款责任的条件。（　　）

2. 银行对信用证中未规定的单据将不予审核。（　　）

3. 如果来证为SWIFT开信用证，由于SWIFT系统的自动核押功能，不必担心该信用证的真实性。（　　）

4. 有条件生效的信用证，如：“待获得进口许可证后才能生效”，不是一项有效的付款保证或该项付款保证是存在缺陷的。（　　）

5. 如果交单议付有效期最后的当天适逢银行的节假日，容许顺延至银行开始营业的第一天，但装运期不得按此顺延。（　　）

6. 只要在L/C有效期内，不论受益人何时向银行提交符合L/C要求的单据，开证行一律不得拒收单据和拒付货款。（　　）

7. 如果信用证中的装运期和有效期是同一天即通常所称的“双到期”，在实际业务操作中，应将装运期提前一定的时间（一般在有效期前10天），以便有合理的时间来制单结汇。（　　）

8. 信用证受益人应向开证行授权接受单据的银行（议付行、保兑行等）提交单据，而不是直接向开证行交单。（　　）

9. 采用延期付款信用证的结算方式时，受益人必须开具远期汇票及随附单据向开证行或指定付款行索款。（　　）

10. 根据UCP600的规定，当信用证条款与UCP600条款相矛盾时，以

UCP600条款为准。 (　　)

【能力实训】 审核信用证操作

2021年3月25日，江苏集全化工有限公司与印尼SARICHEM POLYWARNA PT就出口化工产品，签订如下合同。

SALES CONTRACT

Contract No.: JQ20210325 Date: March 25, 2021

SELLER: JIANGSU JIQUAN CHEMICAL CO., LTD.

Address.: DAHE ROAD, CHENJIAGANG CHEMICAL DISTRICT, XIANGSHUI COUNTY, JIANGSU PROVINCE, CHINA

BUYER: SARICHEM POLYWARNA PT

Address: JL. PLUTT TIMUR BLOK G UTARA NO. 25 JAKARTA UTARA, INDONESIA

This sales contract is made by and between the Seller and the Buyer, whereby the Seller agrees to sell and the Buyer agrees to buy the under-mentioned goods according to the terms and conditions stipulated below:

Name of commodity and Specification	Quantity	Unit Price	Amount
FOB SHANGHAI, CHINA as per INCOTERMS® 2020			
DISPERSE ORANGE H3R	2 500 kgs	USD 4.20/kg	USD 10 500.00
DISPERSE RUBINE SEGFL	1 500 kgs	USD 6.25/kg	USD 9 375.00
DISPERSE BLUE SE2R	1 500 kgs	USD 6.40/kg	UDS 9 600.00
Total	5 500 kgs		USD 29 475.00
TOTAL CONTRACT VALUE: SAY US DOLLARS TWENTY-NINE THOUSAND FOUR HUNDRED AND SEVENTY-FIVE ONLY.			

PORT OF LOADING: SHANGHAI, CHINA

PORT OF DESTINATION: TANJUNG PRIOK, JAKARTA, INDONESIA

TIME OF SHIPMENT: Not later than May 31, 2021. Transshipment and partial shipment allowed.

PAYMENT: 30% of contract value paid by T/T within 3 days after the contract date. The remaining paid by Letter of Credit in favor of the seller to be available by sight draft to be opened and to reach China before April 8, 2021 and to remain valid for negotiation in China

续表

until 15 days after the foresaid time of shipment. L/C must mention this contract number. All banking charges outside China (the mainland of China) are for account of the drawee.

INSURANCE: To be effected by the buyer.

Other terms: Omitted.

The Buyer:	**The Seller:**
SARICHEM POLYWARNA PT	江 苏 集 全 化 工 有 限 公 司
Rudolf Tilaar	JIANGSU JIQUAN CHEMICAL CO., LTD.
	赵集全

2021年3月26日，江苏集全化工有限公司收到印度尼西亚SARICHEM POLYWARNA PT电汇过来的8 842.50美元预付款。4月8日，江苏集全化工有限公司收到中国农业银行杭州市滨江支行的信用证通知书和信用证，告知SARICHEM POLYWARNA PT已经通过BANK CENTRAL ASIA开来信用证。

中国农业银行
AGRICULTURAL BANK OF CHINA

信用证通知书

NOTIFICATION OF DOCUMENTARY CREDIT

OFFICE: 中国农业银行杭州市滨江支行

ADDRESS: 288 JIANGNAN AVENUE　　　　Date: 2021-04-08

To: 致 江苏集全化工有限公司	Our Reference Number 我行编号： 190451AD13000117 Currency and Amount 币种及金额 USD 20 632.50
Issuing Bank 开证行 BANK CENTRAL ASIA	Advised through 转通知行 Transferred from 转让行
L/C No. 信用证号 014ITSY039315 Transferring Bank's Ref No. 转让行编号	Issuing Date 开证日期 20210403 Transferring Date 转让日期

Dear Sirs，敬启者：

We have pleasure in advising you that we have received from the A/M bank a(n)

兹通知贵公司，我行收自上述银行

☒ issuing by SWIFT	SWIFT开立	☐ ineffective	未生效
☐ issued by mail	信开		
☐ pre-advising of	预先通知	☐ mail confirmation of	证实书
☒ original	正本	☐ copy	副本

Letter of Credit，contents of which are as per attached sheet(s).

续表

续表

This advice and the attached sheet(s) must accompany the relative documents when presented.

信用证一份，现随附通知。贵公司交单时，请将本通知书及信用证一并提示。

(×) Please note that this advice does not constitute our confirmation of the above L/C either does it convey any engagement or obligation on our part.

本通知并不构成我行对该信用证之保兑及其他任何责任。

( ) Please note that we have added our confirmation to the above L/C，which is available with ourselves only.

上述信用证已由我行加具保兑，并限向我行交单。

Remarks 备注:

信用证核押相符

This L/C consists of __1__ sheet(s)，including the covering letter and attachment(s)

该信用证连同本面函及附件共 __1__ 页。

If you find any terms and conditions in the L/C which you are unable to comply with any errors(s)，it is suggested that you contact applicant directly for necessary amendment(s) so as to avoid any difficulties which may arise when documents are presented.

如该信用证中有无法办到的条款及/或错误，请与开证申请人联系进行必要的修改，以排除交单时可能发生的问题。

Please credit　　　　as advising fee to our A/C

No.　　　　with

本通知费　　　　请划入我行　账户

账号

Yours faithfully

AGRICULTURAL BANK OF CHINA

中 国 农 业 银 行

MT 700　　**ISSUE OF A DOCUMENTARY CREDIT**

SENDER:　BANK CENTRAL ASIA

RECEIVER:　AGRICULTURAL BANK OF CHINA, THE HANGZHOU

27 :　SEQUENCE OF TOTAL

1/1

40A:　FORM OF DOCUMENTARY CREDIT

IRREVOCABLE

20 :　DOCUMENTARY CREDIT NUMBER

014ITSY039315

31C:　DATE OF ISSUE

续表

	210403
40E:	APPLICABLE RULES UCP LATEST VERSION
31D:	DATE AND PLACE OF EXPIRY 210603 INDONESIA
50 :	APPLICANT SARICHEM POLYWARNA PT JL. PLUTT TIMUR BLOK G UTARA NO. 25 JAKARTA UTARA, INDONESIA
59 :	BENEFICIARY JIANGSU JICHEN CHEMICAL CO., LTD DAHE ROAD, CHENJIAGANG CHEMICAL DISTRICT, XIANGSHUI COUNTY, JIANGSU PROVINCE, CHINA
32B:	CURRENCY CODE, AMOUNT USD 20 632.50
41D:	AVAILABLE WITH …BY… ANY BANK IN CHINA BY NEGOTIATION
42C:	DRAFT AT… AT 60 DAYS AFTER SIGHT
42A:	DRAWEE APPLICANT
43P:	PARTIAL SHIPMENT NOT ALLOWED
43T:	TRANSHIPMENT ALLOWED
44E:	PORT OF LOADING /AIRPORT OF DEPARTURE ANY PORT FROM CHINA
44F:	PORT OF DISCHARGE/AIRPORT OF DESTINATION TANJUNG PRIOK, JAKARTA, INDONESIA
44C:	LATEST DATE OF SHIPMENT 210518
45A:	DESCRIPTION OF GOODS AND/OR SERVICES 1) 2 500 KGS DISPERSE ORANGE H3R AT USD 4.20/KG: USD 10 500.00 2) 1 500 KGS DISPERSE RUBINE SEGFL AT USD 6.40/KG: USD 9 375.00 3) 1 500 KGS DISPERSE BLUE SE2R AT USD 6.25/KG: UDS 9 600.00 TOTAL QUANTITY : 5 500 KGS TOTAL AMOUNT: USD 29 475.00 TYPE OF GOODS: TEXTILE DYESTUFF

续表

	CONTRACT/ORDER NO : JQ20210325 HS NO. : 3204.11.9000 QUALITY OF GOODS : NEW COUNTRY OF ORGIN : CHINA SHIPPING TERMS : FOB ANY PORT FORM CHINA AS PER INCOTERMS® 2020.
46A:	DOCUMENTS REQUIRED + MANUALLY SIGNED COMMERCIAL INVOICE IN 7 FOLDS + PACKING LIST IN 7 FOLDS + 3/3 OF ORIGINAL CLEAN "ON BOARD" OCEAN BILLS OF LADING, MADE OUT TO ORDER MARKED "FREIGHT PREPAID" AND NOTIFY SARICHEM POLYWARNA PT JL. PLUTT TIMUR BLOK G UTARA NO. 25 JAKARTA UTARA + SHIPPING COMPANY'S OR ITS AGENT'S CERTIFICATE STATING THAT THE CARRYING VESSEL IS NOT MORE THAN 25 YEARS OLD. + CERTIFICATE OF ANALYST (C.O.A) IN 1 ORIGINAL + MATERIAL SAFETY DATA SHEET (M.S.D.S) IN 1 ORIGINAL + CERTIFICATE OF ORIGIN FORM E IN 3 FOLDS
47A:	ADDITIONAL CONDITION + A FEE OF USD 75.00（OR ITS EQUIVALENT）WILL BE DEDUCTED FROM THE PROCEEDS OF EACH PRESENTATION OF DISCREPANT DOCUMENT. + ALL DOCUMENTS MUST BEAR THIS CREDIT NUMBER, NUMBER AND DATE OF COMMERCIAL INVOICE. + ALL DOCUMENTS MUST BE ISSUED IN ENGLISH + ONE SEPARATED ADDITIONAL COPY OF REQUIRED DOCUMENTS TO BE PRESENTED TOGETHER WITH THE DOCUMENTS, FOR ISSUING BANK'S RETENTION. USD 10.00 OR EQUIVALENT WILL BE DEDUCTED IF EXTRA COPIES NOT PRESENTED.
71D:	CHARGES EXCEPT THE ISSUING FEE OF THIS CREDIT, ALL BANKING CHARGES INCLUDE REIMBURSEMENT, CHARGES AND ADVISING COMMISSION, ARE FOR ACCOUNT OF BENEFICIARY
48 :	PERIOD FOR PRESENTATION IN DAYS 005
49 :	CONFIRMATION INSTRUCTION WITHOUT
78 :	INSTRUCTIONS TO THE PAYING/ACCEPTING/NEGOTIATING BANK

续表

	+ THE AMOUNT OF EACH DRAWING MUST BE ENDORSED ON THE REVERSE HEREOF. + ALL DOCUMENTS TO BE DISPATCHED IN ONE LOT BY COURIER SERVICE TO BANK CENTRAL ASIA- GLOBAL TRADE SERVICES JAKARTA DEPT., MENARA BCA, GRAND INDONESIA 29 TH FLOOR, JL, MH. THAMRIN NO. 1

实训任务　根据外贸合同审核信用证，找出问题条款并提出修改意见

信用证修改意见：

项目六　银行保函和备用信用证业务

【学习目标】

能力目标：

- 能填写开立对外保函/备用信用证申请书；
- 能办理开立对外保函/备用信用证申请手续。

知识目标：

- 掌握银行保函和备用信用证的含义、性质和种类；
- 熟悉银行保函和备用信用证的当事人和业务流程；
- 掌握开立对外保函/备用信用证申请书的填写要点；
- 熟悉URDG758和ISP98的主要条款。

素养目标：

- 践行爱岗敬业、精益求精的职业精神；
- 增强诚实守信、开拓创新的职业品格；
- 增强规则意识、责任意识和风险意识。

【思维导图】

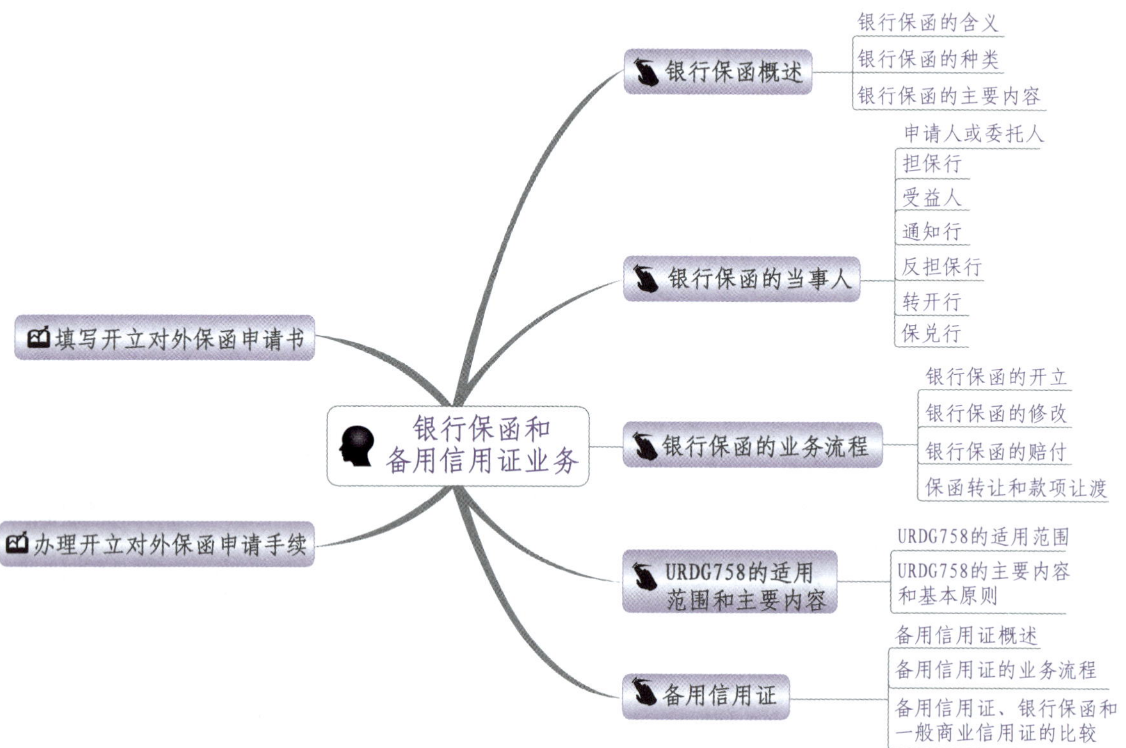

项目背景

动画：银行保函业务

2021年3月22日，浙江高城机电技术有限公司与马来西亚Karangkraf Medicare Sdn.Bhd.签订了一份全自动口罩耳带焊接机的出口合同。根据合同规定，出口商需向进口商提供合同金额50%的银行预付款保函。

CONTRACT

Contract No:GC2021259　　　　**Date of Signature:** March 22, 2021

The Buyer: KARANGKRAF MEDICARE SDN.BHD.

Address: Lot 2, Jalan Separa 15/3, off Persiaran Selangor, Seksyen 15, 40200, Shah Alam, Selangor, Malaysia

The Seller: ZHEJIANG GAOCHENG MECHATRONICS TECHNOLOGY CO., LTD.

Address: No.159 Gudun Road, Hangzhou, P.R.China

This contract is made by and between the Buyer and Seller, whereby the Buyer agrees to buy and the Seller agrees to construct and sell **CROSSOVER headloop welding machines** according to the terms and conditions stipulated below.

续表

1. Commodity and Specification: CROSSOVER headloop welding machine

2. Quantity: 10 sets

3. Price: USD 19 000 CIF Port Klang, selangor, Malaysia as per INCOTERMS® 2020

4. Total Amount: USD 190 000

5. Terms of Payment: Seller shall be responsible for any and all taxes applicable to the sale or delivery of the equipment. Seller must submit invoice for payment in accordance with the following payment terms for the equipment, given as a percentage of the contract price.

5.1.a 50% of the total contract value: down payment by T/T to seller by buyer upon signature of the contract, receiving seller's invoice.

5.1.b 45% of the total contract value shall be paid by T/T before transport to buyer site after inspecting and testing in seller's factory, upon pre-acceptance certificate signed by seller and buyer.

5.1.c 5% of the total contract value shall be paid by T/T within 18 months after fully operational in accordance with specifications.

Bank guarantee: the seller gives the buyer a bank guarantee with value 50% of the total contract, to cover the advance payment points 5.1.a with expiry date not before the estimate delivery date at buyer's site.

5. Other Terms: (omitted)

This contract is made in two originals, one original for each party in witness thereof.

THE SELLER:	**THE BUYER:**
浙 江 高 城 机 电 技 术 有 限 公 司	KARANGKRAF
ZHEJIANG GAOCHENG MECHATRONICS TECHNOLOGY CO., LTD.	*LAM CHIN KEAT*
张 杭	

任务分解

任务6.1 填写开立对外保函申请书

2021年3月29日，浙江高城机电技术有限公司外贸业务员张明准备好相关申请材料到开户行杭州银行国际业务部申请开立银行保函。张明需要根据上述合同和以下信息填制开立对外保函申请书。

（1）银行保函的开立方式为电开。

（2）保函索偿条件：受益人出具并有效签字的书面见索即付声明。

（3）保函有效期：合同要求保函有效期需要大于设备到达买方工厂的预期时间。结合业务实际，保函有效期为Dec. 4，2021。

（4）保函通知行为新加坡花旗银行。

任务6.2 办理开立对外保函申请手续

杭州银行国际业务部经办人李樱对浙江高城机电技术有限公司提交的相关材料进行审核。审核通过后，4月2日，李樱根据开立保函申请书填制银行保函MT760报文各项内容，审核无误后通过SWIFT发送给通知行新加坡花旗银行。

任务6.1 填写开立对外保函申请书

目前银行实务中，开立对外保函申请书和开立备用信用证申请书合二为一，名称为开立对外保函/备用信用证申请书（APPLICATION FOR GUARANTEE OR STANDBY L/C）。开立对外保函申请书一般一式三联，第一联为银行结算部门留存联，第二联为信贷部门留存联，第三联为申请人留存联。张明需要逐项填写申请书各栏目的内容。

（1）申请日期（Date）。本业务填写March 29，2021。

（2）抬头（To）。该栏填写担保行名称。实务中，银行提供的申请书一般都事先印制该行名称。本业务填写BANK OF HANGZHOU CO.，LTD.。

（3）保函或备用信用证号码（Guarantee/standby L/C NO.）。该栏由银行填写。

（4）申请人（Applicant）全称和地址。该栏填写银行保函申请人的全称和地址。本业务填写ZHEJIANG GAOCHENG MECHATRONICS TECHNOLOGY CO.，LTD.，No.159 Gudun Road，Hangzhou，P.R.China

（5）受益人（Beneficiary）全称和地址。该栏填写银行保函受益人的全称和地址。本业务填写Karangkraf Medicare Sdn. Bhd. Lot 2，Jalan Sepan 15/3，off Persiaran Selangor，Seksyen 15，40200 Shah Alam，Selangor，Malaysia。

（6）保函开立方式。保函开立方式包括电开by SWIFT和信开by mail两种。本业务选择电开by SWIFT。由于本业务申请开立的是见索即付保函，适用国际商会《见索即付保函统一规则》（URDG758），因此在Demand Guarantee according to：URDG758前面方框中用“×”标明。

（7）保函种类（Type of guarantee/standby L/C）。该栏填写银行保函的种类。本业务填写预付款保函Advanced Payment Guarantee。

（8）担保币种及保函金额（Currency and Amount）。该栏填写银行保函的币种及大小写金额。根据销售合同的支付条款规定，保函金额为合同金额的50%，因此本业务填写USD 95 000.00（Say US Dollars Ninety-Five Thousand Only）。

（9）保函通知行或转开行（Advising Bank/Reissuing Bank）。该栏填写保函的通知行或转开行。本业务为间接三方结构的直开保函，通知行为花旗银行新加坡分行，填写Citibank N.A Singapore Branch，SWIFT CODE：CITISGSGCCI。

（10）被担保人（Guaranteed Party）全称和地址。如申请人与被担保人不一致，需填写被担保人全称和地址，本业务不填。

（11）保函到期日/条件和有效地点（Expiry Date/Condition and Expiry Place）。本业务填写Dec. 4，2021 in China。

（12）保函索赔要求提交的单据（Documents required for drawings）。由于见索即付保函具有典型单据化特征，因此在申请书中必须列明索赔要求提交的单据，也就是保函索赔的条件。书面见索即付声明Demand in writing是必选的，其他单据根据业务需要进行选择。具体包括即期汇票（Sight Draft）、签署的违约证明并写明具体的内容（Signed Beneficiary Certificate stating a default，reading as follows）、运输单据副本（Copy of Transport Document）、发票副本（Copy of Invoice）和其他单据（Other）。本业务仅要求受益人提交书面见索即付声明，明确申请人在哪些方面违反了合同项下义务。

（13）特殊指示（Special Instructions）。该栏要明确保函索赔时间、金额、次数等要求，以及保函费用承担问题。本业务规定，担保行之外的所有银行费用均由受益人承担。受益人只能提交一次索赔。因此在以下指示前面方框中用“×”标明。

☒ All banking charges outside the issuing bank are for account of beneficiary.

☒ Drawings：（Select One）Beneficiary can make ☒ One ☐ Multiple demands for payment（drawings）。

（14）保函开立的基础信息。该栏目列明合同签订日期、地点、号码、合同相对方、商品名称等销售合同基本信息。本业务填写如下：

我公司申请本对外保函/备用信用证由☒ 杭州银行股份有限公司 ☐杭州银行股份有限公司委托____银行______分（支）行（简称“代开行”）开立。

本申请依据我公司2021年3月22日在杭州与马来西亚Karangkraf Medicare Sdn. Bhd.签订的设备出口合同/标书（编号：GC2021259）提出。

（15）申请人的声明和签章。申请人在申请书中要做出如下声明：贵行已依法向我方提示了本申请书及其背面承诺书相关条款（特别是黑体字条款），应我方要求对相关条款的概念、内容及法律效果做了说明。我公司已对本申请书及其背面承诺书各条款进行审慎阅研，对各条款含义与贵行理解一致。我公司在此签章表示对本申请书及背面承诺书条款的接受，愿依照执行。最后加盖申请人公章并由法定代表人或授权代理人签字。

以下是填制好的开立对外保函申请书（见表6-1）。

表6-1 APPLICATION FOR GUARANTEE OR STANDBY L/C

Date March 29, 2021

TO: BANK OF HANGZHOU CO., LTD. **BRANCH**	**Guarantee/standby L/C NO.**:
Applicant (Full Name and Address): ZHEJIANG GAOCHENG MECHATRONICS TECHNOLOGY CO., LTD. No.159 Gudun Road, Hangzhou, P.R.China	**Please issue**: ☒ by SWIFT ☐ by mail ☐ As per attachment ☒ Demand Guarantee According to: URDG758 ☐ Standby Letter of Credit According to: ☐ UCP 600 ☐ ISP98
Beneficiary (Full Name and Address): Karangkraf Medicare Sdn. Bhd. Lot 2, Jalan Sepan 15/3, off Persiaran Selangor, Seksyen 15, 40200 Shah Alam, Selangor, Malaysia	
Type of guarantee/standby L/C: Advanced Payment Guarantee	**Guaranteed Party**(Full Name and Address):
Currency and Amount(in figures and words) USD 95 000.00 (Say US Dollars Ninety-Five Thousand Only)	**Expiry Date/Condition and Expiry Place:** Dec. 4, 2021 in China.
Advising Bank/Reissuing Bank: Citibank N.A Singapore Branch SWIFT CODE: CITISGSGCCI	
Documents required for drawings (Optional) (marked with "X"): ☒ Demand in writing ☐ Sight Draft ☐ Signed Beneficiary Certificate stating a default, reading as follows (please state below exact words to appear on the statement): ☐ Copy of Transport Document (Specify): ☐ Copy of Invoice ☐ Other (Specify):	

续表

<table>
<tr><td>
Special Instructions (optional):
☒ All banking charges outside the issuing bank are for account of beneficiary.
☒ Drawings: (Select One) Beneficiary can make☒ One ☐ Multiple demands for payment (drawings)。
☐ Other (Specify):

我公司申请本对外保函/备用信用证由☒ 杭州银行股份有限公司 ☐杭州银行股份有限公司委托_____银行_____分(支)行(简称“代开行”)开立。
本申请依据我公司2021年 3 月 22 日在杭州与马来西亚Karangkraf Medicare Sdn. Bhd.签订的设备出口合同/标书(编号：GC2021259)提出。
声明:贵行已依法向我方提示了本申请书及其背面承诺书相关条款(特别是黑体字条款)，应我方要求对相关条款的概念、内容及法律效果做了说明。我公司已对本申请书及其背面承诺书各条款进行审慎阅研，对各条款含义与贵行理解一致。我公司在此签章表示对本申请书及背面承诺书条款的接受，愿依照执行。

申请人（公章） 浙 江 高 城 机 电 技 术 有 限 公 司
法定代表人（签章） ZHEJIANG GAOCHENG MECHATRONICS
(授权代理人) TECHNOLOGY CO., LTD.
张　杭

2021年3月29日
</td></tr>
</table>

任务6.2　办理开立对外保函申请手续

浙江高城机电技术有限公司在国家外汇管理局“货物贸易外汇监测系统”的分类信息为A类。

第一步：填写开立对外保函申请书

第二步：审读并签署申请人承诺书

<table>
<tr><td>
开立对外保函/备用信用证申请人承诺书
我公司已依法办妥一切必要的手续，兹请贵行依照本申请书所列条款开立保函/备用信用证，并承诺如下:
一、我公司已充分知悉贵行业务办理相关规定，无条件同意贵行按国际惯例和有关规定办理(或委托代开行办理)保函/备用信用证项下的一切事宜，并承担由此产生的一切责任。贵行有权根据自身管理规定进行审核并决定是否开立。
二、在保函/备用信用证有效期内，如受益人按保函/备用信用证约定要求贵行/代开行履行担保义务对外赔付时，贵行无须事先征得我公司的同意即可对受益人或代开行付款。我公司将在贵行付款通知书规定期限内及时履行赔付责任，无条件偿还贵
</td></tr>
</table>

续表

行保函/备用信用证项下的垫款、费用和利息等款项。贵行有权直接扣收我公司缴存的保证金或从我公司在杭州银行各机构开立的任何账户扣收相应款项。 三、贵行只负责处理保函/备用信用证所要求提交的单据或证明，对其所涉及的基础合同纠纷不负任何责任。贵行对任何讯息、信函、付款要求或单据的真伪，以及在传递中的延误及/或遗失所产生的后果，或对于任何电信在传递中发生的延误、残缺或其他差错，不承担责任。 四、我公司保证及时支付本保函/备用信用证项下产生的一切费用(包括国外受益人拒绝承担的有关银行费用)。 五、本申请书一律用英文填写。如用中文填写而引起的歧义，贵行概不负责。 六、对由于执行我公司指示和因申请书字迹不清或词义含混而引起的一切后果均由我公司负责。 七、在收到贵行开出的保函/备用信用证函/电副本后，及时核对。如有不符之处，将在收到副本后的两个工作日内通知贵行。否则，视为正确无误。 八、当实际存入保证金币种与保函/备用信用证币种不同时，愿意承担汇率变动风险。由于汇率变动导致所交保证金不足的，我公司保证补交相应差额。 申请人（公章） 浙江高城机电技术有限公司 法定代表人（签章） ZHEJIANG GAOCHENG MECHATRONICS （授权代理人） TECHNOLOGY CO., LTD. 张 杭 2021年3月29日

第三步：提交开立对外保函相关资料

张明将办理开立保函申请手续所需的相关资料递交杭州银行国际业务部经办人李樱，主要包括：①开立对外保函申请书（经公司和授权人签章）；②出口合同副本；③银行授信所需营业执照、税务登记证、财务报表、公司决议等。

第四步：签订《开立保函协议》

浙江高城机电技术有限公司与杭州银行签订《开立保函协议》，明确双方权责关系。

第五步：缴纳开立保函保证金和手续费

浙江高城机电技术有限公司按照要求向杭州银行缴纳了开立保函的保证金和保函金额1‰的开立手续费。

第六步：银行开立对外保函

杭州银行对浙江高城机电技术有限公司递交的相关材料进行审核，重点审核开立保函申请书的内容是否完整；开立保函申请书加盖的印鉴与预留印鉴是否相符；合同条款是否符合国家管理规定、内容是否清楚完整以及担保的落实情况等。同时，还要审查申请人的资信状况、履约能力、项目可行性、保函条款及担保情况等。在实务中，杭州银行一般采用该行标准格式文本。如保函格式由受益人提供，担保行将对保函条件、责任条款、索偿办法和保函有效期是否符合国际惯例等进行审核并办理审批手续。

审核通过后，杭州银行在开立保函申请书上盖章，把申请人留存联交给张明。然后，李樱根据开立保函申请书填制银行保函MT760报文各项内容，审核无误后通过SWIFT发送给通知行新加坡花旗银行。本业务MT760报文内容填制如下。

15A：NEW SEQUENCE

该栏位为MT760报文Sequence A的起始项，是一个固定栏位，无须录入，仅在报文中显示栏位名称即可。

27：SEQUENCE OF TOTAL

该栏位为报文页序。本业务填写：1/1。

22A：PURPOSE OF MESSAGE

该栏位为报文目的和用途。本业务为直开保函，选择ISSU（Issuance of Undertaking）。其他短码还有ACNF（Advice and confirmation of issued undertaking）表示通知且加具保兑，ADVI（Advice of issued undertaking）表示仅通知。

15B：NEW SEQUENCE

该栏位为MT760报文Sequence B的起始项，是一个固定栏位，无须录入，仅在报文中显示栏位名称即可。

20：UNDERTAKING NUMBER

该栏位为保函编号，一般由银行自动生成。本业务编号为LG 01157850000008。

30：DATE OF ISSUE

该栏位为保函开立日期，本业务为210402。

22D：FORM OF UNDERTAKING

该栏位用于描述担保形式。本业务为DGAR（Demand guarantee），即见索即付保函。此外还有STBY（Standby letter of credit）,即备用信用证。

40C：APPLICABLE RULES

该栏位须列明保函适用的规则。本保函适用国际商会《见索即付保函统一规则》(URDG)。除此以外，该栏目还有其他短码，如ISPR表示本保函适用《国际备用证惯例》；NONE表示保函不适用任何规则；UCPR 表示保函适用国际商会《跟单信用证统一惯例》；OTHR表示保函适用ISP、UCP或URDG以外的其他规则，或者适用的规则并非保函开立日的最新版本，需要在OTHR后具体陈述适用规则的版本。本业务选择：URDG。

23B：EXPIRY TYPE

该栏位显示保函的效期类型。包括三种形式FIXD（Specified date of expiry），表示固定失效日，COND（Expiry condition）表示失效事件，以及OPEN（No specified date of expiry）表示无特定失效日，即效期敞口。

31E：DATE OF EXPIRY

该栏位为保函到期日，与23B相关联，当23B选择FIXD，31E为必显示项，注明具体失效日期。本业务为211204。

50：APPLICANT

该栏位显示保函开立申请人。本业务填写浙江高城机电技术有限公司名称和地址。

52A：ISSUER

该栏位显示保函开立方。本业务为杭州银行。

59：BENEFICIARY

该栏位显示保函受益人。本业务为马来西亚KARANGKRAF MEDICARE SDN. BHD.。

56A：ADVISING BANK

该栏位显示保函通知行。本业务为CITIBANK SINGAPORE LTD。

32B：UNDERTAKING AMOUNT

该栏位显示担保币种和金额。本业务为USD 95 000.00。

77U：UNDERTAKING TERMS AND CONDITIONS

该栏位用于显示保函所遵循的条款或条件，这些内容未在其他栏位中提及。

44H：GOVERNING LAW AND/OR PLACE OF JURISDICTION

该栏位显示保函适用的法律和/或管辖地。本业务为中国。

48B：DEMAND INDICATOR

若不允许部分索赔和/或多次索赔，则显示该栏位。该栏位有三个代码：NMLT表示不允许多次索赔；NPRT 表示不允许部分索赔；NMPT表示不允许多次索赔和部分索赔。本业务为NMPT。

本业务制作好的MT760报文如下。

MT 760	**ISSUE OF A BANK GUARANTEE**
15A:	NEW SEQUENCE
27：	SEQUENCE OF TOTAL
	1/1
22A:	PURPOSE OF MESSAGE
	ISSUE
15B:	NEW SEQUENCE

续表

20 :	UNDERTAKING NUMBER LG 01157850000008
30 :	DATE OF ISSUE 210402
22D:	FORM OF UNDERTAKING DGAR
40C:	APPLICABLE RULES URDG
23B:	EXPIRY TYPE FIXD
31E:	DATE OF EXPIRY 211204
50:	APPLICANT ZHEJIANG GAOCHENG MECHATRONICS TECHNOLOGY CO. LTD NO.159 GUDUN ROAD, HANGZHOU, P.R. CHINA
52A:	ISSUER HZCBCN2HZSB BANK OF HANGZHOU CO.,LTD (FORMERLY HANGZHOU CITY COMMERCIAL BANK CO., LTD) ZHOUSHAN ZHOUSHAN BRANCH
59 :	BENEFICIARY KARANGKRAF MEDICARE SDN. BHD. LOT 2, JALAN SEPAN 15/3, OFF PERSIARAN SELANGOR,SEKSYEN 15, 40200 SHAH ALAM,SELANGOR,MALAYSIA
56A:	ADVISING BANK CITISGSGGCB CITIBANK SINGAPORE LTD
32B:	UNDERTAKING AMOUNT USD 95 000.00
77U:	UNDERTAKING TERMS AND CONDITIONS
	DEAR SIRS, RE: OUR IRREVOCABLE ADVANCED PAYMENT GUARANTEE NO. LG01157850000008 WE HAVE BEEN INFORMED THAT ZHEJIANG GAOCHENG MECHATRONICS TECHNOLOGY CO., LTD. (HEREINAFTER CALLED “THE PRINCIPAL”) HAS ENTERED INTO THE CONTRACT NO. GC2021259 DATED March 22, 2021 WITH YOU, FOR THE SUPPLY OF TEN SETS OF

续表

CROSSOVER headloop welding machine (BRIEF DESCRIPTION OF WORKS OR GOODS AND/OR SERVICES.). FURTHERMORE, WE UNDERSTAND THAT, ACCORDING TO THE CONDITIONS OF THE CONTRACT, YOU ARE REQUIRED TO MAKE A DOWN PAYMENT TO THE PRINCIPAL OF AMOUNT USD 95 000.00 (SAY US DOLLARS NINETY-FIVE THOUSAND ONLY), BEING 50 PCT OF THE TOTAL PRICE AGAINST AN ADVANCED PAYMENT GUARANTEE. THIS BEING STATED, WE, BANK OF HANGZHOU (ADDRESS: NO.46 QINGCHUN ROAD, HANGZHOU 310003, CHINA) HEREBY IRREVOCABLY UNDERTAKE TO PAY YOU, UPON YOUR FIRST DEMAND, ANY SUM NOT EXCEEDING USD 95 000.00 (SAY US DOLLARS NINETY-FIVE THOUSAND ONLY) UPON RECEIPT BY US OF YOUR DULY SIGNED DEMAND FOR PAYMENT IN WRITING STATES THAT THE PRINCIPAL IS IN BREACH OF HIS OBLIGATION(S) UNDER THE CONTRACT. THIS GUARANTEE SHALL ONLY BECOME EFFECTIVE AND OPERATIVE ONCE THE ABOVE-MENTIONED ADVANCE PAYMENT OF AMOUNT USD 95 000.00 (SAY US DOLLARS NINETY-FIVE THOUSAND ONLY) IS RECEIVED BY THE PRINCIPAL INTO THEIR ACCOUNT NO.3305040160000097059 HELD WITH US. FOR THE PURPOSE OF IDENTIFICATION, YOUR REQUEST FOR PAYMENT MUST BE ACCOMPANIED BY AN AUTHENTICATED SWIFT MESSAGE MT799 SENT TO US (SWIFT CODE: HZCBCN2HXXX) OR A SIGNED CONFIRMATION SENT TO OUR ADDRESS INDICATED ABOVE VIA COURIER SERVICE BY ONE OF OUR CORRESPONDENT BANKS STATES THAT THE LATTER HAS VERIFIED YOUR SIGNATURE(S) APPEARING ON THE SAID REQUEST FOR PAYMENT. THE AMOUNT OF THIS GUARANTEE SHALL BE AUTOMATICALLY REDUCED BY THE SUM(S) ALREADY PAID BY THE PRINCIPAL OR BY US AS A RESULT OF A CLAIM. THIS GUARANTEE SHALL EXPIRE ONCE IT HAS BEEN REDUCED TO NIL OR SHOULD YOUR WRITTEN DEMAND FOR PAYMENT NOT BE IN OUR POSSESSION AT OUR ABOVE ADDRESS ON OR BEFORE Dec. 4, 2021, WHICHEVER OCCURS EARLIER, REGARDLESS OF SUCH DATE BEING OUR BANKING DAY OR NOT. THIS PAYMENT GUARANTEE IS NOT TRANSFERABLE. ALL BANKING CHARGES OUTSIDE THE ISSUING BANK ARE FOR ACCOUNT OF BENEFICIARY.

续表

	THIS GUARANTEE IS SUBJECT TO THE UNIFORM RULES FOR DEMAND GUARANTEES, ICC PUBLICATION NO. 758.
44H:	GOVERNING LAW AND/OR PLACE OF JURISDICTION CN
48B:	DEMAND INDICATOR NMPT

知识要点

一、银行保函概述

（一）银行保函的含义

银行保函（Letter of Guarantee，L/G）又称银行保证书，是银行根据申请人的要求，以书面形式向受益人开出的，担保申请人正常履行与受益人签订的合同项下责任或义务的书面保证承诺，是一种货币支付保证书。

银行开立保函主要是以自身的信用向受益人保证申请人会履行合同义务，以消除受益人对申请人是否具有履约意愿和履约能力的担忧，从而促进交易的顺利进行，其主要目的在于担保而不是付款。如果受益人在保函有效期内提交与承诺条件相符的书面索款通知和保函要求的其他单据，就可以要求担保行履行担保义务进行赔付。

（二）银行保函的种类

1. 按照保函与基础交易合同的关系或者索赔条件，银行保函可以分为从属性保函和独立性保函

（1）从属性保函（Accessory Guarantee）。从属性保函是基础合同的一个附属性契约，其法律效力随基础合同的存在而存在。《中华人民共和国民法典》（简称《民法典》）第六百八十二条规定，保证合同是主债权债务合同的从合同。主债权债务合同无效的，保证合同无效，但是法律另有规定的除外。保证合同被确认无效后，债务人、保证人、债权人有过错的，应当根据其过错各自承担相应的民事责任。对于担保行来讲，它的偿付责任从属于或依附于申请人在基础交易合同项下的责任和义务，担保行承担第二性的付款责任。在从属性保函中往往会对受益人的索赔设置若干条件的限制。担保行还会保留一定的抗辩权。

微课：融资性保函的含义、当事人和业务流程

（2）独立性保函（Independent Guarantee）。独立性保函本质上是见索即付保函（Demand Guarantee）。尽管独立性保函也是根据基础合同开立的，但保函本身是一种独立的法律文件，与申请人的基础交易合同之间不存在主从关系，也不依附于基础关系而存在，与基础交易的执行情况是互相脱离

的，并且在担保人和受益人之间构成了第一性付款承诺。实务中，如果要开立对外保函，银行原则上只开立独立性保函，也就是独立的、无条件的、见索即付的保函。保函一旦开立，即不可撤销，即使保函中并未声明其不可撤销。

2. 按照担保项下基础合同是否具有融资性质的不同，银行保函可以分为融资性保函和非融资性保函

微课：融资性保函协议样本

（1）融资性保函（Financing Guarantee）。融资性保函是指为申请人的融资行为承担保证责任的保函。开立融资性保函的目的主要是为申请人借款、债券发行、融资租赁等提供担保。具体包括借款保函、有价证券保付保函、融资租赁保函、授信额度保函和延期付款保函等。

（2）非融资性保函（Non-financing Guarantee）。非融资性保函是指为申请人的非融资行为承担保证责任的保函。常见的非融资性保函包括投标保函、履约保函、预付款保函、质量保函、关税保函等。

3. 根据保函应用范围的不同，银行保函可以分为出口类保函、进口类保函和其他类保函

微课：投标保函的含义、业务流程和注意事项

出口类保函是指银行应出口商申请，为满足货物或服务出口需要而向进口商开立的保函。主要包括：

（1）投标保函（Bid Guarantee/Security/Bond，Tender Guarantee）。投标保函是在以招标方式成交的工程建造和物资采购等项目中，银行向受益人（招标人）开立的担保申请人（投标人）在招标有效期内不撤标、不改标、中标后在规定的时间内签订招投标项下的合同或提交履约保函或履约保证金的书面保证文件。当受益人因申请人的原因遭受经济损失而向银行提交索赔要求时，银行根据书面索赔通知进行赔付。

（2）履约保函（Performance Guarantee/ Security/ Bond）。履约保函是指银行应申请人的请求，向受益人开立的保证申请人履行某项合同项下义务的书面保证文件。履约保函主要用于进出口贸易和工程承包等项目，对申请人履行合同义务提供担保。例如，在进出口贸易项下，保证申请人（出口商）履行合同项下的交货义务，即按期、保质、保量地交运合同规定的货物。在工程承包等项目中，保证申请人（承包方）按照合同规定正常履行义务，避免因承包方不履行合同义务而给发包方造成损失。履约保函的金额一般为合同金额的10%左右。

微课：投标保函的应用案例和样本

（3）预付款保函（Advance Payment Guarantee/ Security）。预付款保函又称定金保函或还款保函，是指银行应预收款人的请求，向预付款人开立的书面保证文件。担保行承诺如果预收款人没有履行合同约定或未能全部按合同约定使用预付款，银行将根据预付款人的退款要求，负责返还保函规定的预

付款金额。在国际贸易中，进口商为避免因出口商拿到预付款后不履行合同义务而遭受损失，要求出口商提供偿还预付款的银行担保。在工程承包项目和招标中，中标签约后，招标人向中标人支付一定比例的预付款作为工程启动资金，但中标人必须向招标人提供一份预付款保函，保证如果中标人不履约或未能按合同规定使用预付款，则必须将预付款退还工程招标人。预付款保函的金额一般为合同总价的10%~30%。

（4）留置金保函（Retention Money Guarantee）。留置金保函又称保留金保函，是银行应工程承包方或卖方的申请而向发包方或买方开立的，保证承包方或卖方在提前支取合同价款中的尾款部分后履行合同义务的书面文件。例如，机械设备交易合同往往规定预先支付合同金额的90%~95%，其余5%~10%的款项待设备安装完毕且运行良好，经买方验收后再支付。该部分款项即为留置金或保留金，一旦出现设备品质、规格与合同规定不符的情况，双方可商议减价并从保留金中抵扣。因此，如果承包方或卖方提前预支了留置金，发包方通常会要求对方提供留置金保函。

微课：履约保函的含义、业务流程和注意事项

（5）质量保函（Quality Guarantee）。质量保函又称“维修保函”，是指银行应出口商（或承包方）的请求，向进口商（或发包方）出具的，承诺如货物（或工程）质量不符合合同约定而出口商（或承包方）又不能更换或维修时，银行将根据进口商（或发包方）索赔，按照约定承担赔偿责任的书面保证文件。质量保函的金额一般为合同总价的5%~10%。

进口类保函是指银行应进口商申请，为满足货物和技术进口等需要而向出口商开立的保函。主要包括：

（1）付款保函（Payment Guarantee）。付款保函又称进口保函，是指银行应货物或技术进口商的请求，开立给出口商的书面保证文件，保证在受益人交付货物或提供劳务后，申请人一定按期付款或者保证到货检验与买卖合同相符后付款。

微课：履约保函的应用案例和样本

（2）租赁保函（Leasing Guarantee）。租赁保函是指承租人根据租赁协议规定，请求银行向出租人开立的旨在保证承租人按期向出租人支付租金的付款保证承诺。租赁保函根据租赁方式的不同分为融资租赁保函和经营租赁保函。

（3）关税保函（Guarantee for the Customs Duties）。关税保函又称海关保函，是指银行应进口商（含加工贸易企业）的申请而向海关出具的，保证进口商履行缴纳关税义务的书面文件。关税保函可以分为关税保付保函和加工贸易税款保付保函。

（三）银行保函的主要内容

国际商会《见索即付保函统一规则》（URDG758）第8条指出开立保函的

微课：预付款保函的含义、业务流程和注意事项

指示以及保函本身都应该清晰、准确，避免加列过多细节。银行保函的主要内容包括：①申请人、受益人、担保人完整的名称和详细的地址。其中担保人地址、受益人交单地点、保函到期地点通常一致，有时还需要提供通知行或转开行的全称和地址；②保函的开立日期；③保函种类；④保函或反担保函编号；⑤基础关系信息，即保函所基于的申请人和受益人之间的合同、招标条件或其他关系的编号或其他信息；⑥担保金额和币种，即保函最高赔付的大小写金额及币种，可以用具体金额表示，也可以用有关合同金额的百分比表示；⑦保函金额变动条款，约定在特定日期或发生特定事件，金额根据保函有关条款减少或增加；⑧担保责任和索赔条件，同时明确需要提交的任何支持索赔的单据以及交单形式、交单语言和交单地点；⑨保函失效条款，要求填写失效日期或描述失效事件；⑩费用条款；⑪其他条款，包括保函转让、修改、撤销、保兑和仲裁等内容。

微课：质量保函的含义和业务流程

二、银行保函的当事人

（一）申请人或委托人

申请人（Applicant）是指请求开立保函的人。按照URDG758的规定，申请人是指保函中表明的，保证其承担基础关系项下义务的一方。通常情况下，申请人就是被担保人，但在内保外贷等融资性保函中，被担保人并不是申请人而是申请人在境外的分支机构。申请人要承诺一旦担保行对受益人的相符索赔进行了赔付，在收到担保行付款通知书规定期限内及时履行赔付责任，无条件偿还担保行在保函项下的垫款、费用和利息等款项。

微课：银行保函的当事人

（二）担保行

担保行（Guarantor）是指开立保函的一方，包括为自己开立保函的情况。担保行要审核受益人提交的索赔声明和单据，并按照承诺的条件对相符索赔进行赔付。担保行可以在开立保函时要求申请人提供担保，并在申请人未在规定期限内对其进行赔付的情况下处理担保品。

（三）受益人

受益人（Beneficiary）是指接受保函并享有其利益的一方。在保函的有效期内，受益人可以按照保函的规定提交索款通知或连同其他有关单据，向担保人索取款项。

（四）通知行

通知行（Advising Bank），也称传递行（Transmitting Bank），是指应担保行的请求将保函通知或传递给受益人的银行，一般是受益人所在地银行，与担保行有印鉴密押关系。通知行在通知保函的时候要负责核验保函的表面真实性，并严格按照担保行的指示及时、准确地将保函通知受益人。除此以外，通知行不对受益人承担任何额外的义务与责任。

（五）反担保行

反担保行（Counter Guarantor）是指开立反担保函的一方，可以以担保人为受益人或另一反担保人为受益人。在国际贸易中，委托人和受益人往往处于不同的国家和地区。由于受益人所在地法律的限制或其他原因，受益人只接受本国银行所开立的保函。然而，申请人与该银行往往无业务往来关系。此时，申请人可以指示自己所在地的往来银行转托受益人所在地银行开立保函，从而使受益人所在国银行成为担保行。接受申请人申请向该银行发出开立保函的委托指示，并承诺在担保行遭到索赔时，立即给予偿付的一方，就被称为反担保行或指示行。反担保行与受益人不发生直接的联系，也不受理受益人提出的任何索赔要求。反担保行只对担保行负责，凭担保行的要求予以赔偿，对申请人有追偿的权利。

（六）转开行

转开行（Reissuing Bank），也称代开行，是指根据反担保函中反担保人的指示，向受益人开出保函的受益人所在地银行。转开行开立保函后，当发生保函规定的索赔事件时，受益人只能向转开行要求偿付。

（七）保兑行

保兑行（Confirming Bank）是指根据担保人的要求，为保函加具保兑的银行，通常是受益人所在地银行。保兑行对受益人也承担相符索赔情况下的偿付责任。一旦担保人未能按照保函规定偿付，保兑行应当代其履行付款义务，从而使受益人得到双重保障。保兑行付款后有权凭保函及担保行要求其加具保兑的书面指示，向担保行进行追偿。

三、银行保函的业务流程

（一）银行保函的开立

微课：银行保函的开立方式

根据开立和流转方式的不同，银行保函可以分为直开银行保函和转开银行保函。直开银行保函是指担保行应申请人的要求，径直向受益人开立的保函，对受益人直接承担担保责任。根据传递方式的不同，直开银行保函又分为直接三方结构和间接三方结构。转开银行保函是指银行应申请人请求，以提供反担保方式来委托受益人所在地银行代其向受益人开立的保函，并在申请人违约时，由后者向受益人承担赔偿责任。转开银行保函形成了间接四方结构。除非另有约定，保函开立后就开始生效。

1. 直接三方结构保函的业务流程

在直接三方结构中，担保行是申请人的往来银行，与申请人同处一国，而受益人营业地则在境外。具体业务流程如下：①申请人提出申请，担保行审查后开立保函并交给申请人；②保函申请人将保函正本直接寄交或带交受益人；③受益人凭保函和符合保函规定的索赔声明和单据提出索赔并获得赔偿；④担保行对申请人或反担保行追索并获得赔偿后注销保函（见图6–1）。

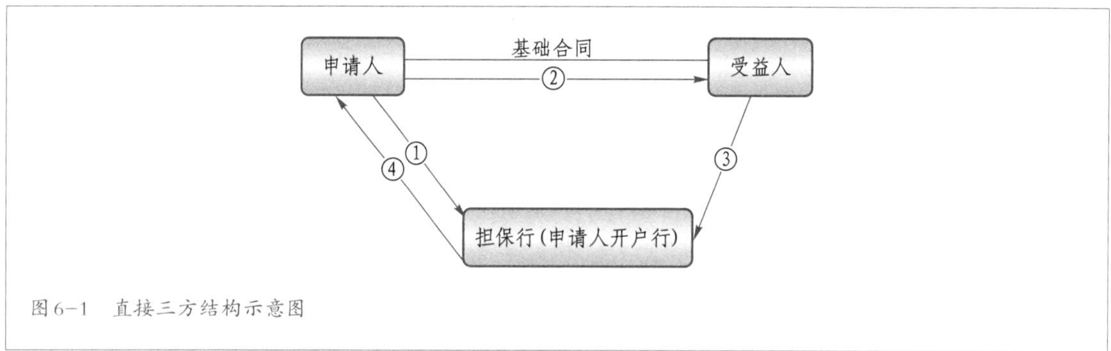

图6–1　直接三方结构示意图

在直接三方结构中，存在三个独立的合同关系，即申请人与受益人之间的基础合同（Underlying Contract）、申请人与担保行之间的赔偿担保合同、担保行与受益人之间的保函。直接三方结构保函涉及当事人少，关系简单，但受益人难以辨别保函真伪，索偿也不方便，实际中较少使用。

2. 间接三方结构保函的业务流程

间接三方结构与直接三方结构的最大区别是，保函不是由申请人自己传递或通知受益人，而是增加了向受益人传递或通知保函的传递行或通知行，由传递行（通知行）将保函传递给受益人。具体业务流程如下：①申请人申请，担保行审查后开立保函。②担保行将银行保函以邮寄或SWIFT电信方式发给传递行（或通知行）。③传递行（或通知行）将保函正本通知受益人。④受益人凭保函和规定的索赔声明和单据索赔并获得赔偿。⑤担保行对申请人追索并获得补偿后注销保函（见图6–2）。虽然间接三方结构保函真假易辨，但索偿时需要通过通知行向担保行索偿，便捷性相对较弱。

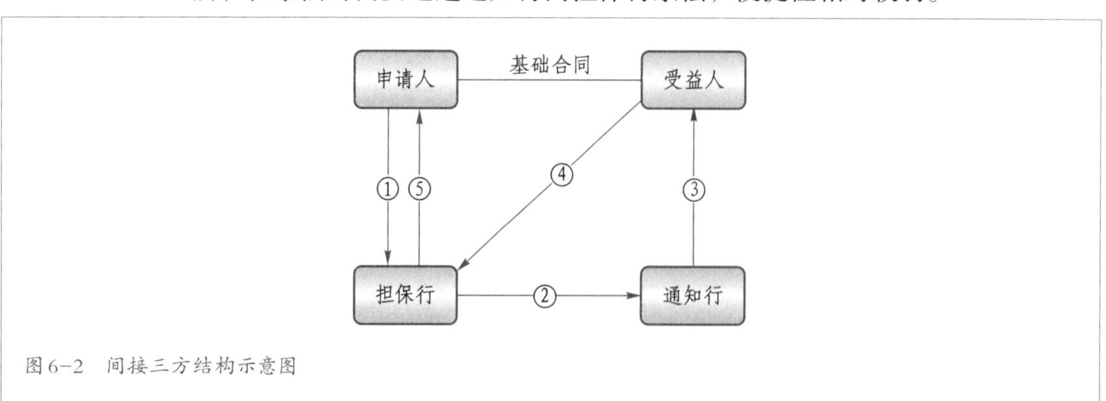

图6–2　间接三方结构示意图

3. 间接四方结构保函的业务流程

在间接四方结构中，申请人往来银行需指示受益人所在地银行转开保函。前者为指示行（Instructing Bank），后者为转开行。指示行通常需要向转开行开立反担保函，转开行凭反担保函向受益人开立保函。此时，指示行就成为反担保行。其具体业务流程如下：①申请人申请，反担保行审查后开立反担保函；②反担保行将反担保函邮寄或通过SWIFT电信方式发给受益人所在地的转开行，从而确立反担保行与转开行之间的担保合同关系；③转开行凭反担保函向受益人开立保函，确立转开行与受益人之间的担保合同关系；④受益人凭保函和规定的索赔声明和单据索赔并获得赔付；⑤转开行对反担保行追索后注销保函；⑥反担保行对申请人追索后注销反担保函（见图6-3）。在间接四方结构中，转开行与受益人同处一地，索偿较为便利。

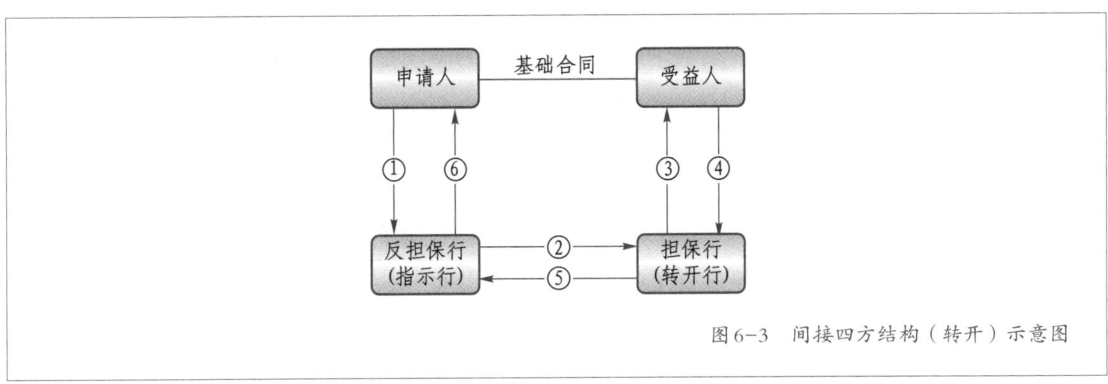

图6-3　间接四方结构（转开）示意图

（二）银行保函的修改

微课：银行保函的修改

1. 修改银行保函的原因

修改银行保函的原因主要有：①在保函有效期内，当事人由于各种原因，如交易或工程项目的延期，可能需要修改保函的有效期；②交易或工程项目涉及的商品价格发生变化，可能导致保函金额的修改；③金融市场的变动、新政策或新法规的出台、国际政治关系的变化等，也都有可能导致银行保函某些条款的修改。

2. 修改银行保函的原则

（1）保函的修改需要征得担保人同意。担保人有选择权，这是因为保函是担保人向受益人发出的付款承诺，保函的修改直接影响担保人的利益。但是，在担保人收到保函修改的指示后，担保人不论因何原因，不准备或无法作出该修改时，应毫不延迟地通知向其发出指示的一方。这是担保人的通知义务。

（2）保函修改未经受益人同意，对受益人不具有约束力。保函的修改也要征得受益人同意。但是，对于担保人来说，除非受益人拒绝该修改，只要出具了修改书，从出具之日起就不可撤销地受其约束。

（3）除了根据保函条款作出的修改外，在受益人表示接受该修改或者作出仅符合修改后保函的交单之前，受益人可以在任何时候拒绝保函修改。受益人既可以通过发出拒绝或接受修改的通知来表明其态度，也可以通过交单行为来表明其态度。如果受益人提交了与修改后的保函条款完全相符的单据，就说明他接受了修改。

（4）对同一修改书的内容不允许部分接受，部分接受将视为拒绝该修改的通知。对保函的修改，受益人只能全部接受或者全部不接受，不能选择其中的某些内容接受。

（5）修改书中约定除非在指定时间内拒绝，否则该修改将生效的条款应不予置理。如果在一份修改书中声明，受益人在十天内未作出表示是否接受或者拒绝时该修改将生效，那么这样的声明是没有约束力的。

3. 修改银行保函的流程

（1）提出申请。申请人向原担保行提出修改保函申请，提出的书面请求中应说明修改的具体内容、受益人的意思表示，注明原保函的编号、金额、开立日期、有权签字人的签字和盖章，以及一切因保函的修改而引起的责任条款，并附受益人要求或同意修改的书面材料。

（2）审查批准。原担保行根据申请人修改要求、内容和风险程度进行审核，决定是否批准。

（3）发出修改函电。担保行向申请人发出修改函或修改电文，并就修改项目单项收费。若修改的内容是展期或增额时，一切手续视同新开保函办理；若修改的内容是缩短有效期或减额时，要求受益人对修改内容予以确认，并根据减额部分制作减额传票，在原账务上冲销该笔或有债务。

（4）修改登记。担保行发出保函的修改函后，应当在留底或保函登记卡上详细批注修改内容，以待日后查询。

（三）银行保函的赔付

微课：银行保函的赔付（1）

银行保函是担保行对受益人作出的在符合索赔情况下进行赔付的承诺。所谓相符索赔，是指满足相符交单的索赔，即受益人在保函有效期内提交的单据及其内容与保函条款和条件相符，与URDG758的适用条款相符并符合见索即付保函的国际标准实务。受益人必须在保函失效当日或失效之前在保函开立地点或保函指明的其他地点提交索赔单据。

1. 索赔要求

保函项下的索赔，应由保函指明的其他单据支持，并且在任何情况下均应辅之以一份受益人声明。这份书面申明应描述申请人具有哪些方面的违约行为。索赔书或支持声明的出单日期不能早于受益人有权提交索赔的日期。所谓“受益人有权提交索赔的日期”是指保函开立之日或保函约定的开立之后其他日期或事件之日。索赔书或支持声明或其他单据的出单日期都不能迟于其提交日期。

2. 索赔通知

担保人应毫不延迟地将保函项下的任何索赔和作为替代选择的任何展期请求通知指示方，或者适用情况下的反担保人。担保人有义务在付款前通知指示方受益人的索赔情况。因为指示方是承担赔偿责任的一方，它有权被告知索赔的情况。指示方获得通知后，还可以将信息传递申请人，如果是受益人违反了基础合同，申请人可以向当地法院申请止付令或者对受益人采取其他的补救措施。

3. 索赔金额

URDG758第17条e款将以下两种情况下的索赔视为不相符索赔：一种是索赔超过了保函项下可用的金额；另一种是保函要求的任何支持声明或其他单据所表明的金额合计少于索赔的金额。与此相反，任何支持声明或其他单据表明的金额多于索赔的金额并不能使索赔成为不相符的索赔。也就是说，在索赔金额并未超过保函项下可用金额的前提下，即使相关单据显示的金额超过了索赔金额，也不会构成不相符索赔。

4. 部分索赔和多次索赔

部分索赔是指一项索赔少于可用的全部金额。多次索赔是指提交一次以上的索赔。原则上两者都是允许的。然而，如果保函中声明了禁止多次索赔或载有类似表述，则只能就全部金额或部分金额索赔一次。同时，国际商会又明确了在保函有效期内，允许受益人对索赔的缺陷进行补救后再次索赔。如果保函约定只能进行一次索赔，而该索赔被拒绝，则可以在保函失效当日或之前再次索赔。这项规定与前面条款不矛盾。“禁止多次索赔”是指就全部金额或部分可用金额提交一次以上的索赔，就是一部分、一部分地多次索赔。索赔被拒绝后，可以在有效期内继续提交索赔，则强调了每一次索赔的独立性。

5. 审单

担保人应仅基于交单本身确定其是否在表面上构成相符交单。表面相符，是指对索赔单据的审核仅从单据本身记载的内容来看符合保函条款或条件即可，而不需要去审核单据表面记载之外的事实。这是保函单据化特征的体现。担保人审单的依据是单据本身、保函和URDG。另外，如果受益人提交了保函未要求或者URDG758未提及的单据，则该单据将不予置理，并可退还给交单人。同时，担保人必须在交单次日起5个银行工作日内审核完毕，而且这个期限不受保函在交单后失效的影响。例如，担保人在2021年4月12日（周一）收到交单，而保函将在4月14日到期，担保人的审单期限仍然是从4月13日到4月19日（4月17日和18日非银行工作日）。担保人可以在2个工作日内审核完毕，给予拒付通知或进行赔付，也可以在4月20日审完再给予拒付通知或赔付，如果拒付，那么受益人将丧失再次提出索赔的权利。

6. 赔付

微课：银行保函的赔付（2）

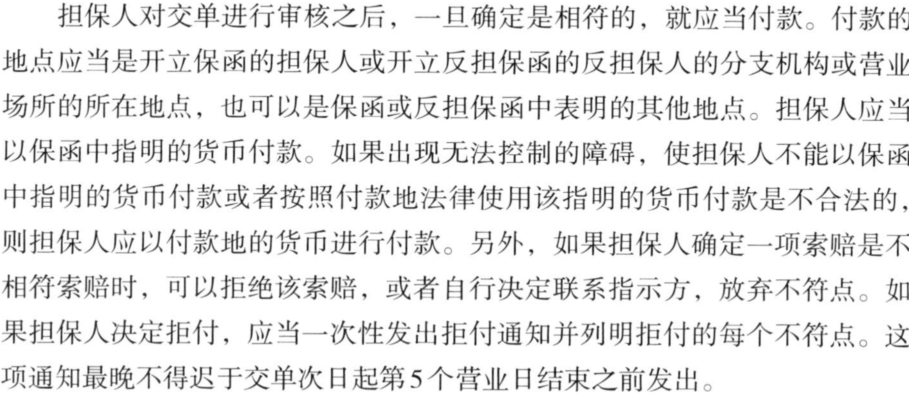

担保人对交单进行审核之后，一旦确定是相符的，就应当付款。付款的地点应当是开立保函的担保人或开立反担保函的反担保人的分支机构或营业场所的所在地点，也可以是保函或反担保函中表明的其他地点。担保人应当以保函中指明的货币付款。如果出现无法控制的障碍，使担保人不能以保函中指明的货币付款或者按照付款地法律使用该指明的货币付款是不合法的，则担保人应以付款地的货币进行付款。另外，如果担保人确定一项索赔是不相符索赔时，可以拒绝该索赔，或者自行决定联系指示方，放弃不符点。如果担保人决定拒付，应当一次性发出拒付通知并列明拒付的每个不符点。这项通知最晚不得迟于交单次日起第5个营业日结束之前发出。

（四）保函转让和款项让渡

URDG758规定了保函可转让的形式要件，即保函只有特别声明“可转让”时方可转让，在此情况下，保函可就转让时可用的全部金额多次转让，但是“反担保函不可转让”。保函转让后，担保人要对新的受益人即受让人承担义务。同时，URDG758明确了担保人的权利：①即使保函特别声明是可转让的，保函开立后担保人没有义务必须执行转让保函的要求，除非按担保人明确同意的范围和方式进行转让；②除非转让时另有约定，转让过程中发生的所有费用，都应由转让人支付；③被转让的保函应包括截至转让之日，转让人与担保人已经达成一致的所有保函修改书；④担保人可以要求转让人提供经签署的声明，表明受让人已经获得转让人在基础关系项下的权利和义务。

四、URDG758的适用范围和主要内容

URDG全称为Uniform Rules for Demand Guarantees，URDG758是在URDG458的基础上修订的，于2010年7月1日正式生效。目前，URDG758是银行保函业务中最重要的国际惯例，也是见索即付保函业务的权威业务指南。

（一）URDG758的适用范围

URDG758适用于任何明确表示适用该规则的见索即付保函或反担保函。除非见索即付保函或反担保函对该规则的内容做了修改或排除，该规则对见索即付保函或反担保行的所有当事人均具有约束力。如果应反担保人的请

求，开立的见索即付保函适用URDG758，那么反担保函也应适用该规则，除非该反担保函明确排除适用URDG758。但是，见索即付保函并不仅因反担保函适用URDG758而适用该规则。

如果应指示方的请求或经其同意，见索即付保函或反担保函根据URDG758开立，则视为指示方已经接受了该规则明确规定的归属于指示方的权利和义务。所谓“指示方”是指除反担保人之外的，发出开立保函或反担保函的指示并向担保人（或者反担保函情况下向反担保人）承担赔偿责任的一方。指示方可以是申请人，也可以不是申请人。如果指示方没有明确表明适用URDG758，那么无论担保人在保函或反担保函中如何表态，都不能约束指示方。

（二）URDG758的主要内容和基本原则

URDG758共35条，大体可以分为三个部分。第一部分从第1条到第3条，为URDG的适用范围、定义和解释。从第4条到第33条为第二部分，规定了保函业务的主要操作流程，包括保函的开立和生效、通知、修改、交单、索赔、审单和赔付、终止、转让和让渡等环节以及相关的规则。第三部分为其他注意事项。URDG758的主要规定体现了以下两项基本原则：

1. 坚持保函的独立性

URDG758在多处强调了保函的独立性，首先是第2条的定义：见索即付保函或保函，无论其如何命名或描述，指根据提交的相符索赔进行付款的任何签署的承诺。可见，保函是担保人做出的一项承诺，而这项承诺唯一的付款条件是受益人提交了与保函和URDG758一致的相符单据，与基础合同的履行情况无关。

URDG758第5条明确了保函和反担保函的独立性。保函就其性质而言，独立于基础关系和申请，担保人完全不受这些关系的影响或约束。保函中为了指明所对应的基础关系而予以引述，并不改变保函的独立性。担保人在保函项下的付款义务，不受任何关系项下产生的请求或抗辩的影响，但担保人与受益人之间的关系除外。因此，适用URDG758的保函，完全独立于基础交易关系，保函生效后，担保人只受到和受益人之间的担保契约关系的影响，不得援引申请人在基础交易合同项下的任何抗辩事由来对抗受益人。也就是说，担保行享有的抗辩权非常有限，只要受益人提交了与保函条款和条件相符的索赔单据，担保行就应当履行担保义务。担保行不能享有属于债务人的抗辩权，除非受益人存在欺诈行为。保函的独立性可以使受益人的权益更有保障和更易于实现，可以避免保函申请人以各种理由如不可抗力、合同履行不可能等来对抗受益人索赔的请求。

2. 强调索赔条件的单据化

单据化是保函独立性的必然要求，也是为了避免担保人卷入基础交易合同而影响到保函的独立性和高效性。URDG758第6条规定，担保人处理的是单据，而不是单据可能涉及的货物、服务或履约行为。一方面，在保函中应明确受益人索赔时需要提交的具体单据；另一方面，受益人索赔的要求应以单据的形式体现。

该规则第7条还明确了如何处理非单据化的条件（Non-documentary Conditions）。除了日期条件之外，保函中不应约定一项条件，却未规定表明满足该条件要求的单据。如果保函中未指明这样的单据；并且根据担保人自身记录或者保函中指明的数据也无法确定该条件是否满足，那么担保人将视该条件未予要求并不予置理，除非为了确定保函中指明提交的某个单据中可能出现的信息是否与保函中的信息不存在矛盾。所谓“担保人自身记录”，是指在担保人处所开立账户的借记或贷记记录，并且能够使担保人识别与之相关联的保函。也就是说，如果保函中对受益人或任何交单人规定了一项义务条件，要求其履行某项义务或做出某种行为，却没有相应的规定交单人履行了义务之后应当提交何种单据来证明其已满足该条件，则担保人可以认为这项条件不存在，不予理会。

五、备用信用证

（一）备用信用证概述

1. 备用信用证的含义

备用信用证（Standby Letter of Credit，SL/C），又称商业票据信用证（Commercial Paper L/C）、担保信用证（Guarantee L/C）。无论其被如何命名或描述，都是一种信用证或类似安排，代表开证行对受益人承担以下责任：①偿还申请人的借款或预支给申请人或记在申请人账户的款项；②支付由申请人承担的任何债务；③由于申请人未履行契约而付款。

微课：备用信用证的含义

可见，备用信用证实质上是开证行根据申请人的请求，对受益人开立的承担某项义务的书面担保书，保证在申请人未能履行其义务时，受益人只要按照备用信用证的要求向开证行开立汇票，并随附申请人未履行义务的声明或证明文件即可得到开证行的付款。如果申请人已经如期履行了合同义务，则该证就自动失效，这就是“备用”的由来。国际商会明确规定，《跟单信用证统一惯例》的条文适用于备用信用证，将备用信用证纳入信用证的范围。因此，备用信用证既具备了传统商业信用证的特点，又具备了担保文件的特殊功能。

2. 备用信用证的性质

（1）不可撤销性（Irrevocable）。备用信用证一经开立，除非在备用信用证中另有规定，或经对方当事人同意，开证人不得修改或撤销其在该备用信用证项下的义务。如果受益人同意撤销其备用证项下的权利，可以以书面形式声明，也可以通过一个行为证明，比如归还备用证正本就暗示着受益人同意撤销。受益人对撤销的同意一经传达给开证人即不可撤销。

微课：备用信用证的性质

（2）独立性（Independent）。备用信用证一经开立，就作为一种自足文件而独立存在。它独立于赖以开立的申请人与受益人之间的基础交易合同，不受基础交易合同的约束。开证人只是凭单付款，而不管基础交易合同的实际执行情况，也不管备用证下提示的任何单据的准确性、真实性或有效性。

（3）单据性（Documentary）。备用信用证是跟单性的，开证人的义务要取决于单据的提示，以及对所要求单据的表面审查。开证人付款义务的履行取决于受益人提交的单据是否符合备用信用证的条款。备用信用证的“跟单”的性质与商业信用证一致，但商业信用证主要用于国际贸易货款的结算，其项下的单据以汇票和货运单据为主；而备用信用证更多的是用于国际商务担保，通常只要求受益人提交汇票、索款要求、所有权凭证、投资担保、发票、违约证明等非货运单据。

（4）强制性（Binding/Enforceable）。备用信用证在开立后即具有约束力，无论申请人是否授权开立，开证人是否收取了费用，受益人是否收到或因信赖备用信用证和修改而采取了行动，它对开证行都是有强制性的。

3. 备用信用证的种类

（1）履约备用信用证（Performance Standby L/C）。履约备用信用证是指用于担保申请人履行责任而非款项支付的保证，包括对申请人在基础交易中违约所造成的损失进行赔偿。在备用信用证履约有效期内，如发生申请人违反基础合同的情况，开证人将根据受益人提交的符合备用信用证的单据（如索款要求书、违约声明等）代申请人赔偿该备用信用证规定的金额。履约备用信用证，主要用于国际工程承包建设中的履约担保以及货物销售中的赊销担保。

（2）预付款备用信用证（Advance Payment Standby L/C）。预付款备用信用证是指用于担保申请人对受益人的预付款所应承担的义务和责任的保证。预付款备用信用证通常用于国际工程承包项目中发包人向承包人支付的合同总价一定比例的工程预付款，以及进出口贸易中进口商向出口商支付的预付款。例如，承包人要向工程发包人提供预付款备用信用证，规定开证行要向发包人保证承包人收到发包人预付款后，一定完成承建工程；如果没有完成，开证行负责将预付款连同利息退还发包人。

（3）投标备用信用证（Bid Bond/Tender Bond Standby L/C）。投标备用信用证是指用于担保申请人中标后履行合同的义务和责任的保证。若投标人未能履行合同，开证人须按备用信用证的规定向受益人履行赔偿义务。投标备用信用证的金额一般为投标报价的1%~5%，具体比例视招标文件规定而定。

（4）反担保备用信用证（Counter Standby L/C）。反担保备用信用证，又称对开备用信用证（Reciprocal Standby L/C），是指用于支持反担保备用信用证受益人开立另外的备用信用证或提供其他承诺的保证。类似银行保函中的反担保函。

（5）融资保证备用信用证（Financial Standby L/C）。融资保证备用信用证是指用于保证付款义务的履行，包括对借款偿还义务的保证。这种备用信用证广泛用于国际信贷融资安排。境外投资企业可根据项目运营需要，通过融资备用信用证获得东道国的信贷资金支持。

（6）直接付款备用信用证（Direct Payment Standby L/C）。直接付款备用信用证是指用于担保到期付款，尤指到期没有任何违约时支付本金和利息的保证。它已经突破了备用信用证备而不用的传统担保性质，主要用于担保企业发行债券或订立债务契约时到期支付本息义务，普遍用于商业票据的融资支持。

（7）保险备用信用证（Insurance Standby L/C）。保险备用信用证是指用于担保申请人的保险或再保险义务的保证。

（8）商业备用信用证（Commercial Standby L/C）。商业备用信用证主要用于为申请人对货物或服务的付款义务进行保证。如果申请人未履行付款义务，则开证人凭受益人提交的与备用信用证条款相符的表明申请人违约的索款声明和商业发票、运输单据副本等向受益人履行付款责任。

（二）备用信用证的业务流程

1. 申请人与受益人签订基础合同

开证申请人与受益人需要签订基础合同或协议，在基础交易中约定开立备用信用证的种类和具体要求。

微课：备用信用证的业务流程

2. 申请人向其所在地的开证行申请开立备用信用证

此时，申请人需要填写开立备用信用证申请书并准备好相关资料，同时按照开证行的要求提供担保并支付开证费用。实务中，开立备用信用证申请书与开立保函申请书合二为一。开立方式也包括电开（by SWIFT）和信开（by Mail）两种。目前实务中主要采取SWIFT电开方式，报文类型为MT760，在77C栏目中注明为备用信用证，也可以采用MT700，在40A（跟单信用证类型）中注明IRREVOCABLE STANDBY（不可撤销备用信用证）或者IRREVOCABLE TRANS STANDBY（不可撤销可转让备用信用证）。

3. 开证行开证

开证行收到申请之后，严格审核开证申请书的内容以及开证申请人的资信状况、交易项目的可行性等重要事项。若同意受理，即向受益人所在地的通知行发送MT760报文。

4. 通知行通知备用信用证

通知行收到备用信用证之后通知给受益人。通知行需按照标准信用证惯例检查所通知信息的表面真实性，并保证该通知准确地反映了其收到的内容。

5. 受益人索赔

收到备用信用证经审核无误后，即可发货或作出其他履约行为。如果申请人也按照基础交易合同履行了义务，备用信用证就自动失效。如果申请人未能履约，受益人可以按照备用信用证的规定提交汇票及随附单据，向开证行索赔。

6. 开证行赔付

开证行审核并确认相关索赔文件符合备用信用证条款后，必须无条件地向受益人付款，履行其担保义务。

7. 开证行索偿

在开证行对外付款后，即可向申请人索偿垫付的款项，后者有义务予以赔偿。在实际业务操作中，开证行或保兑行也可以指定另一家银行付款，被指定银行在审单并作出付款后，将单据寄交开证行索偿已付款项。

（三）备用信用证、银行保函和一般商业信用证的比较

1. 备用信用证与银行保函的比较

备用信用证与银行保函有以下共同点：①都是银行应申请人要求，向受益人开立的书面保证文件；②都是以银行信用代替商业信用或补充商业信用的不足；③银行所处理的都是单据而不是货物；④银行都是在申请人未履约的情况下对受益人做出赔偿；⑤涉及的基本当事人都包括申请人、担保人和受益人。

备用信用证与银行保函有以下不同点：①适用规则不同。备用信用证主要适用《国际备用信用证惯例》(International Standby Practices，ISP98)或者《跟单信用证统一惯例》的相关条款。银行保函主要适用国际商会《见索即付保函统一规则》(URDG758)。②单据要求不同。备用信用证要求受益人在索赔时提交即期汇票和证明申请人违约的书面声明或证明文件。银行保函不要求受益人提交汇票，担保行凭申请人提交的受益人声明和书面索偿单据付款。③付款依据不同。备用信用证只要受益人能够提供符合信用证规定的单据，开证行即验单付款。开证行只能根据信用证条款和条件决定是否偿付，与基础合同无关。④性质不同。银行保函有从属性保函和独立性保函两种。从属性保函项下发生索赔时，担保行要根据基础合同的条款以及实际履行情况来确定是否应予支付，可能会卷入基础交易合同纠纷。

2. 备用信用证与一般商业信用证的比较

备用信用证与一般商业信用证有以下共同点：①同属信用证范畴，是独立于基础合同之外的独立文件，适用《跟单信用证统一惯例》；②开证行均承担第一性付款责任；③均凭符合信用证规定的凭证或单据付款。

备用信用证与一般商业信用证有以下不同点：①使用范围不同。商业信用证通常只用于国际贸易结算领域；备用信用证可广泛用于各种形式的国际经济交易担保，包括国际贷款、国际融资租赁等担保。②作用性质不同。商业信用证是一种国际支付方式，每证必付，而备用信用证兼有保函的性质，即预备性，不是每证必付，经常是备而不用。在商业信用证下，受益人只要提交与信用证要求相符的单据，即可向开证行要求付款。在备用信用证下，受益人只有在开证申请人未履行义务时，才能要求开证行付款。③单据要求不同。商业信用证要求的单据主要是与货物有关的商业发票、运输单据、商检证明等，种类相对复杂。备用信用证要求的单据主要是汇票、索款要求、违约声明等，种类相对简单。④适用规则不同。商业信用证适用《跟单信用证统一惯例》的全部内容；备用信用证则适用《国际备用信用证惯例》作为专门的国际统一规则，也可遵循《跟单信用证统一惯例》的适用条款。

国际结算与中国经济

"十三五"期间中国进出口银行累计开出跨境非融资保函金额超过2 400亿元

凭借银行自身的主权级信用资质，以及长期从事海外业务的经验，中国进出口银行开出的保函在国际市场中赢得了较高的认可度。"十三五"期间，中国进出口银行累计开出跨境非融资保函金额超过2 400亿元，支持大型海外项目共计500余个，覆盖50余个国家，在公路、铁路、电力、水利、建筑等多个领域助力工程类企业服务贸易"走出去"。

一、单项选择题

1. 银行保函是以（　　）的信誉为基础开立的担保书。

A. 申请人　　B. 受益人　　C. 开证行　　D. 担保行

2. 在进出口贸易中，进口商为了确保货物品质符合要求，往往要求出口商提交（　　）保函。

A. 履约　　B. 质量　　C. 还款　　D. 付款

3. 担保人必须在交单次日起（　　）个营业日内审核完毕，而且这个期限不受保函在交单后失效的影响。

A. 10　　B. 5　　C. 15　　D. 3

4. 下列不属于融资性保函的是（　　）。

A. 借款保函　　B. 授信额度保函

C. 付款保函　　D. 有价证券保付保函

5. 履约保函的金额一般为合同总价的（　　）左右。

A. 5%　　B. 10%　　C. 20%　　D. 30%

6. 银行保函的反担保人应（　　）的要求，向担保人开出书面的反担保文件。

A. 第三方　　B. 受益人　　C. 申请人　　D. 担保人

7. 根据URDG758，如果保函或反担保函既没有规定失效日，也没有规定失效事件，则保函应自开立之日起（　　）之后终止。

A. 3年　　B. 5年　　C. 1年　　D. 2年

8. 银行保函的担保行在赔付后向（　　）索偿。

A. 申请人或受益人　　B. 通知行

C. 申请人或反担保人　　D. 保兑行

9. 建设工程中采用的投标保函属于我国《民法典》中的（　　）。

A. 抵押担保　　B. 质押担保　　C. 保证担保　　D. 留置担保

10. 备用信用证的当事人之间的法律关系，以下说法错误的是（　　）。

A. 申请人与受益人之间是基础交易合同关系

B. 申请人与开证人之间是委托合同关系

C. 受益人与开证人之间是委托代理关系

D. 保兑人与开证人之间是委托代理关系

二、多项选择题

1. 银行保函可适用的国际惯例主要有（　　）。

A.《跟单信用证统一惯例》

B.《见索即付保函统一规则》

C.《联合国独立保证和备用信用证公约》

D.《合同保函统一规则》

2. 申请人向原担保行提交的修改保函申请书中的内容主要包括（　　）。

A. 修改的具体内容

B. 受益人的意思表示

C. 原保函的编号、金额、开立日期

D. 有权签字人的签字和盖章

3. 投标保函中担保人要保证投标人在招标有效期内（　　）。

A. 不撤标　B. 不改标　C. 签订合同　D. 提交履约保函

4. 备用信用证的性质包括（　　）。

A. 不可撤销性　B. 独立性　C. 跟单性　D. 强制性

5. 开立备用信用证申请书的主要内容包括（　　）。

A. 受益人的名称和地址　B. 备用信用证种类

C. 到期日和失效地点　D. 要求提交的索赔单据

三、判断题

1. 担保行在付款前应征得申请人的同意，申请人不同意付款则不付款。（　　）

2. 投标保函的有效期至开标日起，如投标人中标，则投标保函失效。（　　）

3. 付款保函是对合同价款的支付保证，而不是违约赔偿金的支付保证。（　　）

4. 银行保函的修改必须征得担保人的同意。（　　）

5. 受益人在接受保函修改之前，可以在任何时候拒绝修改。（　　）

6. 保函项下的索赔，应由保函指明的其他单据所支持，并且在任何情况下均应辅之以一份受益人声明。（　　）

7. 任何保函都可以多次索赔。（　　）

8. 内保外贷适用于我国“走出去”企业在海外投资设厂或进行其他经营活动的融资。（　　）

9. 备用信用证的开证申请人按基础交易合同履行了义务，备用信用证就自动失效。（　　）

10. 备用信用证的保兑人只有在开证人失去偿付能力时才需代为履行付款责任。（　　）

能力实训

【能力实训】 申请开立投标保函操作

2021年3月7日，山西定安建设工程有限公司（Shanxi Dingan Construction

Co.，Ltd.，Address：No.44 YiFen Street，Taiyuan，P.R.China）业务员赵烨准备好了施工合同（编号：CC2021050）、经年检的法人营业执照、企业近期财务报表和其他有关证明文件向中国农业银行山西省分行申请办理开立银行保函业务。山西定安建设工程有限公司的报关经营单位代码是1401912537，组织机构代码是84749223-1，账号为931474567。该笔保函业务的招标人为美洲建筑公司（America Construction Co.，Ltd.，Address：440 MADISON AVENUE NEW YORK，NY 10012，U.S.A.），合同总金额为5 000万美元。

实训任务 填写开立保函申请书

3月7日，山西定安建设工程有限公司业务员赵烨需根据以上施工合同的要求填写以下开立对外保函申请书，并向中国农业银行山西省分行国际业务部办理申请保函开立手续。该保函要求采用SWIFT电报方式开立。保函有效期和有效地为2021年6月7日在中国有效。保函通知行为中国银行纽约分行。中国农业银行山西省分行给予山西定安建设工程有限公司的担保金额为15万美元。

APPLICATION FOR GUARANTEE OR STANDBY L/C

Date ________________

TO: AGRICULTURAL BANK OF CHINA BRANCH	**Guarantee/standby L/C NO.**:
Applicant (Full Name and Address):	**Please issue**: ☐ by SWIFT ☐ by mail ☐ As Per Attachment ☐ Demand Guarantee According to: ☐ URDG758 ☐ Standby Letter of Credit According to: ☐ UCP 600 ☐ ISP98
Beneficiary (Full Name and Address):	
Type of Guarantee/Standby L/C:	**Guaranteed Party** (Full Name and Address):
Currency and Amount (in Figures and Words)	
Advising Bank/Reissuing Bank:	**Expiry Date/Condition and Expiry Place:**

续表

<table>
<tr><td>

Documents Required for Drawings (Optional) (Marked with "X"):

☐ Demand in Writing ☐ Sight Draft

☐ Signed Beneficiary Certificate Stating A Default, Reading as Follows (please state below exact wording to appear on the statement):

☐ Copy of Transport Document (Specify):

☐ Copy of Invoice

☐ Document as Per Format Attached

☐ Other (Specify):

</td></tr>
<tr><td>

Special Instructions (optional):

☐ Automatically renew this standby L/C or Guarantee:(Specify) :

☐ Drawings not permitted prior to ________

☐ This standby L/C or Guarantee shall be automatically reduced by(Amount)__________ _____(Frequency) Commencing____________(Date).

☐ All banking charges outside the issuing bank are for account of beneficiary.

☐ Drawings: (Select One) Beneficiary can make ☐ One ☐ Multiple demands for payment (drawings).

☐ Other (Specify):

本申请依据我公司____年____月____日在____与__________________公司签订的__________合同/标书（编号:__________）提出。

声明：贵行已依法向我方提示了本申请书及其背面承诺书相关条款（特别是黑体字条款），应我方要求对相关条款的概念、内容及法律效果做了说明。我公司已对本申请书及其背面承诺书各条款进行审慎阅研，对各条款含义与贵行理解一致。我公司在此签章表示对本申请书及背面承诺书条款的接受，愿依照执行。

申请人（签章）

法定代表人或授权代理人

年 月 日

</td></tr>
</table>

项目七　出口贸易融资业务

【学习目标】

能力目标：

- 能办理出口打包贷款业务；
- 能办理出口信用证押汇业务。

知识目标：

- 熟悉打包贷款业务的含义、业务流程；
- 熟悉出口押汇业务的含义、种类及业务流程；
- 熟悉国际保理业务的含义、种类、业务流程及注意事项；
- 熟悉福费廷业务的含义、特点、业务流程和注意事项；
- 熟悉出口商业发票贴现的含义及业务流程；
- 熟悉出口退税账户托管贷款的含义及业务流程；
- 熟悉出口代付的含义及业务流程。

素养目标：

- 践行社会主义核心价值观；
- 培育民族精神和时代精神；
- 增强责任意识和创新意识。

【思维导图】

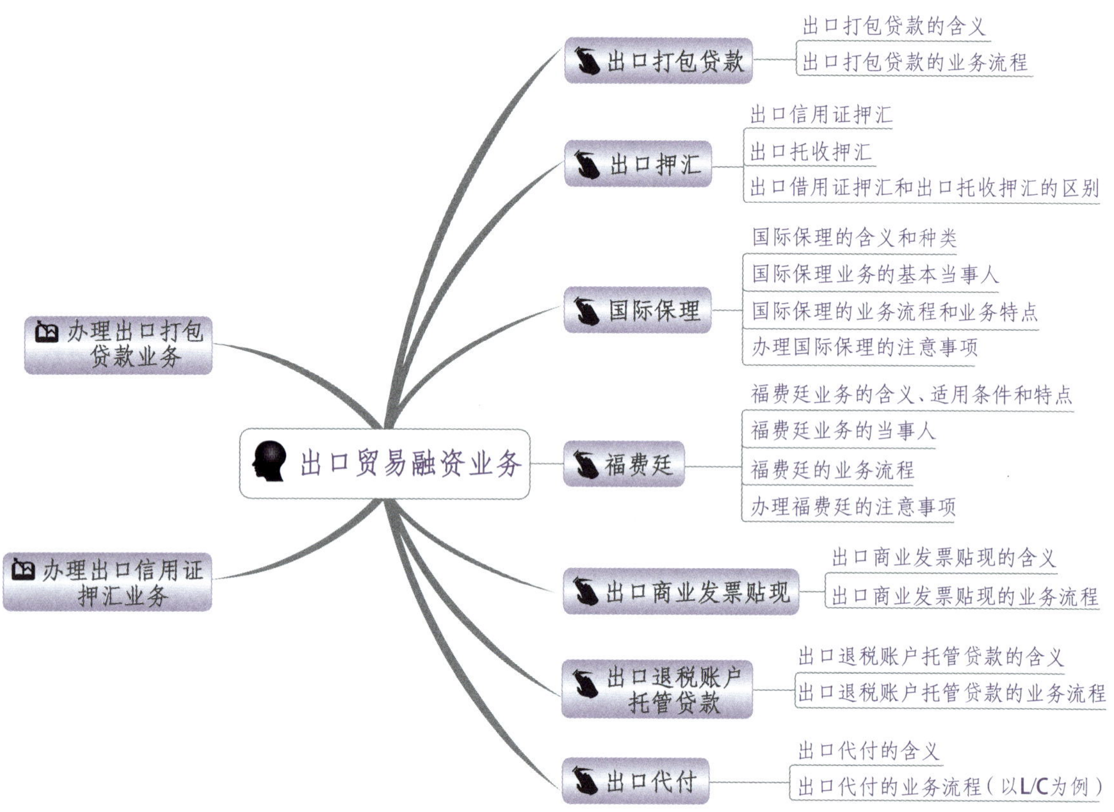

项目背景

2021年3月，杭州凯瑞进出口有限公司与墨西哥进口商CTGLOBAL TRADING CO., LTD.签署了买卖橱柜的贸易合同，合同约定采用信用证结算。2021年3月25日，墨西哥进口商如期开来了信用证，通知行杭州银行将信用证通知并转交给了杭州凯瑞进出口有限公司。

信用证通知书

Notification of Documentary Credit

OFFICE: INT'L BUSINESS DEPT.

ADDRESS: 432 FENGQI ROAD, HANGZHOU, 310006, CHINA DATE: 2021-03-27

<table>
<tr><td rowspan="2">To: 致
HANGZHOU KAIRUI IMPORT AND EXPORT CO., LTD.</td><td>Our Ref No. 我行编号：
AD101596310000**</td></tr>
<tr><td>Amount 金额
USD131 861.00</td></tr>
<tr><td>Issuing Bank 开证行
SCOTIABANK INVERLAT, S.A</td><td>Transmitted to us through 传递行</td></tr>
<tr><td>L/C No. 信用证号 ILC66666MEX</td><td>Issuing Date 开证日期 2021年3月25日</td></tr>
</table>

Dear Sirs，敬启者：

We have pleasure in advising you that we have received from A/M a(n)

兹通知贵公司，我行收自上述银行

(√) Test Key confirmity 印押相符

Letter of credit, contents of which are as per attached sheet(s).

This advice and the attached sheet(s) must accompany the relative documents when presented.

信用证一份，现随附通知。贵公司交单时，请将本通知书及信用证一并提示。

(√) Please note that this advice does not constitute our confirmation of the above L/C either does it convey any engagement or obligation on our part.

本通知并不构成我行对该信用证之保兑及其他任何责任。

( ) Please note that we have added our confirmation to the above L/C, which is available with ourselves only.

上述信用证已由我行加具保兑，并限向我行交单。

Remarks 备注：

If you find any terms and conditions in the L/C which you are unable to comply with and/or any error(s), it is suggested that you contact applicant directly for necessary amendment(s) so as to avoid any difficulties which may arise when documents are presented.

如该信用证中有无法办到的条款及/或错误，请与开证申请人联系进行必要的修改，以排除交单时可能发生的问题。

本通知费 CNY0.00

Yours faithfully

BANK OF HANGZHOU

THIS IS A COMPUTER GENERATE LETTER, NO SIGNATURE BE REQUIRED

动画：出口贸易融资业务——打包贷款

续表

MT 700		ISSUE OF A DOCUMENTARY CREDIT
SENDER		SCOTIABANK INVERLAT, S.A, MEXICO
RECEIVER		BANK OF HANGZHOU, HANGZHOU, CHINA
SEQUENCE OF TOTAL	27 :	1 / 1
FORM OF DOC. CREDIT	40A:	IRREVOCABLE
DOC. CREDIT NUMBER	20 :	ILC66666MEX
DATE OF ISSUE	31C:	210325
APPLICABLE RULES	40E:	UCP LATEST VERSION
DATE AND PLACE OF EXPIRY.	31D:	210621 CHINA
APPLICANT	50 :	CTGLOBAL TRADING CO., LTD. APOLO 999, EDIFICIO 99, MODULO 9, PARQUE INDUSTRIAL KALOS, SANTA CATARINA, N.L MX
BENEFICIARY	59 :	HANGZHOU KAIRUI IMPORT AND EXPORT CO., LTD. 118 XUEYUAN STREET, HANGZHOU, P.R.CHINA
CURRENCY CODE, AMOUNT	32B:	USD 131 861.00
Percentage Credit Amount Tolerance	39A:	10/10
AVAILABLE WITH/BY	41D:	SCOTIABANK INVERLAT, S.A, MEXICO BY ACCEPTANCE
DRAFTS AT ...	42C:	180 DAYS AFTER BILL OF LADING DATE
DRAWEE	42A:	SCOTIABANK INVERLAT, S.A, MEXICO
PARTIAL SHIPMENT	43P :	ALLOWED
TRANSHIPMENT	43T :	ALLOWED
PORT OF LOADING	44E :	ANY CHINA PORT CN
PORT OF DISCHARGE	44F :	LAZARO CARDENAS, MICHOACAN PORT MX
LATEST DATE OF SHIPMENT	44C:	210606
DESCRIPTION OF GOODS AND/OR SERVICES	45A:	SHSHI FRIDGE TOP AND BOTTOM COOLING-WITH COMPRESSOR, ELEC.SCALES, SPIRAL MIXER, CURVED LILY COLD SHOWCASE,

续表

		HAND WRAPPER, VACUUM PACKING MACHINE, VEGETABLE CUTTER, OPEN CHILLER C TYPE, SPARE PARTS. FOB ANY CHINA PORT
DOCUMENTS REQUIRED	46A:	+2 ORIGINALS AND 1 COPY COMMERCIAL INVOICE SHOWING FOB CHINA +2 ORIGINALS AND 1 COPY PACKING LIST +2 ORIGINALS AND 1 COPY CERTIFICATE OF ORIGIN ISSUED BY BENEFICIARY +FULL SETS OF CLEAN 'ON BOARD' MARINE/OCEAN BILL OF LADING CONSIGNED TO ORDER OF CT GLOBAL, S.A. DE C.V, APOLO 999, EDIFICIO 99, MODULO 9, PARQUE INDUSTRIAL KALOS, SANTA, CATARINA, N.L MEXICO, AND MARKED FREIGHT COLLECT CONSIGNED AND NOTIFY CTGLOBAL TRADING CO., LTD.
ADDITIONAL CONDITIONS	47A:	+ISSUING BANK DOES NOT ACCEPT DOCUMENTS PRESENTED FOR NEGOTIATION IF SUCH SET OF DOCUMENTS IS COVERING TWO DIFFERENT LETTERS OF CREDIT. +BENEFICIARY MUST ADD AN EXTRA COPY OF DOCUMENTS REQUIRED UNDER THIS LC FOR ISSUING BANK FILES. +INSTRUCTIONS FOR NEGOTIATING/ADVISING BANK: AT NEGOTIATION, PLEASE SEND DOCUMENTS REQUIRED UNDER THIS L/C IN TOW LOTS BY COURIER TO: SCOTIABANK INVERLAT, S.A., LORENZO BOTURINI NO. 202 PISO 1 CO. TRANSITO, MEXICO 06820, D.F. GERENCIA CARTAS DE CREDITO, ATN. ENRIQUE CABALLERO, PHONE 5255-5123-0627, AS FOLLOWS: FIRST LOT:ORIGINAL SHPPING DOCUMENTS REQUIRED UNDER L/C PLUS ONE COPY . SECOND LOT: ORIGINAL DRAFT, AND

续表

		COMPLEMENTARY COPIES OF SHIPPING DOCUMENTS, AS PER L/C TERMS. + IMPORTANT:WHEN SENDING A DRAFT OR PROMISSORY NOTE(IF ANY) IN THE AMOUNT OF, OR OVER USD10 000.00 OR ITS EQUIVALENT, AS PER MEXICAN LAW, AND IN ORDER TO COMPLY WITH PREVENTION OF MONEY LAUNDRY, IT WILL BE NECESSARY FOR YOU TO DECLARE IT ACCORDINGLY ON DHL OR SIMILAR GUIDE FACE, IN ORDER TO AVOID DOCUMENTS TO BE SEIZED BY MEXICAN AUTHORITIES, WE WILL NOT BE RESPONSIBLE FOR AN SEIZED DOCUMENTS OR ITS RECOVERY PROCESS FROM AUTHORITIES. UPON RECEIPT OF DOCUMENTS AT ISSUING BANK COUNTERS IN STRICT COMPLIANCE WITH ALL TERMS AND CONDITIONS OF THIS LETTER OF CREDIT, SCOTIABANK INVERLAT, S.A. WILL REMIT PROCEEDS AS PER YOUR INSTRUCTIONS. + EACH SET OF DOCUMENTS PRESENTED WITH DISCREPANCIES UNDER THIS DOCUMENTARY CREDIT WILL BE SUBJECT TO A DISCREPANCY FEE OF USD60.00 WHICH WILL BE DEDUCTED FROM THE PROCEEDS.
CHARGES	71D:	ALL BANKING CHARGES OTHER THAN THE ISSUING BANK'S CHARGES ARE FOR ACCOUNT OF BENEFICIARY.
PERIOD FOR PRESENTATION	48 :	WITHIN 15 DAYS AFTER THE DATE OF SHIPMENT, BUT WITHIN THE VALIDITY OF THIS CREDIT.
CONFIRMATION INSTRUCTION	49 :	WITHOUT

杭州凯瑞进出口有限公司对上述信用证进行了仔细的审核，确认信用证条款无误后开始着手准备下一步的备货发货工作。

任务分解

任务7.1　办理出口打包贷款业务

任务7.2　办理出口信用证押汇业务

操作示范

任务7.1　办理出口打包贷款业务

因为涉及生产备货，杭州凯瑞进出口有限公司需要支付原材料货款给上游供应商，但由于公司资金周转困难，目前缺少70多万元购买原材料的费用。对此，杭州凯瑞进出口有限公司准备用信用证做抵押向杭州银行申请办理打包贷款业务以融通资金。由于长期以来经营状况良好，杭州凯瑞进出口有限公司在杭州银行有80万美元的打包贷款额度和60万美元的出口押汇额度。

第一步：申请打包贷款

在向银行申请办理出口打包贷款时，杭州凯瑞进出口有限公司需要提交下列材料。

（1）打包借款申请书。

（2）信用证正本。

（3）出口合同。

（4）银行要求的其他相关业务材料。

因为信用证金额为131 861美元，没有超过银行规定的80万美元的打包贷款额度，因此杭州凯瑞进出口有限公司在申请办理打包贷款时不用交纳保证金、抵押物或其他形式担保。杭州银行可以给予的融资额度为90%，信用证金额为131 861美元，按照2021年3月30日申请当天美元兑换人民币汇率折算，银行准予出口商申请的打包贷款额为人民币73万元。

借款申请书

（出口打包贷款）

杭州银行股份有限公司：

本申请人拟将下列以本公司为受益人的不可撤销跟单信用证正本提交贵行执管，同时向贵行申请出口打包贷款，并愿与贵行签订借款合同。

本申请人保证履行该借款合同项下义务，同时保证以提交贵行的信用证项下单据寄单索汇收回的款项作为本合同贷款的一般还款来源。如因货物不能出口，或信用证撤销，或因单据有不符点或其他原因未能及时收回货款的，保证及时另行筹措资金偿还贷款本息。贵行收取本合同项下贷款的本息，可在相应出口回款中主动扣收。对逾期贷款及应计收的利息，贵行除可在相应出口回款中直接扣除外，也可在甲方其他回款或存款账户中直接扣收。本申请人保证及时向乙方提供打包贷款的使用情况和货物出口准备情况，按信用证的要求出运货物和向乙方提交相符单据，并接受乙方的监督。如本申请人要求修改信用证条款/撤销信用证，应事先征得贵行书面同意。

信用证编号	开证行	信用证币种金额	信用证有效期	出口货物名称
ILC999999MEX	SCOTIABANK INVERLAT，S.A. MEXICO MX	USD 131 861.00	2021.6.21	橱柜

本申请人的外币及人民币账户：

开户行：杭州银行股份有限公司

外币账号：96318999999999

人民币账号：96318888888888

申请借款金额人民币柒拾叁万元整，借款期限 180天。请予以审核批准。

申请人（公章） 马倩

法定代表人（签章） 高峰

2021年3月30日

第二步：银行审核贷款条件

杭州银行在收到杭州凯瑞进出口有限公司的打包贷款申请后，对以下贷款条件进行了仔细的审核。

（1）出口企业的基础资料、出口商的资信情况、经营情况等。

（2）信用证是否为可转让信用证。假如申请人是信用证第二受益人，则从严控制其打包贷款的申请。

（3）信用证的真实有效性。

（4）开证行资信是否良好，开证行所在国家或地区的政治、经济情况。

（5）审核信用证条款和内容，确保内容无问题、无软条款，符合国际惯例。

（6）打包贷款期限原则上不超过360天。

通过审核，杭州银行认为杭州凯瑞进出口有限公司经营良好，业务规模稳步扩大，在银行的过往记录中显示其资信状况良好；信用证开证行资信良好，信用证条款合理，因此符合申请打包贷款的条件。

第三步：订立打包贷款协议（合同），发放贷款

通过贷款条件的审查之后，杭州银行同意杭州凯瑞进出口有限公司的打包贷款申请，双方随即签订了打包借款合同。

杭州银行股份有限公司

借 款 合 同

借款人（甲方）：杭州凯瑞进出口有限公司

住 所 地：杭州下沙学源街118号

法定代表人：高峰

电　　话：86739177　　　　邮编：310018

贷款人（乙方）：杭州银行股份有限公司滨江支行

住 所 地：浙江省杭州市滨江区财税金融大楼

负 责 人：徐生生

电　　话：0571-87760038　　　邮编：310052

甲方向乙方申请借款，乙方经审查同意发放贷款。为明确各自的权利、义务，甲、乙双方遵守《中华人民共和国民法典》的规定，经协商一致，订立本合同，以便共同遵守执行。

第一条　借款种类：流动资金贷款

……

第六条　贷款发放与提款条件及方式

一、本合同项下贷款凭甲方提交的提款申请发放，乙方依照本合同约定审查甲方的提款申请，并有权拒绝不符合提款条件的提款申请。

二、提款申请必须在本合同第四条约定的借款期限届满前提出。

三、甲方使用乙方格式的《提款申请书》向乙方申请提款，并随附证明其提款申请已满足合同约定提款条件的相关材料。

四、甲方提款须满足下列条件：

（1）本合同已生效；

（2）甲方已按乙方要求提供担保，担保合同已生效并已完成法定或约定的审批，

续表

登记、交付或备案手续； （3）甲方申请提款金额与本合同项下已提款金额之和未超过约定的借款金额； （4）申请提款前，未出现本合同项下第十六条约定的违约事件，且在实际提款日也不会发生或存续任何违约事件； （5）法律规定或双方约定的其他条件。 上述条件任何一项未满足，乙方有权拒绝甲方的提款申请，但乙方同意放款的除外。 除非甲方要求或同意延迟、中止或终止发放贷款，若上述提款条件全部满足的，则乙方应于甲方提交书面提款申请之日起（若该日早于提款条件全部满足之日，则以提款条件全部满足之日起计算）的10个工作日内发放贷款，否则应承担违约责任。乙方按违约金额和违约天数（自放款期限到期日的次日起计算）以每日万分之五支付违约金，若违约天数超过15天，合同自动解除，乙方以且仅以按15天计算的违约金为限承担违约责任。 为避免疑问，若甲方申请“借款人自主支付”项下的提款，则乙方有权根据自主支付贷款使用计划分期发放贷款，该等分期发放贷款的行为不视为违约。 五、甲方授权乙方将发放的贷款转入双方约定的账户，并严格按照本合同约定使用和支付贷款资金。 …… 第十六条　违约事件及处理 下列事项之一即构成或视为甲方在本合同项下的违约事件： （1）甲方隐瞒企业财务状况、信用状况下降、经营状况严重恶化、注册资本减少或未按时缴足，抽逃资金、转移财产、逃避债务、丧失商业信誉或丧失履行债务能力； （2）甲方不按约定用途使用融资； （3）甲方在本合同中所作的声明不真实，或违反其在本合同中所做的承诺； （4）甲方变更名称、法定代表人、地址、经营范围、注册资本、股东结构等工商登记事项，没有在变更后七日内书面通知乙方； （5）甲方有偷逃税等违反税收征管的行为，或被行政机关处以责令停产停业、暂扣或吊销许可证、暂扣或吊销营业执照等行政处罚的； （6）甲方终止营业或者发生解散、撤销或破产事件； （7）甲方与他人签订有损乙方权益的合同或协议； （8）甲方或甲方的法定代表人、实际控制人卷入或即将卷入重大的诉讼、仲裁、刑事及其他法律纠纷； （9）甲方在任何金融机构的债务到期而未清偿； （10）甲方违反本合同中关于当事人权利义务的其他约定，或在乙方或杭州银行股份有限公司其他机构之间的其他合同项下发生违约事件，或在与杭州银行股份有限公司以外的第三人之间的合同项下发生重大违约事件；

续表

（11）担保人违反担保合同的约定，或在与乙方或杭州银行股份有限公司其他机构之间的其他合同项下发生违约事件；

（12）甲方在中国人民银行、中国银行保险监督管理委员会或中国银行业协会设立或批准设立的信用数据库中出现不良信用记录；

（13）甲方提供的融资担保出现风险，而甲方又不能提供令乙方满意的新的担保的；

（14）甲方的财务指标未达到双方约定（或有）的财务指标约束要求的；

（15）甲方发生其他足以影响其偿债能力或缺乏偿债诚意的行为，或出现其他乙方认为可能影响甲方或担保人的财务状况或履约能力的情况。

出现前款规定的违约事件时，乙方有权视具体情形分别或同时采取下列措施：

（1）要求甲方、担保人限期纠正其违约行为；

（2）拒绝甲方的提款申请；

（3）变更贷款资金支付方式，降低贷款人受托支付起点金额，拒绝甲方的贷款资金支付请求；

（4）对于尚未发放的融资，全部、部分中止或终止发放；

（5）提前收回已发放的融资，宣布本合同项下尚未偿还的融资或其他应付款项全部或部分融资立即到期，并要求甲方立即清偿；

（6）无须事先通知，直接或委托他人从甲方的所有银行账户中扣收款项以清偿甲方在本合同项下对乙方所负全部债务。账户中的未到期款项视为提前到期；账户币种与融资货币不同的，按扣收时乙方使用的外汇牌价汇率折算；

（7）行使担保物权或（和）要求保证人承担保证责任；

（8）乙方认为必要和可能的其他措施。

…………

第二十三条　对本合同有关条款的说明

借款币种：人民币

借款金额：（大写）柒拾叁万元整

（小写）730 000.00

借款用途为：购买原材料

借款期限自 二〇二一年三月三十日至二〇二一年九月三十日止

借款本息：每笔提款的贷款本金按借款借据载明的期限到期一次性归还，利息按季计收，到期利随本清。利息按季计收结息日为每季度末月的20日。

本合同贷款利率执行固定贷款利率，为月利率0.535%，借款期限内利率不变。

贷款发放账户的约定：

双方约定，贷款发放至如下账户

户名：杭州凯瑞进出口有限公司

账号：9631888888888

开户行：杭州银行滨江支行

续表

资金回笼账户的约定:在乙方处的银行结算账户。 双方约定，贷款资金支付选择如下A种方式; A. 对单笔支付金额超过人民币 柒拾叁 万元的使用“贷款人受托支付”方式，其余使用“借款人自主支付”方式 B. 全部使用“贷款人受托支付”方式 甲方（公章）　　　　　　　　乙方（公章） 甲方对上述合同内容已 认真阅读并充分理解， 且与乙方协商一致。 法定代表人（签章）　　　　　　　　负责人（签章） 2021年3月30日

杭州银行根据打包借款合同的约定，在2021年3月30日放款人民币柒拾叁万元给杭州凯瑞进出口有限公司。

第四步：出口商备货、发货

杭州凯瑞进出口有限公司凭借杭州银行发放的730 000元人民币贷款有条不紊地采购原材料并按约定生产备货，于2021年5月12日和6月6日分两批将符合信用证要求的橱柜装船出运，顺利地完成了交货义务。

根据打包贷款合同的约定，打包贷款借款期限到2021年9月30日截止，到了2021年9月，由于公司出口橱柜的货款尚未收回（信用证规定的付款时间为装船后180天），临时资金周转依然困难，杭州凯瑞进出口有限公司计划通过向杭州银行申请为本笔业务续办出口信用证押汇业务，通过押汇获得的融资款偿还前期730 000元的打包贷款资金。

任务7.2　办理出口信用证押汇业务

为了提高出口竞争力，本业务中杭州凯瑞进出口有限公司接受了进口商提出的付款周期长达装船后180天的信用证，考虑到未来一段时间流动资金依然会比较紧张的情况，杭州凯瑞进出口有限公司准备在拿到提单后以信用证项下结汇单据作为质押向杭州银行申请为本笔出口业务续作信用证项下的出口押汇业务。

第一步：发货制单、提示单据并提出押汇申请

由于信用证规定开证行的付款期限是装船后180天，收款期较长，为加快企业的资金周转，杭州凯瑞进出口有限公司在2021年9月18日向杭州银行申请为该笔橱柜出口业务续办信用证项下的出口押汇业务。

因为杭州凯瑞进出口有限公司分别于2021年5月12日和6月6日装运了

两批货物，为顺利办理押汇业务，杭州凯瑞进出口有限公司在货物装船后及时向银行提交了下列材料。

（1）《出口押汇申请书》（信用证项下）。

（2）信用证正本（本业务办理打包贷款时已提交给银行）。

（3）信用证规定的整套出口结汇单据。

（4）银行要求的其他相关业务材料。

因为杭州凯瑞进出口有限公司在银行的押汇额度有60万美元，因此办理本笔出口押汇业务免于缴纳保证金、抵押物及其他形式的担保。

杭州凯瑞进出口有限公司业务员马倩填写了杭州银行提供的下列格式的“押汇申请书”。

信用证/托收项下出口押汇申请书

申请人		杭州凯瑞进出口有限公司			
押汇币种金额（大写）		美元壹拾壹万陆仟元整			
申请押汇期限		三个月			
信用证	信用证号码	开证银行名称	货物名称	币种	金额
	ILC66666MEX	SCOTIABANK INVERLAT，S.A.	橱柜	USD	61 982.10
	ILC66666MEX	SCOTIABANK INVERLAT，S.A.	橱柜	USD	67 559.00
托收					

杭州银行股份有限公司：

本申请人向贵行申请上述信用证/托收项下出口押汇借款，并愿与贵行签订借款/融资合同。本申请人保证履行该合同项下义务，请予以审核批准。

本申请人的外币及人民币账户：

开户行：杭州银行股份有限公司

外币账号：96318999999999

人民币账号：96318888888888

申请人（公章）马倩

法定代表人（签章）高峰

2021年9月18日

第二步：银行审核押汇条件

收到杭州凯瑞进出口有限公司的出口押汇申请后，杭州银行审核了押汇条件，包括以下几个方面。

（1）出口商受益人的资信情况。

（2）开证行的信誉及所在国的政治、经济状况。

（3）审核信用证条款，确认其符合国际惯例。

（4）严格审核单据，确保单证相符，单单相符。

（5）物权的控制。确认受益人提交的是全套物权提单。

（6）不适宜办理出口信用证押汇的情况：

A. 远期信用证超过180天的，限制其他银行议付的，转让行不承担独立付款责任的可转让信用证。

B. 运输单据为非物权凭证，如空运单、铁路运单、海运单。

C. 索汇路线迂回曲折，影响安全及时收回的。开证行或付款行所在国或地区局势动荡，收汇地区外汇管制或发生金融危机的。

杭州银行最后同意了出口商的押汇申请，同时留置了该信用证项下包括提单在内的整套单据，以控制风险。

第三步：签订押汇协议（合同）

在押汇条件审核通过后，杭州凯瑞进出口有限公司与杭州银行签订了信用证项下出口押汇合同，由于美元的融资成本低于人民币，结合自身财务状况，杭州凯瑞进出口有限公司准备向杭州银行申请116 000美元的押汇融资额，用于偿还前期向杭州银行借入的打包贷款。

杭州银行股份有限公司

出口贸易融资合同

甲方（全称）：杭州凯瑞进出口有限公司

住 所 地：杭州下沙学源街118号

法定代表人：高峰

电　　话：0571-86739177　　　邮编：310018

乙方（全称）：杭州银行股份有限公司滨江支行

住 所 地：浙江省杭州市滨江区财税金融大楼

负 责 人：徐生生

电　　话：0571-87760038　　　邮编：310052

甲方因经营需要，向乙方申请出口贸易融资，乙方同意受理甲方的融资申请，按规定审核通过后提供融资，依据国家有关法律法规，双方协商一致，订立本合同。

续表

第一条 定义

出口押汇是指在信用证或托收结算方式下，甲方将其信用证或托收项下全部出口单据提交乙方，由乙方给予甲方一定比例的贷款，乙方对甲方保留追索权，乙方凭单据向信用证项下开证行/保兑行/承兑行/或通过代收行向托收项下进口商收款以归还出口押汇的一项融资业务。

第二条 融资种类与内容（略）

第三条 融资发放条件：

（1）本合同已生效；

（2）甲方已按乙方要求提供担保，担保合同已生效并已完成法定或约定的审批、登记、交付或备案手续，担保物权已设立并持续有效；

（3）甲方的经营和财务状况未发生重大不利变化；

（4）融资发放前，未出现本合同第十一条约定的违约事件；

（5）法律规定或双方约定的其他条件。

上述条件任何一项未满足，乙方有权拒绝发放融资，但乙方同意发放融资的除外。

甲方确认，借款借据系乙方履行放款义务的证明文件。

……

第十一条 违约事件及处理

下列事项之一即构成或视为甲方在本合同项下的违约事件：

（16）甲方隐瞒企业财务状况、信用状况下降、经营状况严重恶化、注册资本减少或未按时缴足，抽逃资金、转移财产、逃避债务、丧失商业信誉或丧失履行债务能力；

（17）甲方不按约定用途使用融资；

（18）甲方在本合同中所作的声明不真实，或违反其在本合同中所做的承诺；

（19）甲方变更名称、法定代表人、地址、经营范围、注册资本、股东结构等工商登记事项，没有在变更后七日内书面通知乙方；

（20）甲方有偷税、逃税等违反税收征管的行为，或被行政机关处以责令停产停业、暂扣或吊销许可证、暂扣或吊销营业执照等行政处罚的；

（21）甲方终止营业或者发生解散、撤销或破产事件；

（22）甲方与他人签订有损乙方权益的合同或协议；

（23）甲方或甲方的法定代表人、实际控制人卷入或即将卷入重大的诉讼、仲裁、刑事及其他法律纠纷；

（24）甲方在任何金融机构的债务到期而未清偿；

（25）甲方违反本合同中关于当事人权利与义务的其他约定，或在乙方或杭州银行股份有限公司其他机构之间的其他合同项下发生违约事件，或在与杭州银行股份有限公司以外的第三人之间的合同项下发生重大违约事件；

（26）担保人违反担保合同的约定，或在与乙方或杭州银行股份有限公司其他机构之间的其他合同项下发生违约事件；

续表

（27）甲方在中国人民银行、中国银行保险监督管理委员会或中国银行业协会设立或批准设立的信用数据库中出现不良信用记录；

（28）甲方提供的融资担保出现风险，而甲方又不能提供令乙方满意的新的担保的；

（29）甲方的财务指标未达到双方约定（或有）的财务指标约束要求的；

（30）甲方发生其他足以影响其偿债能力或缺乏偿债诚意的行为，或出现其他乙方认为可能影响甲方或担保人的财务状况或履约能力的情况。

出现前款规定的违约事件时，乙方有权视具体情形分别或同时采取下列措施：

……

（9）要求甲方、担保人限期纠正其违约行为；

（10）对于尚未发放的融资，全部、部分中止或终止发放；

（11）提前收回已发放的融资，宣布本合同项下尚未偿还的融资或其他应付款项全部或部分立即到期，并要求甲方立即清偿；

（12）直接或委托他人从甲方在杭州银行的所有银行账户中扣收款项以清偿甲方在本合同项下对乙方所负全部债务。账户中的未到期款项视为提前到期；账户币种与融资货币不同的，按扣收时乙方使用的外汇牌价汇率折算；

（13）行使担保物权或（和）要求保证人承担保证责任；

（14）乙方认为必要和可能的其他措施。

……

第十四条　关于出口押汇的特别约定

一、办理押汇的信用证已在乙方办理出口打包贷款的或办理押汇的托收已在乙方办理出口合同融资的，押汇融资款必须首先偿还出口打包贷款或出口合同融资。

二、乙方在向甲方给付押汇融资后至开证行/偿付行/保兑行/代收行付款前，有权自主处理单据和货物，并可向甲方补收不足之差额。

三、出现开证行/偿付行/保兑行/代收行拒绝付款、拒绝承兑或迟付、扣付等情形的，乙方可立即向甲方追索全部或不足部分本息，费用或一切损失。乙方亦可选择自行处理出口押汇项下的单据及货物，从所得款项中受偿，不足部分再向甲方追偿。

四、对开证行/保兑行的无理挑剔、拒绝付款、拒绝承兑或迟付、扣付，乙方将协助甲方据理交涉，维护甲方正当权益，但交涉及其结果不影响乙方按本合同约定行使相应权利。

五、凡向偿付行索汇入账的收汇款项在未确定开证行不拒付前不作为最后收妥，如单到开证行遭开证行拒付时，乙方有权从甲方的任何账户及其他出口收款中划收相应款项。账户金额或出口收款款项不足的，甲方承担由此给乙方造成的一切损失，乙方有权继续向甲方追索。

……

第二十三条　对本合同有关条款的说明

一、融资所对应的结算方式：信用证。

续表

二、融资币种：美元，融资金额：壹拾壹万陆仟元整（大写）。 三、融资期限：自二〇二一年九月十八日起至二〇二一年十二月十八日止。 四、融资利率：按月利率4.05%，计息方式：到期归还，利随本清。 五、融资用途为：购买原材料。 六、双方约定，融资资金全部使用"自主支付"方式。 甲方（公章）　　　　　　　　　　乙方（公章） 甲方对上述合同内容已 认真阅读并充分理解， 且与乙方协商一致。 法定代表人（签章）　　　　　　　　负责人（签章） 2021年9月18日

第四步：办理押汇手续，银行发放押汇融资款

在双方签订押汇协议（合同）后，杭州银行随即按照押汇协议（合同）的约定，在收取相关费用后，向杭州凯瑞进出口有限公司发放了押汇款116 000美元。

杭州银行作为本信用证项下的通知行将杭州凯瑞进出口有限公司提交的整套结汇单据寄送给墨西哥开证行SCOTIABANK INVERLAT，S.A.，向其索偿信用证款项。2021年12月5日，墨西哥开证行SCOTIABANK INVERLAT，S.A按照信用证约定将出口的两批橱柜共计129 541美元款项偿付给杭州银行，作为押汇银行，杭州银行在收到开证行的贷记报单后，自动扣划该笔款项，作为出口商杭州凯瑞进出口有限公司偿还押汇款的资金，多余部分贷记杭州凯瑞进出口有限公司账户。

知识要点

一、出口打包贷款

（一）出口打包贷款的含义

出口打包贷款（Packing Loan），又称打包放款，是指银行应出口商的请求，凭国外银行开来的信用证正本向出口商提供的用于组织货源及装运的短期资金融通。它适用于已收到进口商银行开立的信用证，但备货资金短缺的出口企业。打包贷款可帮助出口商扩大贸易机会，在自身资金紧张而又无法

争取到预付货款的支付条件时，帮助出口商顺利开展业务，把握贸易机会。利用打包贷款资金，出口企业在生产、采购等备货阶段均不占用其自有资金，可以缓解流动资金压力。

（二）出口打包贷款的业务流程

（1）申请打包贷款。当出口商收到国外开来的信用证后，若决定申请打包贷款融资，应填写《打包贷款申请书》，并向银行提交信用证正本作为抵押，向银行申请办理贷款。

（2）审核贷款条件。银行审核的范围包括：出口商的经营状况和资信程度；信用证的条款和条件。若信用证的装运期、有效期已过，银行一般不予贷款；若信用证含有软条款，银行将谨慎办理贷款或降低融资比例；若出口商为信用证的第二受益人，银行将严控融资比例；融资期限通常不超过360天。

（3）订立贷款协议、发放融资款。银行在完成上述审核程序后，认为贷款风险在可控制的范围内，同意出口商的申请，则可以订立打包放款协议，向出口商提供贷款。

（4）发运货物，偿还贷款。出口商按信用证规定发运货物，制作符合信用证的单据并向银行交单，向开证行收取货款，用收取的货款偿还打包放款的本金和利息。

二、出口押汇

（一）出口信用证押汇

1. 出口信用证押汇含义

出口信用证押汇（Negotiation under Documentary Credit），一般称之为出口押汇，是指在出口贸易中，以信用证方式结汇，出口商以信用证项下的出口单据作为质押，请求出口地银行在收到开证行的付款之前，向出口商垫付信用证金额的一种融资方式。

出口信用证押汇的融资金额比例通常为信用证金额的全额，以信用证项下的收汇作为还款资金来源。但若出口商无法从开证行获得货款，出口商必须以自由资金偿还押汇银行的本金和利息。与其他融资方式相比，出口信用证押汇通常不需要出口商提供担保、抵押或质押或保证金。

2. 出口信用证押汇的业务流程

（1）发货制单、提示单据并提出押汇申请。作为信用证的受益人，出口商按信用证的规定发货后，制作有关单据，在向出口地银行交单的同时向该银行提出信用证押汇申请，填写《押汇申请书》。

（2）审核押汇条件。出口信用证押汇是在出口商发货后办理融资的，受益人不履行信用证规定的可能性较小，因而押汇银行的风险相对较小，但银行同样也要对押汇条件予以审核，以防风险和损失发生。出口地银行在接受押汇申请之前，通常要审核以下内容：①开证行的经营理念及所在国家或地区的政治和经济状况，这对押汇银行能否安全地收回贷款十分重要。②出口商的经营状况及资信程度。③审核信用证条款和条件。出口商能否获得开证行的付款、银行的押汇款能否得到偿还，关键在于出口商能否履行信用证规定的条款和条件。若信用证中含有限制性条款、附加条件等，则有可能导致出口商无法满足。对此类信用证，银行一般不予接受。④审核信用证项下的单据。开证行付款的条件是单证相符。若出口商提示的单据存在不符点，将会遭到开证行的拒付。为此，出口地银行在接受押汇申请前必须严格审核单据，若单据存在不符点且无法修改，银行将不予押汇。⑤确认远期信用证的承兑或付款到期日。在远期信用证项下的押汇，银行将确认远期信用证下的汇票是否承兑，或开证行是否承诺了付款到期日。⑥控制物权凭证。为了防范风险和损失的发生，押汇银行通常要控制物权凭证（如提单），成为其合法持有人，一旦押汇款出现风险，银行可以通过变卖提单项下的货物以补偿押汇款的损失。

此外，押汇期限在180天以上的，出口商为信用证的第二受益人，被限制在其他银行议付的信用证，银行通常不予押汇或谨慎地押汇。

（3）订立押汇协议。出口地银行在完成上述程序之后，认为押汇风险在可控制范围内，则接受出口商的押汇申请，签订押汇协议。

（4）办理押汇手续。出口地银行接受押汇申请，并订立押汇协议后，向开证行提示信用证项下的单据，同时在扣除利息和有关费用后，向出口商垫付押汇款。

（5）偿还押汇款。出口地押汇银行收到开证行贷记报单后，自动扣除，作为出口商偿还押汇款的资金。

3. 出口商办理信用证押汇需要注意的问题

（1）提交的出口单据必须与信用证规定相符，即做到“单证一致，单单一致”。

（2）在远期信用证项下的出口押汇，必须有开证行（或保兑行）的承兑电文或函件，该电文或函件必须经过出口地银行证实其真实性。

（3）被限制在其他银行议付的信用证，通常不能办理押汇。

（4）政治、经济不稳定的国家或地区开立的信用证，若无保兑等其他风险防范措施，不容易从出口地银行取得押汇融资。

（5）转让信用证、有不符点的单据也不得从出口地银行取得押汇融资。

（6）出口地银行办理的押汇有追索权，若开证行（保兑行）未能及时付款，企业作为受益人必须归还出口地银行的押汇融资款项。

（7）出口信用证押汇期限一般不超过180天。

（二）出口托收押汇

1. 出口托收押汇的含义

出口托收押汇是指在跟单托收方式下，出口商发货后将货运单据提交给出口地托收行，请求托收行预先支付部分货款或全部货款，待托收款收妥后偿还银行垫款的一种出口贸易融资方式。

2. 出口托收押汇的业务流程

（1）进出口双方签订外贸合同，约定以D/P方式结算货款。

（2）出口商根据合同要求备货、出运。

（3）出口商提交合同要求的单据向托收行提出押汇申请。

（4）托收行受理申请，与出口商签订押汇协议，出口商交单，托收行发放押汇融资款。

（5）托收行寄单，委托代收行收款，托收行收到国外代收行贷记报单后自动扣除作为企业偿还的押汇款。

3. 出口商办理托收押汇的注意事项

（1）了解进口商的资信情况。出口托收押汇的还款来源为进口商的付款，若货款不能收回，出口商需要偿还银行的融资款。因而，作为货款付款人的进口商资信十分重要。

（2）选择合适的交单方式。跟单托收的交单方式有付款交单D/P和承兑交单D/A两种。在D/P方式下，由于进口商必须在付款后才能取得运输单据提货，因而风险较小，比较容易取得托收银行的押汇。在D/A方式下，由于进口商只要承兑了汇票即可取得运输单据提货，因此风险很大，一般银行不愿接受。

（3）选择代收行。在跟单托收中，出口商能否及时收回货款和代收行的经营理念有密切关系。经营理念良好的代收行能够严格遵守国际惯例URC522和托收指示办事，充分保护出口商利益，因而收汇风险较小。

（三）出口信用证押汇和出口托收押汇的区别

两者的根本区别在于：出口信用证押汇有开证行的付款保证，属于银行信用。而出口托收押汇为商业信用，没有银行作为付款保证，出口商能否收回货款，完全取决于国外进口商的信誉，因此收汇风险较大。为控制出口托收押汇风险，出口地银行通常根据出口商的资信、还款能力等对其核定相应的授信额度，仅仅在额度之内办理出口托收押汇。

三、国际保理

（一）国际保理的含义

国际保理（International Factoring），又称为承购应收账款，是指出口商在采用赊销（Open Account，O/A）、承兑交单（Document against Acceptance，D/A）等信用方式向进口商销售货物时，由出口保理商（Export Factor，EF）和进口保理商（Import Factor，IF）基于应收账款转让而共同提供的包括应收账款催收、销售分户账管理、信用风险担保以及保理预付款等服务内容的综合性金融服务。

在国际买方市场逐渐形成、贸易竞争日益激烈、国际贸易结算形式呈现出多元化发展的趋势下，国际保理业务由于其特有的优势，迎合了当前国际贸易的发展，从而在世界范围内得到了广泛的认可和应用。

（二）国际保理的种类

（1）根据保理商对出口商提供预付融资与否，国际保理分为融资保理（Financial Factoring）和到期保理（Maturity Factoring）。融资保理又称为预支保理，是一种预支应收账款业务。当出口商将代表应收账款的票据交给保理商时，保理商立即以预付款方式向出口商提供不超过应收账款80%的融资，剩余20%的应收账款待保理商向债务人（进口商）收取全部货款后，再行清算。这是比较典型的保理方式。到期保理是指保理商在收到出口商提交的、代表应收账款的销售发票等单据时并不向出口商提供融资，而是在单据到期后，再向出口商支付货款。

（2）根据保理商是否保留追索权，国际保理分为无追索权保理（Non-recourse Factoring）和有追索权保理（Recourse Factoring）。在无追索权保理中，保理商根据出口商提供的名单进行资信调查，并为每个客户核对相应的信用额度，在已核定的信用额度内为出口商提供坏账担保。出口商在有关信用额度内的销售，因为已得到保理商的核准，所以保理商对这部分应收账款的收购没有追索权。由于债务人资信问题所造成的呆账、坏账损失均由保理商承担。国际保理业务大多是这类无追索权保理。在有追索权保理中，保理商不负责审核买方资信，不确定信用额度，不提供坏账担保，只提供包括贸易融资在内的其他服务。如果因债务人清偿能力不足而形成呆账、坏账，保理商有权向出口商追索。

（3）根据其运作机制是否涉及进出口两地的保理商，国际保理分为单保理和双保理。单保理是指仅涉及一方保理商的保理方式。如在直接进口保理方式中，出口商与进口保理商进行业务往来；而在直接出口保理方式中，出口商与出口保理商进行业务往来。涉及买卖双方保理商的保理方式则称为双保理。国际保理业务一般采用双保理方式，即出口商委托本国出口保理商，本国出口保理商再从进口国的保理商中选择进口保理商。进出口国两个保理商之间签订代理协议，整个业务过程中，进出口双方只需与各自的保理商进行往来。

（三）国际保理业务的基本当事人

不同国际保理参与的当事人是不同的。在国际双保理的情况下，会形成出口商与进口商、出口商与出口保理商、出口保理商与进口保理商、进口商与进口保理商之间的四层关系。

1. 出口保理商

出口保理商（Export Factor，EF）是根据保理协议接受供应商转让账款的一方。出口保理商按照出口商申请书内容填制《信用额度申请书》并提交有代理关系的进口保理商。

出口保理商与出口商之间是根据出口保理协议建立的一种合同关系。出口保理协议是国际保理交易中的主合同。依照该协议，出口商应将出口保理商协议范围内的所有合格应收账款转让给出口保理商，使出口保理商对这些应收账款获得真实有效而且完整的权利，以便从实质上保证应收账款是有效的和具有相应价值的并且不存在也不会产生任何障碍。

2. 进口保理商

进口保理商（Import Factor，IF）是指接受出口保理商转让账款的一方。进口保理商需要向出口保理商提供进口商的信用额度以及坏账担保。

出口保理商与进口保理商之间是相互保理合同关系。进出口保理商之间应签订相互保理协议，双方的关系具有债权转让人与受让人之间的法律关系，即出口保理商将从供应商手中购买的应收账款再转让给进口保理商即再保理而形成法律关系。

进口商与进口保理商之间是一种事实上的债权债务关系。从法律意义上说，进口商与进口保理商之间没有合同上的法律关系，但由于进口保理商最终收购了出口商对进口商的应收账款，只要出口商与进口商之间的买卖合同或其他类似契约未明确规定该合同或契约项下所产生的应收账款禁止转让，保理商就可以合法有效地获得应收账款，而无须事先得到进口商的同意，与进口商之间事实上形成债权债务关系。

（四）国际保理的业务流程

微课：国际保理的业务流程

党的二十大报告指出：深化金融体制改革，建设现代中央银行制度，加强和完善现代金融监管，强化金融稳定保障体系，依法将各类金融活动全部纳入监管，守住不发生系统性风险底线。银行提供的国际保理服务，是一项集贸易融资、信用风险保障以及销售账户管理和催收于一体的综合性金融服务，帮助企业利用应收账款这种流动资产进一步扩大业务规模，同时，通过保理提供的信用风险保障，消除赊账销售所带来的买方潜在的信用风险，减少企业的担忧。国际保理业务有两种运作方式，即单保理和双保理，国际保理业务一般采用双保理方式，其业务流程如图7–1所示。

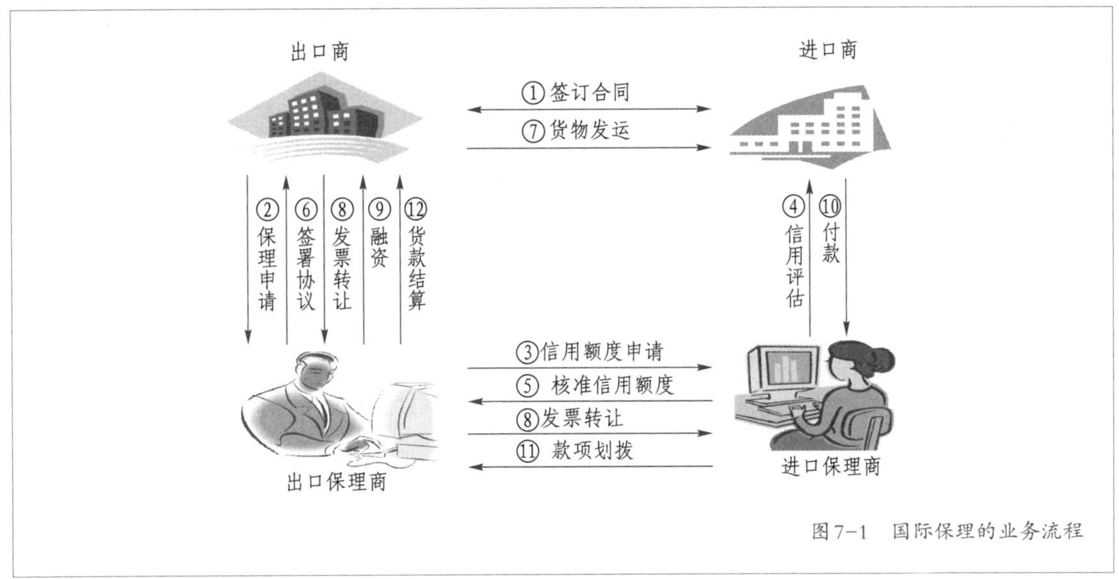

图7–1　国际保理的业务流程

① 进出口商通过商务洽谈签订货物销售合同。

② 出口商申请出口保理，提交相关材料并填写《出口保理业务申请书》。

③ 出口保理商审核卖方资信，并向IF申请买方信用额度。

④ 进口保理商依据《买方信用申请评估》，进行买方信用评估。

⑤ 进口保理商核准买方信用额度，并EDI发送至出口保理商。

⑥ 出口保理商与出口商签订《出口保理协议》。

⑦ 出口商依据合同要求发运货物。

⑧ 出口商转让商业发票。

⑨ 出口保理商向出口商提供贸易融资。

⑩ 进口商按规定向进口保理商付款。

⑪ 进口保理商将货款划转给出口保理商。

⑫ 出口保理商与出口商清算货款。

（五）国际保理的业务特点

（1）进口商依照贸易合同领取货物，承担第一性付款责任，在到期日支付发票金额。

（2）进口保理商承担第二性付款责任，对于其核准的信用额度并已转让给他的应收账款承担进口商的付款信用风险。

（3）若进口商在付款到期日后90天内提出交易争议而拒付时，该笔应收账款即被视为未经核准，进口保理商的付款责任随之解除。

（4）出口保理商负责解决纠纷并将其进展情况通知进口保理商，并请求其给予协助。

（5）若出口保理商未按《国际保理惯例规则》行事，进口保理商有权将具有争议的应收账款再次转让给出口保理商。

微课：国际保理作用及注意事项

（六）办理国际保理的注意事项

1. 了解进口商的信誉

若进口商信誉欠佳，一般不容易被进口保理商核准额度，保理业务也无法开展。

2. 必须在核准的额度内发货

不能超额度发货，若超额度发货，保理商对超额度发货部分不负责。

3. 须承担较高的费用

保理业务的融资成本较高，一般在1%~1.5%，并且都需要由出口商承担。

4. 纠纷自理

如有贸易纠纷，已核准的应收账款将被视为未核准的应收账款，保理商将因此而解除付款责任。

四、福费廷

微课：福费廷业务的含义和作用

（一）福费廷业务的含义

福费廷源于法语“A FORFAIT”，意思是“放弃或让出某种权利”，引申到银行的融资服务，成为英文中的“FORFAITING”，音译为福费廷。由于这种业务是由提供融资的机构（通常是出口商所在地银行或大型金融机构）无追索权地买断远期票据，因此，在国内通常也将这种方式称为包买票据或买断业务，而融资商则被称为包买商（Forfaitor）。简单而言，福费廷业务是指融资商以无追索权形式买进出口商手中已由进口商承兑并附有银行担保的远期票据，使出口商可以提前取得现款的一种出口信贷方式。

福费廷业务所用票据通常是出口商开立的远期汇票或进口商开立的远期本票，如果是前者，需经进口商承兑并由进口地银行担保；如果是后者，只需进口地银行加保证或提供保函。

微课：福费廷的特点及适用条件

（二）福费廷业务适用条件

1. 对商品的要求

福费廷业务一般是针对大型机械设备、船舶、基建物资等资本性货物交易，以及农产品、能源等大宗交易项目。此外还为国际建筑项目提供结算融资服务。在我国，福费廷业务主要支持机电产品和成套设备的出口，在国际工程承包中也有应用，但规模不大。

2. 对交易规模的要求

商品劳务交易规模在10万美元至2亿美元的交易，可以申请福费廷方式结算和融资，规模越小，融资成本就越高。例如，中国进出口银行只对金额在50万美元以上的交易承办福费廷业务。

3. 对付款方式的要求

福费廷业务是融资结算融为一体的金融服务，与其相联系的付款方式一般是承兑信用证、延期付款信用证、银行承兑交单的托收方式、保函或备用证下的分期付款等付款方式。

4. 对票据的要求

福费廷业务主要采用以进口商为出票人、以出口商为收款人，并由进口地银行予以担保的成套远期本票。福费廷业务也可以采用以出口商为出票人和收款人，以进口商为付款人，并由进口商承兑和进口地银行予以担保的成套远期汇票。无论使用本票还是汇票，都应按进出口商约定的分期付款的次数和时间，由出票人出具相应的张数，一次性地办理相关的承兑或保证手续，由出口商出售给融资商，然后由融资商在每张票据的付款到期日分次向进口商做付款提示。

5. 对担保的要求

福费廷业务所使用的票据必须加列进口地银行的保证，保证形式可以有以下三种。

（1）保付签字。进口地银行在票据上加注法文词语“Per Aval”字样并签字，即完成了保付签字，成为保付人同时也成为票据的主债务人。这是最为普遍的担保方式。

（2）保函。为明确对各期票据的到期付款负有无条件、不可撤销付款和经济赔偿责任，担保人出具以出口商为受益人的保函。在福费廷业务中，出口商要出具一份过户转让书，将其保函项下的权益转让给融资商。因为保函只出具一份，它担保全部各期票据的到期付款，所以融资商在二级市场上转让一部分买断的票据时，不能同时交付保函，这不利于融资商在二级市场进行交易，因此这种方式应用较少。

（3）备用信用证。备用信用证与银行保函类似，因此备用信用证担保等同于保函担保。

（三）福费廷业务的特点

1. 无追索权

在福费廷业务中，出口商将未到期的债权凭证出售给融资商的行为是一种卖断，融资商放弃了在票据到期不能兑现时向出口商追索的权利。

2. 以中期为主

福费廷业务的融资期限一般为1~5年，随着业务的发展，也出现了短期融资和长期融资，最短的是180天，最长的是10年。

3. 融资金额大

福费廷业务主要是对成套设备、船舶、基建物资等资本性货物交易及大宗产品交易的融资活动，因此融资金额较大，由10万美元至2亿美元不等，有的金融机构规定融资额在50万美元以上。

4. 利率固定

福费廷业务的利率根据进口商和担保银行的资信、期限长短、进口国的综合风险系数等决定，通常以LIBOR加一个附加率。利率确定后不再变动，这使得进出口商在交易的开始时就能控制融资成本。

5. 收取承担费

承担费也称择期费。择期是指出口商与融资商签订了福费廷协议到出口商出售票据给融资商的期间。融资商为满足协议要求提前备足资金而产生的利息损失、承担的汇率变动风险，要由出口商给予补偿，所以要向出口商收取承担费。

6. 进口地银行担保

福费廷业务所使用的票据可以是一系列汇票也可以是一系列本票，必须由进口地银行给予付款担保。担保形式既可以是汇票的承兑或本票的付款承诺，也可以是保函或备用信用证形式。

7. 存在二级市场

福费廷融资商在买断了出口商的债权凭证后，可以在二级市场将其转卖给其他融资商，转卖的可以是一笔交易的一系列汇票或本票，也可以是其中的一部分。但是保函或备用信用证担保形式限制了票据的部分转让。

（四）福费廷业务的当事人

1. 出口商

在福费廷业务中，出口商把有关结算的票据无追索权地出售给当地商业银行或其他金融机构，这些票据可能是其自己出具的汇票，也可能是进口商出具的本票。我国银行对出口商叙作福费廷业务有一定的条件，如在银行申请办理福费廷业务必须具有独立的法人资格和出口业务经营权，并向银行提供有权签字人签样和授权书，并按规定程序操作。

2. 进口商

在福费廷业务中，进口商是以出具本票或承兑出口商出具的汇票而承担票据到期付款的当事人。对进口商而言，由于使用福费廷业务时出口商把利息及其他费用计入货物价款，导致买价较高。但是，福费廷业务使进口商获得延期付款便利。

3. 融资商

融资商是无追索权地买进出口商提交的票据并为出口商提供融资的商业银行或其他金融机构。在福费廷业务中，融资商在取得向进口商追讨票款权利的同时，也承担了进口商无法偿付的风险，但是这种风险是能够控制和转移的。一方面，通常融资商要求对其所买票据由进口方银行提供担保，而且特别注重对担保银行信用的审查，一般是一流银行提供保证，对经济发展水平较低的国家一般要求由国家银行担保，所以风险是可控的；另一方面，融资商在买进票据时，都要求担保行写明“PER AVAL”字样，即“银行保付”，因此这类票据在二级市场上流动性很好，将无追索权卖出也可转移风险。

4. 担保商

担保商通常为进口地的金融机构，由包买商指定。进口商向担保商提出担保申请，担保的形式可以是对出口商的汇票作出承兑、对进口商的本票作出付款承诺或开立保函或开立备用证对进口商进行担保。如果是在远期信用证下叙作福费廷业务，担保商通常是开证行，构成其付款责任的条件是单证相符。

（五）福费廷的业务流程

福费廷业务可以是融资商对金融机构承兑后的汇票或金融机构作出承诺的本票进行包买业务，也可以是与承兑信用证业务、保函业务、备用证业务或托收业务连接在一起的业务。换句话说，是在承兑信用证、保函、备用证、托收下叙作福费廷业务。下面重点介绍托收寄单方式下和远期信用证方式下福费廷业务，其他形式的福费廷业务在操作流程上略有区别，不再赘述。

微课：福费廷业务流程

1. 托收寄单项下福费廷业务流程（见图7–2）

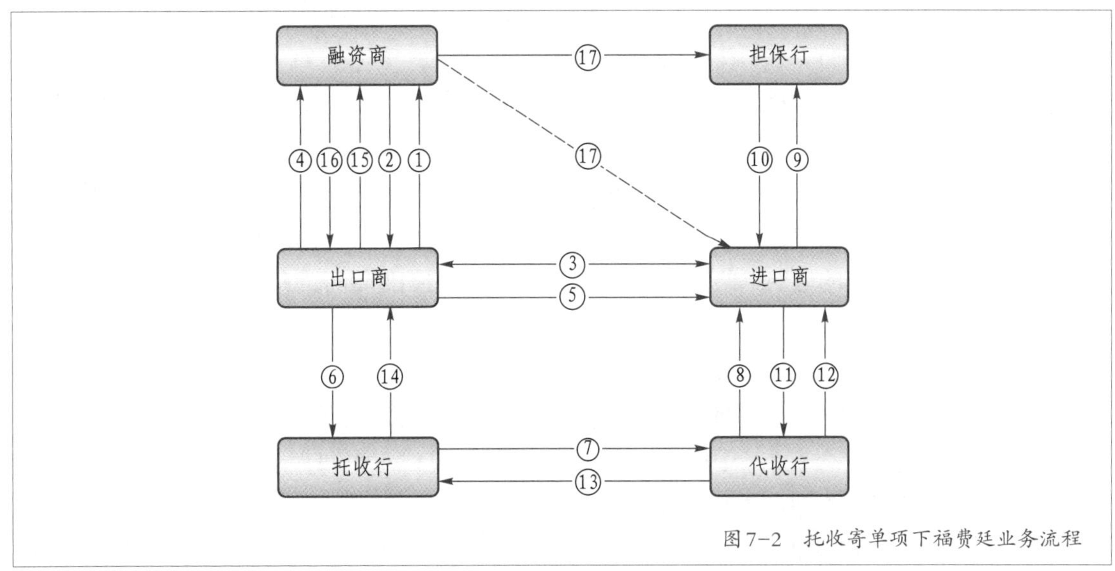

图7–2　托收寄单项下福费廷业务流程

① 出口商向融资商询价。出口商通过询价了解办理福费廷业务的有关费用、期限及相应的手续，以便核算成本，做好与进口商进行贸易谈判的准备。在询价时，必须提供下列有关情况和材料：合同金额、期限、币种；出口商简介、注册资本、资信材料、鉴字印鉴及其他有关情况；进口商详细情况，注册地点、财务状况、支付能力等；贷款支付方式、结算票据种类；开证行／担保行名称，所在国家及其资信情况；出口商品名称、数量及发运情况；分期付款票据的面额和不同到期日；有关进口国的进口许可和支付许可；有关出口项目的批准和许可；票据付款地点。

② 融资商报价。福费廷融资商根据对基础交易、进出口商的资信等情况的了解，对该项福费廷业务的风险进行评估，从而做出初步报价，价格内容包括：贴现费、承担费（择期费）和宽限期贴息等。这时的报价仅作为出口商核算成本的参考，并不具有约束力。

③ 进出口商签订贸易合同。在进行贸易谈判时，出口商向进口商明确将采用福费廷方式，并要求进口商提供担保银行。福费廷方式必然增加进口商的进口成本，但进口商可以获得延期付款和分期付款的便利，如果进口商同意即正式签订贸易合同。

④ 出口商与融资商签订福费廷协议。融资商在确认了担保银行及担保情况后，向出口商做出最终报价，双方正式签订福费廷协议。此时进入选择期，直至进出口商达成交易、出口商提交票据融资后结束。

⑤ 出口商发运货物。出口商要按照贸易合同的规定发运货物，并缮制规定的全套商业单据，如已约定以汇票作为融资票据，还要出具约定期限的若干张远期汇票。

⑥ 出口商交单。出口商将全套商业单据和远期汇票（如果有）交给当地托收银行，委托其传递给进口地代收行。

⑦ 托收行寄送单据给代收行。托收行在向代收行寄送单据时，要根据出口商的指示，在发给代收行的托收委托书中明确其向进口商交付货运单据的条件。在福费廷业务下，依据不同情况有两种交单条件：一是以出口商出具的远期汇票为融资票据，要求进口商在汇票上做承兑并由担保银行做担保；二是以进口商出具的远期本票为融资票据，由进口商请担保银行为其出具的本票做担保。

⑧ 代收行提示单据。代收行要根据托收委托书的指示，在向进口商提示单据时，说明交单条件。

⑨ 进口商申请担保。进口商要对代收行所提示的单据进行认真审查，在确认符合贸易合同规定后，依据不同情况，对汇票做承兑或开立本票，并将已承兑汇票或本票提交给担保行，请其做担保。

⑩ 担保行担保。担保行应进口商申请，按照事先约定的保证形式，保付

签字或出具保函或开立备用信用证。

⑪ 进口商交付票据。进口商将经过担保行担保的票据交给代收行。

⑫ 代收行交单。代收行对照托收委托书的指示，确认进口商已满足交单条件后，将物权单据交给进口商。

⑬ 代收行寄送票据。代收行将经过担保行担保的票据寄送给托收行。

⑭ 托收行传递票据。托收行将收到的担保行已经担保的票据转交给出口商，完成托收。

⑮ 出口商卖断票据。按照福费廷协议，出口商在担保票据上做无追索背书，向融资商要求贴现。

⑯ 融资商支付净款。融资商在确认出口商提交的票据及票据上签字的真实性后，如约买入票据，从票面金额中扣减贴现利息及相关费用后，将净款付给出口商。并向出口商出具水单和出口收汇核销专用联。

⑰ 融资商索偿。在票据到期时，融资商可以通过两条途径索取款项：一是向担保行提示票据要求付款，这种做法比较流行；二是向进口商提示票据要求付款。通过第一条途径索偿，担保行向融资商偿付后，要向进口商追偿；通过第二条途径索偿，如果进口商拒付，融资商有权向担保行索偿，担保行偿付后，再向进口商追讨。收到货款后核对国外扣费与预收的差额，与出口商进行国外扣费的清算，多退少补。

2. 远期信用证方式下福费廷业务流程（见图7–3）

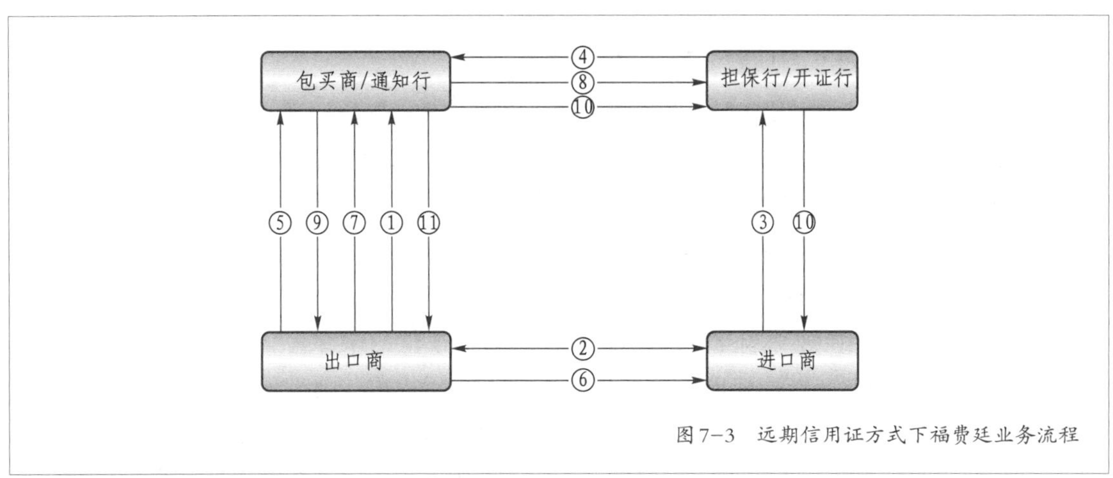

图7–3 远期信用证方式下福费廷业务流程

① 出口商向包买商询价，包买商报价。

② 进出口商签订贸易合同。在进行贸易谈判时，出口商向进口商明确将采用福费廷方式，并约定使用承兑信用证方式。

③ 进口商申请开立信用证。

④ 开证行开立信用证并通知通知行。通知行通知信用证给出口商。

⑤ 出口商与包买商签订福费廷协议。

⑥ 出口商发运货物，缮制单据。

⑦ 出口商把汇票及其相应商业单据交给通知行。

⑧ 通知行寄单给开证行要求开证行承兑汇票或对本票做担保。

⑨ 包买商买下经开证行承兑的或担保的票据，付款给出口商

⑩ 付款日到，包买商提示开证行付款，开证行同时提示进口商付款。

⑪ 包买商收到货款后核对国外扣费与预收的差额，与出口商进行国外扣费的清算，多退少补。

（六）办理福费廷的注意事项（信用证项下）

（1）出口商（即信用证项下受益人）必须将远期信用证项下的单据交拟办理福费廷业务的出口地银行议付（或处理），这是一般银行办理福费廷业务的前提条件，否则，银行将拒绝办理在他行议付（或处理）单据的福费廷业务。

（2）在开证行所在国政治、经济不稳定或开证行本身的信誉欠佳等情况下，尽管是信用证项下的福费廷业务，仍然不易获得银行的同意。

（3）福费廷业务的“无追索权”的例外。无追索权是相对而言的，如果开证行因当地法院发出止付令的原因而未能履行信用证项下的付款责任，或出口商诈骗，那么出口商提交的票据无效，出口商必须返还原融资款项。

（4）福费廷业务融资成本较高。由于福费廷业务的贴现商需承担各种风险（包括信用、政治、汇兑、汇率、利率等风险），其成本比出口押汇要高。

五、出口商业发票贴现

微课：出口商业发票融资概述

（一）出口商业发票贴现的含义

出口商业发票贴现（Discount against Export Commercial Invoice），是指在“货到付款”支付方式（后T/T）下，出口地银行以出口商的发票作为抵押向出口商提供资金融通的一种融资方式。

在这种融资方式下，银行在发票全额的本金内，扣除预计利息和相关的费用后，将余额贷给出口商。出口商还款的来源是“货到付款”项下的出口收汇。若出口商不能从进口商那里收回货款，则必须偿还贴现的本金及利息，或者由银行从出口商的账户上扣除贴现的金额及有关费用。

出口商办理商业发票贴现，能使其在发运货物并向出口地银行提示包括商业发票在内的各种货运单据后，即可向银行申请融资，在收到进口商的货款之前，提前从银行得到垫款，便于其资金周转。

（二）出口商业发票贴现的业务流程

（1）出口商对进口国和进口商进行风险和资信调查。由于“货到付款”的支付方式是一种商业信用，出口商在申请融资之前，首先应对进口国的风

险状况进行调查。

（2）银行对出口商和进口商进行资信调查。若出口商在履约中存在违约行为，则货款的收回就存在较大风险。为此，贴现银行在融资前要对出口商进行资信调查。同时贴现银行也要调查进口商的资信和履约能力，将风险降到最低程度。

（3）出口商提出融资申请。出口商在完成调查后，认为进口国和进口商的风险可控，则可向当地银行提出融资申请。出口商填写银行提供的《出口商业发票贴现申请书》和《出口商业发票贴现额度申请书》，向银行发出融资申请。

（4）订立融资协议。银行在完成调查之后，如果认为出口商和进口商的经营状况良好，资信可靠、履约能力强，则同意办理贴现业务，与出口商签订《出口商业发票贴现协议》。

（5）交单贴现。出口商发货后将买卖合同复印件、商业发票、运输单据副本等提交给贴现银行，办理融资手续，取得贴现资金。

（6）在货款到期时银行向进口商催收货款。

（7）进口商付款，银行扣除融资本息后将余款汇入出口商账户。

（8）如进口商到期未付款，银行则向出口商追索贴现款项。

六、出口退税账户托管贷款

（一）出口退税账户托管贷款的含义

出口退税账户托管贷款业务是银行为解决出口企业因出口退税款未能及时到账而出现的短期资金困难，在对企业出口退税账户进行托管的前提下，向企业提供的以出口退税款为主要还款来源的短期流动资金贷款。

我国出口退税存在一定的滞后性，在一定程度上影响了出口贸易企业的资金周转，如果出口企业不能够及时获得补偿的出口退税款，则出口贸易额越大，积淀在出口退税款项上的资金就越多，也就越容易陷入资金紧张的经营困境。在这样的背景下，出口退税账户托管贷款业务应运而生。

（二）出口退税账户托管贷款的业务流程

（1）出口企业在银行开立出口退税账户，办理托管。

（2）出口企业向国家税务部门办理退税账户的登记备案，出具“出口退税专户承诺书”，书面承诺该退税账户是专门用于办理出口退税的唯一账户，该账户下所转入的出口退税款专用于偿还银行出口退税账户托管贷款。

（3）出口商出口货物后向国税部门提交出口退税单据。

（4）出口商向银行申请出口退税账户托管贷款。

（5）银行审核资料后发放贷款给出口商。

（6）国税部门到期将出口退税款转入出口商的出口退税专用账户。

（7）出口商（借款人）在退税款到位后，用以归还银行的贷款。

七、出口代付

（一）出口代付的含义

出口代付是指在信用证、托收、汇款（一般为后T/T）结算方式下，银行应出口商申请，委托第三家银行（代付行）为出口商提供融资，并将融资款支付给出口商，银行在代付融资到期日将出口商收到的境外回款资金扣除相应费用后归还代付行融资本息的业务。

（二）出口代付的业务流程（以L/C为例）

（1）买卖双方签订贸易合同，约定采用信用证结算。

（2）进口商申请开证。

（3）开证行开出信用证。

（4）通知行通知信用证给出口商。

（5）出口商审证无误后备货发货。

（6）出口商在发货后向通知行/议付行交单，并申请办理出口代付业务。

（7）通知行/议付行委托第三家银行（代付行）为客户融资。

（8）代付行按通知行/议付行的指示将融资款支付给受益人出口商。同时通知行/议付行寄单给开证行索偿信用证项下的货款。

（9）进口商到期向开证行付款赎单。

（10）开证行向通知行/议付行偿付信用证款项。

（11）通知行/议付行收到信用证款项后扣除相应费用归还代付行融资本金及利息。

国际结算与中国经济

金融助力外贸提质增效

党的二十大报告提出：推动货物贸易优化升级，创新服务贸易发展机制，发展数字贸易，加快建设贸易强国。2022年，我国货物贸易进出口总值42.07万亿元，比2021年增长7.7%。外贸稳定增长离不开金融保驾护航。有关部门和金融机构多措并举促进外贸保稳提质，助力外贸实现高质量发展。

（1）政策举措落实落细，稳住外贸基本盘。四川成都国际铁路港，满载着电子产品、机械零件、日用百货等货物的中欧班列由此出发奔向远方。中欧班列（成都）由成都国际铁路班列有限公司运营。“我们给这家公司提供高效的跨境交易服务，将其汇款抵达境外受益人账户时间控制在数小时内，提升了企业跨境资金周转效率。”成都银行有关负责人表示。

中欧班列相关企业获得优质金融服务，是金融助力稳住外贸基本盘的一个缩影。

受到国际环境复杂严峻等因素影响，我国外贸企业生产经营面临的困难和挑战增多。2022年以来，金融稳外贸一系列政策措施相继出台：中国人民银行、国家外汇管理局出台23条金融助企纾困政策，其中多条涉及稳外贸；国务院办公厅印发《关于推动外贸保稳提质的意见》，提出加大进出口信贷支持和进一步加强对中小微外贸企业金融支持等措施；商务部印发《支持外贸稳定发展若干政策措施》，提出"研究优化中长期险承保条件，加大出口信用保险支持力度"；商务部、中国人民银行印发通知，要求为人民币跨境使用创造良好环境……

一系列金融稳外贸政策为外贸企业纾困解难，外贸呈现出较强的发展韧性与活力，为稳住宏观经济大盘做出积极贡献。

（2）支持外贸新业态，创新金融产品服务。跨境电子商务、海外仓、市场采购贸易等外贸新业态新模式的蓬勃发展，在为我国外贸发展注入新动能的同时，也对金融产品和服务提出了更高要求。

（3）拓宽结算渠道。外贸新业态发展速度快，资金周转效率会直接影响企业的业务增速。国家外汇管理局积极支持符合条件的银行和支付机构凭交易电子信息，为跨境电子商务等市场主体提供更加便捷的结算渠道。

（4）创新金融产品和服务。2022年全年，中行外贸新业态结算业务交易量超过2 800亿元，同比增长约85%。"金融机构应适应外贸新业态市场主体分散、小微企业众多等特点，不断加大数字化建设和新技术应用，在满足交易真实性审核的基础上，提供普惠安全的线上金融服务。"中国银行交易银行部相关负责人表示，外贸新业态小额、高频的业务特点催生了个性化金融服务需求，需要金融机构持续强化结算和融资产品创新。

（5）增强外贸企业风险管理能力。2022年10月，在广州市商务局指导下，全国首单电商申诉保险在平安产险广东分公司落地，有效降低跨境电子商务企业维权成本，帮助企业提升合规经营水平；中国信保首次以中长期出口信用保险承保海外仓业务，缓解外贸企业旺季物流压力。

习题测验

一、单项选择题

1. 打包贷款是一种装船前融资，用于（　　）项下的货物采购、生产加工、装运及其他费用的专项贷款。

A. 信用证　B. 合同　C. 协议　D. 保函

2. 出口押汇发生在（　　）。

A. 出口商出运货物后　B. 签订合同后

C. 收到确认的信用证后　D. 办理完议付手续后

3. 在做出口信用证押汇业务时，押汇银行发放贷款后可向（　　）交单索汇。

A. 开证行　B. 议付行　C. 通知行　D. 出口方银行

4. 目前的国际保理业务，较多采用（　　）的形式。

A. 一揽子保理　B. 隐蔽保理　C. 双保理　D. 单保理

5. 在国际保理业务中，对进口商进行信用调查的是（　　）

A. 出口商　B. 保险公司　C. 出口保理商　D. 进口保理商

6. 国内最早开办福费廷业务的银行是（　　）。

A. 中国进出口银行　B. 中国工商银行

C. 中国银行　D. 交通银行

7. 福费廷主要运用于延期付款的（　　）等贸易中。

A. 纺织品、食品、日用品　B. 成套设备、机器、飞机、船舶

C. 煤炭、石油、天然气　D. 化妆品、奢侈品、药品

8. 出口商业发票贴现第一还款来源是（　　）。

A. 进口商的货款　B. 银行贷款

C. 保险公司的赔偿款　D. 出口企业自筹资金

9. 出口商业发票贴现属于（　　）。

A. 保险业务产品　B. 出口贸易融资产品

C. 进口融资产品　D. 发货前融资

10. 以下贸易融资业务中银行没有保留对进出口商追索权的是（　　）。

A. 订单融资　B. 出口托收押汇

C. 出口商业发票贴现　D. 福费廷

二、多项选择题

1. 出口海外代付的特点包括（　　　）。

A. 对出口商立即付款　B. 融资成本低

C. 适用于多种结算方式　D. 适用于多种货币

2. 在双保理模式下，出口保理商提供的服务包括（　　　）。

A. 贸易融资　B. 账务管理　C. 销售额度核定　D. 坏账担保

3. 福费廷业务的报价主要取决于（　　　）等风险因素。

A. 国家风险　　B. 信用风险

C. 贸易纠纷风险　　D. 汇率和利率风险

4. 出口商使用福费廷可以将与收款相关的（　　）等风险全部转嫁给包买商承担。

A. 政策法律风险　　B. 商业风险

C. 国家风险　　D. 汇率和利率风险

5. 出口商业发票贴现适用于（　　）结算方式。

A. 后T/T　　B. O/A　　C. D/P　　D. D/A

三、判断题

1. 对银行而言，出口押汇相比商业发票融资风险较小。（　　）

2. 一般情况下，对于银行来说，托收项下押汇比信用证项下押汇风险低。（　　）

3. 出口押汇的融资金额主要取决于出口商品的类别以及市场价格，银行为了安全起见一般不会给予全额押汇。（　　）

4. 出口退税账户托管贷款业务对银行而言是所有出口贸易融资业务中风险最大的一种业务。（　　）

5. 一般而言，出口退税账户托管贷款业务必须在开立出口退税账户的银行进行申办。（　　）

6. 出口代付业务仅适用于信用证作为结算的出口业务。（　　）

7. 国际保理又称为承购应收账款。（　　）

8. 由于福费廷融资成本较高，出口商将融资费转嫁进口商，因此买卖双方的基础交易价格可能会提高。（　　）

9. 福费廷业务中，一旦进口商到期不能履行付款责任，担保人就要承担起无条件的还款责任。（　　）

10. 福费廷业务中的宽限期是包买商预估的到期日至实际收款日的天数。（　　）

能力实训

【能力实训】 办理出口打包贷款业务

2021年3月19日，杭州天羽家纺有限公司与中国香港进口商Standard Global Co., Ltd.达成了出口薄床垫（Mattress pad）的合同。合同约定采用装船后90天付款的远期信用证付款。3月26日，中国香港进口商Standard Global

Co.，Ltd，通过银行开来了信用证，通知行为杭州银行，信用证内容如下：

MT 700		ISSUE OF A DOCUMENTARY CREDIT
SENDER		SHANGHAI COMMERCIAL BANK LIMITED
RECEIVER		BANK OF HANGZHOU
SEQUENCE OF TOTAL	27 :	1 / 1
FORM OF DOC.CREDIT	40A:	IRREVOCABLE
DOC. CREDIT NUMBER	20 :	LCBH99999
DATE OF ISSUE	31C:	210326
APPLICABLE RULES	40E:	UCP LATEST VERSION
DATE AND PLACE OF EXPIRY.	31D:	210420 CHINA
APPLICANT	50 :	STANDARD GLOBAL CO.，LTD. ROOM 10-11 2/F BLOCK B HOPLITE INDUSTRIAL CENTRE 3-5 WANG TAI ROAD KOWLON BAY KOWLOON HONG KONG
BENEFICIARY	59 :	HANGZHOU TIANYU IMPORT AND EXPORT CO.，LTD. 999 XUEYUAN STREET，HANGZHOU，P. R. CHINA
CURRENCY CODE, AMOUNT	32B:	USD 54 740. 00
PERCENTAGE CREDIT AMOUNT TOLERANCE	39A:	5/5
AVAILABLE WITH/BY	41D:	ANY BANK IN CHINA BY NEGOTIATION
DRAFTS AT ...	42C:	90 DAYS AFTER BILL OF LADING DATE
DRAWEE	42A:	SHANGHAI COMMERCIAL BANK LIMITED FOR FULL INVOICE VALUE
PARTIAL SHIPMENT	43P:	NOT ALLOWED
TRANSHIPMENT	43T:	ALLOWED
PORT OF LOADING	44E:	NINGBO，CHINA
PORT OF DISCHARGE	44F:	HAMBURG，GERMANY
DESCRIPTION OF GOODS AND/OR SERVICES.	45A:	MATTRESS PAD 4 600 PCS AT USD 11. 90/PC FOB NINGBO CHINA.
DOCUMENTS REQUIRED	46A:	+SIGNED COMMERCIAL INOVICES IN TRIPLICATE. +ORIGINALS PACKING LIST IN DUPLICATE. +2 ORIGINALS AND 1 COPY CERTIFICATE OF ORIGIN ISSUED BY BENEFICIARY. +INSPECTION CERTIFICATE ISSUED AND SIGNED BY SGS SHANGHAI BRANCH IN EU STANDARD.

续表

		+FULL SET OF CLEAN 'ON BOARD' MARINE/ OCEAN BILLS OF LADING CONSIGNED TO ORDER MARKED FREIGHT COLLECT AND NOTIFY "HERMES TRANSPORT LOGISTICS GMBH ESSENER STRASSE 89, 22419 HAMBURG, GERMANY"
ADDITIONAL CONDITIONS	47A:	+ALL DOCUMENTS MUST INDICATE THIS L/C NO. AND TO BE ISSUED IN ENGLISH. +BENEFICIARY MUST ADD AN EXTRA COPY OF DOCUMENTS REQUIRED UNDER THIS LC FOR ISSUING BANK FILES. +TRANSSHIPMENT ALLOWED AT HONGKONG ONLY. +SHORT FORM/CHARTER PARTY/THIRD PARTY BILL OF LADING ARE NOT ACCEPTABLE. +EACH SET OF DOCUMENTS PRESENTED WITH DISCREPANCIES UNDER THIS DOCUMENTARY CREDIT WILL BE SUBJECT TO A DISCREPANCY FEE OF USD60. 00 WHICH WILL BE DEDUCTED FROM THE PROCEEDS
CHARGES	71B:	ALL BANKING CHARGES OTHER THAN THE ISSUING BANK'S CHARGES ARE FOR ACCOUNT OF BENEFICIARY
PERIOD FOR PRESENTATION	48 :	WITHIN 15 DAYS AFTER THE DATE OF SHIPMENT, BUT WITHIN THE VALIDITY OF THIS CREDIT
CONFIRMATION INSTRUCTION	49 :	WITHOUT
INSTRUCTIONS TO THE PAYING/ACCEPTING/ NEGOTIATING BANK	78 :	PLEASE FORWARD THE WHOLE SET OF DOCUMENTS IN ONE LOT TO OUR BILLS PROCESSING CENTRE, 2/F, 666 NATHAN ROAD, KOWLOON, HONGKONG VIA COURIER SERVICE. UPON RECEIPT OF DOCUMENTS DRAWN IN COMPLIANCE WITH TERMS AND CONDITIONS OF THIS CREDIT, WE SHALL REMIT THE PROCEEDS TO YOU IN ACCORDANCE WITH YOUR INSTRUCTIONS

因为采用的是装船后90天付款的远期信用证，收汇周期较长，同时由于企业流动资金周转紧张，杭州天羽家纺有限公司准备将信用证抵押给银行办理出口打包贷款以融通资金。杭州天羽家纺有限公司的贸易结算和融资业务都安排在杭州银行办理，在杭州银行有70万美元的打包贷款额度和50万美元的出口押汇额度。

实训任务7.1　提交相关材料，申请打包贷款

在向银行申请办理出口打包贷款时，杭州天羽家纺有限公司需要提交给银行的材料有：

（1）

（2）

（3）

（4）

请以杭州天羽家纺有限公司的身份将下列出口打包借款申请书填写完整。（杭州银行给予杭州天羽家纺有限公司的打包贷款融资比例为90%，融资币种为人民币，申请借款期限为3个月。杭州天羽家纺有限公司的开户行为杭州银行下沙开发区支行，外币账号为96348777777777，人民币账号为96348666666666。）

借款申请书

（出口打包贷款）

杭州银行股份有限公司：

本申请人拟将下列以本公司为受益人不可撤销跟单信用证正本提交贵行执管，同时向贵行申请出口打包贷款，并愿与贵行签订借款合同。

本申请人保证履行该借款合同项下义务，同时保证以提交贵行的信用证项下单据寄单索汇收回的款项作为本合同贷款的一般还款来源。如因货物不能出口，或信用证撤销，或因单据有不符点或其他原因未能及时收回贷款的，保证及时另行筹措资金偿还贷款本息。贵行收取本合同项下贷款的本息，可在相应出口回款中主动扣收。对逾期贷款及应计收的利息，贵行可除可在相应出口回款中直接扣除外，也可在甲方其他回款或存款账户中直接扣收。本申请人保证及时向乙方提供打包贷款的使用情况和货物出口准备情况，按信用证的要求出运货物和向乙方提交相符单据，并接受乙方的监督。如本申请人要求修改信用证条款/撤销信用证，应事先征得贵行书面同意。

信用证编号	开证行	信用证币种金额	信用证有效期	出口货物名称

续表

本申请人的外币及人民币账户： 开户行： 外币账号： 人民币账号： 申请借款金额________，借款期限________。请予以审核批准。 申请人（公章） 法定代表人（签章） 2021年3月30日

实训任务7.2　（银行）审核贷款条件

杭州银行在收到出口商的打包贷款申请后，将审核的贷款条件包括：

（1）

（2）

（3）

（4）

（5）

（6）

实训任务7.3　订立打包贷款协议（合同），发放贷款

通过审核，杭州银行认为杭州天羽家纺有限公司经营良好，业务规模稳步扩大，在银行的过往记录中显示其资信状况良好；信用证开证行资信良好，信用证条款合理，因此符合申请打包贷款的条件。随即杭州银行和杭州天羽家纺有限公司签订了“打包借款合同”。

杭州银行股份有限公司

借 款 合 同

借款人（甲方）：杭州天羽家纺有限公司

住 所 地：杭州市下沙学源街999号

法定代表人：吴天羽

电　话：0571-86730000　　邮编：310018

贷款人（乙方）：杭州银行股份有限公司下沙开发区支行

住 所 地：杭州经济技术开发区三号大街800号

负 责 人：给士祥

续表

电　话：0571-86911826　　邮编：310018

甲方向乙方申请借款，乙方经审查同意发放贷款。为明确各自的权利、义务，甲、乙双方遵守《中华人民共和国民法典》的规定，经协商一致，订立本合同，以便共同遵守执行。

第一条　借款种类：流动资金贷款

……

第六条　贷款发放与提款条件及方式

一、本合同项下贷款凭甲方提交的提款申请发放，乙方依照本合同约定审查甲方的提款申请，并有权拒绝不符合提款条件的提款申请。

二、提款申请必须在本合同第四条约定的借款期限届满前提出。

三、甲方使用乙方格式的《提款申请书》向乙方申请提款，并随附证明其提款申请已满足合同约定提款条件的相关材料。

四、甲方提款须满足下列条件

（1）本合同已生效；

（2）甲方已按乙方要求提供担保，担保合同已生效并已完成法定或约定的审批，登记、交付或备案手续；

（3）甲方申请提款金额与本合同项下已提款金额之和未超过约定的借款金额；

（4）申请提款前，未出现本合同项下第十六条约定的违约事件，且在实际提款日也不会发生或存续任何违约事件；

（5）法律规定或双方约定的其他条件。

上述条件任何一项未满足，乙方有权拒绝甲方的提款申请，但乙方同意放款的除外。

除非甲方要求或同意延迟、中止或终止发放贷款，若上述提款条件全部满足的，则乙方应于甲方提交书面提款申请之日起（若该日早于提款条件全部满足之日，则以提款条件全部满足之日起计算）的10个工作日内发放贷款，否则应承担违约责任。乙方按违约金额和违约天数（自放款期限到期日的次日起计算）以每日万分之五支付违约金，若违约天数超过15天，合同自动解除，乙方以且仅以按15天计算的违约金为限承担违约责任。

为避免疑问，若甲方申请“借款人自主支付”项下的提款，则乙方有权根据自主支付贷款使用计划分期发放贷款，该等分期发放贷款的行为不视为违约。

五、甲方授权乙方将发放的贷款转入双方约定的账户，并严格按照本合同约定使用和支付贷款资金。

……

第十六条　违约事件及处理

下列事项之一即构成或视为甲方在本合同项下的违约事件：

续表

（1）甲方隐瞒企业财务状况、信用状况下降、经营状况严重恶化、注册资本减少或未按时缴足，抽逃资金、转移财产、逃避债务、丧失商业信誉或丧失履行债务能力； （2）甲方不按约定用途使用融资； （3）甲方在本合同中所作的声明不真实，或违反其在本合同中所做的承诺； （4）甲方变更名称、法定代表人、地址、经营范围、注册资本、股东结构等工商登记事项，没有在变更后七日内书面通知乙方； （5）甲方有偷逃税等违反税收征管的行为，或被行政机关处以责令停产停业、暂扣或吊销许可证、暂扣或吊销营业执照等行政处罚的； （6）甲方终止营业或者发生解散、撤销或破产事件； （7）甲方与他人签订有损乙方权益的合同或协议； （8）甲方或甲方的法定代表人、实际控制人卷入或即将卷入重大的诉讼、仲裁、刑事及其他法律纠纷； （9）甲方在任务金融机构的债务到期而未清偿； （10）甲方违反本合同中关于当事人权利义务的其他约定，或在乙方或杭州银行股份有限公司其他机构之间的其他合同项下发生违约事件，或在与杭州银行股份有限公司以外的第三人之间的合同项下发生重大违约事件； （11）担保人违反担保合同的约定，或在与乙方或杭州银行股份有限公司其他机构之间的其他合同项下发生违约事件； （12）甲方在中国人民银行、中国银行保险监督管理委员会或中国银行业协会设立或批准设立的信用数据库中出现不良信用记录； （13）甲方提供的融资担保出现风险，而甲方又不能提供令乙方满意的新的担保的； （14）甲方的财务指标未达到双方约定（或有）的财务指标约束要求的； （15）甲方发生其他足以影响其偿债能力或缺乏偿债诚意的行为，或出现其他乙方认为可能影响甲方或担保人的财务状况或履约能力的情况。 出现前款规定的违约事件时，乙方有权视具体情形分别或同时采取下列措施： （1）要求甲方、担保人限期纠正其违约行为； （2）拒绝甲方的提款申请； （3）变更贷款资金支付方式，降低贷款人受托支付起点金额，拒绝甲方的贷款资金支付请求； （4）对于尚未发放的融资，全部、部分中止或终止发放； （5）提前收回已发放的融资，宣布本合同项下尚未偿还的融资或其他应付款项全部或部分融资立即到期，并要求甲方立即清偿； （6）无须事先通知，直接或委托他人从甲方的所有银行账户中扣收款项以清偿甲方在本合同项下对乙方所负全部债务。账户中的未到期款项视为提前到期；账户币种与融资货币不同的，按扣收时乙方使用的外汇牌价汇率折算；

续表

(7)行使担保物权或(和)要求保证人承担保证责任;

(8)乙方认为必要和可能的其他措施。

……

第二十三条　对本合同有关条款的说明

借款币种:

借款金额:(大写)

(小写)

借款用途为:

借款期限自____年____日至____年____日止

借款本息:每笔提款的贷款本金按借款借据载明的期限到期一次性归还,利息按季计收,到期利随本清。利息按季计收结息日为每季度末月的20日。

本合同贷款利率执行固定贷款利率,为月利率0.535%,借款期限内利率不变。

贷款发放账户的约定:

双方约定,贷款发放至如下账户

户名:杭州天羽家纺有限公司

账号:96348666666666

开户行:杭州银行下沙开发区支行

资金回笼账户的约定:在乙方处的银行结算账户。

双方约定,贷款资金支付选择如下A种方式;

A. 对单笔支付金额超过人民币________万元的使用“贷款人受托支付”方式,其余使用“借款人自主支付”方式

B. 全部使用“贷款人受托支付”方式

甲方(公章)　　乙方(公章)

甲方对上述合同内容已

认真阅读并充分理解,

且与乙方协商一致。

法定代表人(签章)　　负责人(签章)

2021年3月30日

实训任务7.4　出口商备货、发货

凭借从杭州银行借到的融资款,杭州天羽家纺有限公司及时地采购原料备货,并按信用证规定如期装船发货。

项目八　进口贸易融资业务

【学习目标】

能力目标：

- 能办理减免保证金开证业务；
- 能办理提货担保业务。

知识目标：

- 熟悉减免保证金开证业务的含义及业务流程；
- 熟悉提货担保的含义及业务流程；
- 熟悉进口押汇业务的含义及业务流程。

素养目标：

- 践行社会主义核心价值观；
- 培育民族精神和时代精神；
- 增强责任意识和创新意识。

【思维导图】

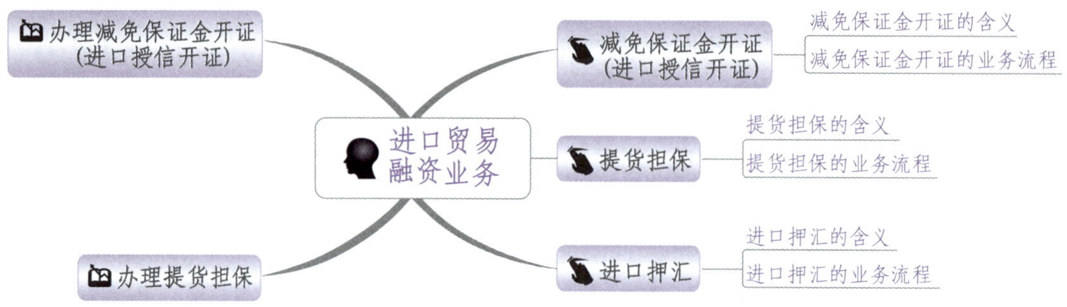

项目背景

2021年3月30日杭州宏达纸业有限公司与日本出口商INTERNATIONAL PAPER PRODUCTS（JAPAN）LTD.签订了进口废纸的贸易合同，废纸数量：4个集装箱，98包，共86 000 kg，总金额17 200美元，合同约定100%货款采用信用证结算。

动画：进口贸易融资业务——提货担保

CONTRACT

Contract No: 2021HD04099 **Date of Signature:** March 30, 2021

The Buyer: Hangzhou Hongda Paper Co., Ltd.

Address: No. 88, Wenhui Road, Hangzhou, China

Tel: 0086-0571-86739270 Fax: 0086-0571-86739271

The Seller: INTERNATIONAL PAPER PRODUCTS(JAPAN) LTD.

Address: No.108, Aza Shinbo, Ohaza Yamaya, Ojiya City, Niigata Pref., Japan

Tel: 0081-258-82-4309 Fax: 0081-258-83-1367

This Contract is made by and between the Buyer and Seller, whereby the Buyer agrees to buy and the Seller agrees to sell the under-mentioned commodity according to the terms and conditions stipulated below:

1. **Description of commodity:** waste paper
2. **Request of quality:** shortage may not exceed 1%, moisture may not exceed 12%, prohibitive materials may not exceed 1%, and total out-throws may not exceed 5%.
3. **Quantity:** 86T, with 5% more or less allowed.
4. **Unit Price:** USD200/T CIF Shanghai, China

续表

5. Total Value: USD17 200.00 (SAY US DOLLARS SEVENTEEN THOUSAND TWO HUNDRED ONLY)

6. Time of Shipment: Within 1 month after the Seller received the L/C.

7. Port of Shipment and Destination: From any port in Japan to Shanghai, China

8. Country of origin: Japan

9. Packing: Standard export packing in containers

10. Terms of Payment: The Buyer shall open 100% L/C at sight in favor of the seller and remain valid for negotiation in Japan for further 15 days after the effected shipment.

Advising bank: Bank of China, Tokyo Branch

SWIFT: BKCHJPJT×××

This contract is made in two originals, one original for each party in witness thereof.

THE BUYER:	**THE SELLER:**
Hangzhou Hongda Paper Co., Ltd.	INTERNATIONAL PAPER PRODUCTS (JAPAN) LTD.
姜　卫	桥本树一

任务8.1　办理减免保证金开证（进口授信开证）

信用证结算方式下，由于开证行代理进口商承担了有条件的付款责任，开证行对外开立信用证后就形成了一笔或有负债，因此银行在受理进口商的开证申请时，均把开立信用证视为一种授信业务，没有开证额度的进口商申请开证时要被银行收取全额保证金。但是缴纳全额保证金开证必然会导致进口商资金紧张，对企业运作产生影响，严重的会导致企业资金链断裂，因而减免保证金的开证方式非常受到进口企业的欢迎。因此，杭州宏达纸业有限公司为减轻资金压力，需要向银行申请办理减免保证金开证（进口授信开证）。

任务8.2　办理提货担保

由于出口商在日本，日本到中国的货物运输属于近洋运输，按照惯例往往货物比运输单据先到目的港。为了尽早办理提货手续，避免产生滞港费及其他可能产生的损失，进口商杭州宏达纸业有限公司准备申请办理提货担保业务，凭开证行签发的提货担保函向船公司办理提货手续。

任务8.1　办理减免保证金开证（进口授信开证）

微课：减免保证金开证业务流程

为减轻资金压力，杭州宏达纸业有限公司向开证行杭州银行申请办理进口授信开证，减少或免除缴纳开证保证金。杭州宏达纸业有限公司之前在杭州银行申请过授信额度，杭州银行从外汇管理政策和信用证操作惯例角度对进口商提交的相关文件进行审核，同时根据进口商的偿债能力、履约记录和担保条件等情况为其核定授信额度，最后经银行信贷部门风险审查，杭州银行给予了杭州宏达纸业有限公司50万美元的普通信用证额度。开证行允许申请人在50万美元的普通信用证额度内，按10%的比例缴纳保证金，申请人可采用“余额控制”的办法，循环使用。开证行杭州银行同时声明，根据客户的资信变化和业务需求变化对额度做必要的调整。

按照与日本出口商的贸易合同规定，杭州宏达纸业有限公司需要申请开立金额为17 200美元的信用证，因为开证金额没有超过50万美元的开证额度。按照约定，杭州宏达纸业有限公司只需要缴纳10%的开证保证金即1 720美元给杭州银行即可。进口商杭州宏达纸业有限公司填写了《减免开证保证金申请书》，并向银行提供了相关开证材料，如《开立不可撤销信用证申请书》、进口合同等（如果是代理进口则需提交进口代理协议；如进口产品属于国家进口管制则需进口批文等；具体开证材料视不同情况而定，需听从银行指示提交）。

减免开证保证金申请书

申请人	杭州宏达纸业有限公司		
进口合同号	2021HD04099	信用证号	
开证币种金额	USD17 200.00	金额允许上浮比例	5%
申请减免保证金比例	90%	申请减免保证金币种金额（大写）	美元壹万五仟肆佰捌拾元整
进口货物名称	废纸		
杭州银行股份有限公司＿＿下沙开发区支行＿＿ 本申请人特申请上述不可撤销跟单信用证（有关记载以正本信用证为准）由√口杭州银行股份有限公司口杭州银行股份有限公司委托＿／＿银行＿／＿分支行开立。本申请人保证待对外付款前或汇票到期前再按约定时限存足对外支付款项。 申请人申请的信用证类型为			

续表

☑普通信用证 □由杭州银行远期即付的假远期信用证 □由杭州银行指定偿付行（付款行）远期即付的假远期信用证 就本笔减免开证保证金事宜，本申请人愿与贵行签订《减免开证保证金合同》。本申请人保证履行该合同项下义务，请予以审核批准。 本申请人的外币及人民币账户： 开户行：杭州银行下沙开发区支行 外币账户：87338222222222 人民币账户：87338999999999 申请人（公章） 法定代表人（签章）张　兵 （授权代理人） 2021年4月1日

注：①“信用证号”栏可有银行在开证后补填。

②“申请减免保证金币种金额（大写）”栏应按开证金额上浮后的金额上限计算。

APPLICATION FOR IRREVOCABLE DOCUMENTARY CREDIT

TO: BANK OF HANGZHOU　　　　Date: April 1, 2021

Please issue by SWIFT an Irrevocable Letter of Credit as follows:

Advising Band (if black, at your option) Bank of China, Tokyo Branch SWIFT: BKCHJPJT×××	Credit No. Expiry Date and Place 2021-05-21
Applicant (full name&detailed address) Hangzhou Hongda Paper Co., Ltd. No. 88, Wenhui Road, Hangzhou, China TEL: 0086-0571-86739270 FAX: 0086-0571-86739271	Beneficiary (with full name and address) International Paper Products (Japan) Ltd. No.108, Aza Shinbo, Ohaza Yamaya, Ojiya City, Niigata Pref., Japan TEL: 0081-258-82-4309 FAX: 0081-258-83-1367
Amount (in figures & words) USD17 200.00 SAY US DOLLARS SEVENTEEN THOUSAND TWO HUNDRED ONLY	Credit available with (×) any bank　(　) issuing bank By (　) sight payment (　) acceptance (×) negotiation (　) deferred payment

续表

<table>
<tr><td>Partial shipment
( ) allowed
(×) not allowed</td><td>Transhipment
(×) allowed
( ) not allowed</td><td colspan="2">draft(s) at sight for 100 % of invoice value
drawn on Bank of Hangzhou</td></tr>
<tr><td>Shipment from
Any main port of Japan</td><td colspan="2">For transportation to
Shanghai,China</td><td>Latest shipment date
Within 1 month after the Seller received the L/C</td></tr>
<tr><td colspan="4">Documents required: (marked with ×)
[×] Signed Commercial Invoice in 3 copies indicating L/C NO. and Contract No.
[×] Full set of clean on board Bills of Lading made out to order and blank endorsed,marked "freight ( ) to collect /(×) prepaid" notifying applicant .
[ ] Airway Bills/Cargo Receipts/Copy of Railway Bills issued by showing "freight ( ) to collect/ ( )prepaid" ( ) indicating freight amount and consigned to ________
[×] Full set of Insurance Policy/Certificate for 110% of the invoice value,blank endorsed,showing claims payable in China in the same currency of the draft,covering (×) ocean marine transportation ( ) air transportation ( ) overland transportation All risks and War risks
[×] Packing List/Weight Memo in 3 copies indicating quantity,gross and net weight of each container
[ ] Certificate of Quantity in ____ copies issued by ________.
[ ] Certificate of Quality in ____ copies issued by ________.
[ ] Certificate of ____ Origin in ____ copies issued by ________.
[×] Beneficiary's Certified copy of fax dispatched to the applicant within 5 working days after shipment advising (×) L/C NO., (×) name of vessel, ( ) flight No. (×) shipping date, (×) name of goods,quantity, (×) weight and value of goods.
(×) Other documents, if any
Certificate for pre-shipment inspection of recycling scraps to China in 1 original and 1 copy issued by member of CCIP group.
Certificate of non-wood packing material issued by beneficiary
Description of goods: Waste Paper
Quantity: 86.00T
Unit Price: USD200/T CIF Shanghai,China
Total value: USD17 200.00
Country of origin: Japan
Additional instructions:
[×] All banking charges outside the opening bank are for beneficiary's account.</td></tr>
</table>

续表

[×] Documents must be presented within 21 days after date of shipment but within the validity of this credit [×] Both quantity and credit amount 5 percent more or less are allowed [ ] Other terms，if any 申请人盖章

此信用证遵循国际商会第600号出版物《跟单信用证统一惯例》(2007年修订版)

This Credit is subject to ICC NO.600 Uniform Customs and Practice for Documentary Credits (2007 Revision)

杭州银行受理了进口商杭州宏达纸业有限公司的开证申请，审核通过后，杭州银行与进口商杭州宏达纸业有限公司签订了减免开证保证金合同，随后杭州银行按合同约定对外开出了信用证。

任务8.2　办理提货担保

日本出口商INTERNATIONAL PAPER PRODUCTS (JAPAN) LTD.收到杭州银行开出的信用证后，审证无误，便在2021年4月30日装船发货。由于日本到中国的货物运输属于近洋运输，因此，日本出口商发货后第4天，货物就抵达了上海港。由于正值销售旺季，杭州宏达纸业有限公司急需提货进行生产加工和销售。但由于正本提单尚在日本，因此无法凭提单办理提货手续。对此，杭州宏达纸业有限公司向信用证的开证行杭州银行申请开立提货担保函，准备通过提货担保方式向船公司办理提货手续。

2021年5月4日，杭州宏达纸业有限公司正式向杭州银行申请办理提货担保业务，填写了如下格式的"开立提货保函申请书"，同时提交了由出口商提供的商业发票，提单副本等单据。

开立提货保函申请书
致：杭州银行股份有限公司 下沙开发区支行 ： 我公司《销售合同》(编号：2021HD04099) 项下的进口货物 废纸 现已到港。有关货物情况如下： 发货人：INTERNATIONAL PAPER PRODUCTS (JAPAN) LTD. 提单出单日期：APRIL 30，2021 信用证号：LC01168733051　　发票金额：USD17 200.00 船名：SINOTRANS SHANGHAI/1628W

微课：填写提货担保申请书

续表

提单号：ANSHA8TCK22

货名：WASTE PAPER　发票号：96389J

数量：4 CONTAINER 98 BALES 86 000KGS

唛头：N/M

（以上有关货物记载以正本提单为准）

兹因上述货物的正本提单未到，我公司特请贵行向 MCC Transport Co.，Ltd.（船公司/船公司代理）签发《提货保函》以便我公司先行提货。为此，我公司已将上述货款的 美元壹万柒仟贰佰元整 存入在贵行的保证金专户，并保证如下：

一、因按我公司要求提取贵行保函项下的货物而产生的任何性质损坏或损失，均由我公司负责赔偿，贵行无须为此承担任何责任。

二、如因上述货物而引起对贵行的诉讼，我公司将随时提供足够的应诉费用，并保证无条件地承担由此产生的一切责任和风险，赔偿贵行由此而产生的一切直接损失和间接损失，前述责任、风险和费用损失包括但不限于赔偿责任、诉讼费、律师费、进行诉讼的差旅费等。

三、如果因此而使该船或属于该船东的其他船舶和财产招致羁留或扣押，或是受到羁留或扣押威胁，我公司将负责获取保释或采取其他所需的安全措施使羁留或扣押不致发生，或把已被羁留或扣押的船只或财产保释出来。无论其羁留或扣押是否合法，由此产生的损失、损坏或费用均由我公司负责赔偿。

四、在收到上述货物项下单据时，无论其有无不符点，我公司均不提出拒付/拒绝承兑，贵行有权在规定时间内对外付款/承兑。

五、一旦收到正本提单，我公司保证立即将其交给船公司以换回《提货保函》并交给贵行注销。

六、我公司按贵行收费规定交付保函费用。

申请人（公章）

杭州宏达纸业有限公司

法定代表人（签章）

王　力

2021年5月4日

杭州银行收到进口商杭州宏达纸业有限公司提交的《开立提货保函申请书》后，首先做了资信调查融资审批，以控制风险。除了进口商的资信状况，银行主要的审核内容如下。

（1）货物的起运港、起运时间、货物到港时间、出口的具体货物及货物数量等信息。

（2）信用证要求的运输单据是否为全套正本海运提单且目的港为中国港口。

（3）商业发票中货物名称、数量、金额等要素是否与信用证及《开立提货担保函申请书》内容相符。

（4）提单副本所载明的要素是否与信用证和《开立提货担保函申请书》内容相符，是否为已装船提单并注明货物已装船。

审核通过后杭州银行同意为杭州宏达纸业有限公司开立提货保函。2021年5月4日当天，杭州银行开立了如下的提货保函。

杭州银行股份有限公司

提货保函

致：MCC Transport Co.，Ltd.

我行客户杭州宏达纸业有限公司《销售合同》（编号：2021HD04099）项下的进口货物废纸现已到港。有关货物情况如下：

发货人：INTERNATIONAL PAPER PRODUCTS（JAPAN）LTD.

提单出单日期：APRIL 30，2021

信用证号：LC01168733051　发票金额：USD17 200.00

船名：SINOTRANS SHANGHAI/1628W

提单号：ANSHA8TCK22

货名：WASTE PAPER　发票号：96389J

数量：4 CONTAINER 98 BALES 85 520KGS

唛头：N/M

（以上有关货物记载以正本提单为准）

上述货物由 INTERNATIONAL PAPER PRODUCTS（JAPAN）LTD.（托运人）交上述船舶运输。货物正本提单至今未到，不能凭以提货，现由我行担保提货，特请贵公司准予放行，将该批货物交付给杭州宏达纸业有限公司。待我行收到上述货物正本提单后，向贵公司提交正本提单。我行向贵公司交付上述货物正本提单换回保函时，该担保责任便告终止，或本保函自出具日起满 / 自动失效。

提货单位公章　　　　　　担保方公章

杭州宏达纸业有限公司　　　　　　杭州银行股份有限公司

For BANK OF HANGZHOU CO., LTD.

法定代表人（签章）　　　　　　负责人（授权代理人）签章

（授权代理人）　　　　　　Authorized Signatures(s)

王力

2021年5月4日

杭州宏达纸业有限公司将上述杭州银行开具的提货保函及相关业务资料交给其合作的货运代理公司，委托货运代理公司办理提货手续。货运代理公司将提货保函交给船公司MCC Transport Co.，Ltd.，船公司MCC Transport Co.，Ltd.凭保函放货，货物最后顺利运抵杭州宏达纸业有限公司仓库。

2021年5月11日，杭州宏达纸业有限公司收到了日本出口商INTERNATIONAL PAPER PRODUCTS（JAPAN）LTD.通过银行寄送过来的包含正本提单在内的整套信用证单据，杭州宏达纸业有限公司随即将正本提单交给船公司MCC Transport Co.，Ltd.，MCC Transport Co.，Ltd.收回提单，退还之前留置的提货保函，杭州宏达纸业有限公司将拿回的提货保函归还杭州银行，杭州银行将此提货担保注销。至此，提货担保业务全部结束。

一、减免保证金开证（进口授信开证）

（一）减免保证金开证的含义

微课：减免保证金开证的含义

减免保证金开证业务是指银行对资信状况良好、有充足的清偿能力、业务往来频繁的进口商免收或者部分免收开证保证金，为客户开出信用证的一种贸易融资业务。通常，进口商申请减免保证金开证需要有授信额度，开证时扣减额度，信用证付汇时恢复额度。

在实际业务中，银行给予进口商的授信额度有以下两种。

1. 一般信用证额度

一般信用证额度（General L/C limit）是指开证行确定了开证申请人的开证额度后，允许进口商循环使用，而且开证行可以依据进口商的资信变化和业务需要随时调整开证额度。

2. 一次性开证额度

一次性开证额度（One time L/C Limit）是指当一般信用证额度不能满足贷款的需求，或占用一般信用证额度将会影响进口商的正常进口时，开证行根据进口商的特殊需求（如某项大额进口货物），专门为特定的进口货物所核定的一次性额度。这种特定的开证额度不能循环使用，且须依照进口商所提供的担保、抵押等情况而定。

（二）减免保证金开证的业务流程

（1）进口商向银行申请减免保证金进口开证授信额度，也可以申请单笔减免保证金进口开证。

（2）如果进口商已获取银行的减免保证金开证额度，即可凭《开立不可撤销信用证申请书》、进口合同、进口代理协议（如需）、进口批文（如需）、备案表（如需），交足银行规定比例的保证金后，申请对外开证。

（3）如果进口商未取得相关授信额度，则需提交相关信贷资料，凭《开立不可撤销信用证申请书》、进口合同、进口代理协议（如需）、中华人民共和国对外经贸部（委）核准批件（如需）、进口批文（如需）、备案表（如需），向银行申请单笔减免保证金进口开证。

（4）银行对进口商开证申请进行审查，除了对客户进行一般信用审查外，在开证时还将审查以下内容：①开证申请人提交的开证申请书应填写完整，其相关内容应符合国际惯例及相关的国家外汇管理政策；②信用证所涉及的进口商品应符合国家的有关规定，且符合授信额度中所规定的范围；对专控商品的进口应具备相应的进口许可证、进口配额等进口批件；③开证申请人对进口商品应具有基本的销售渠道和营销能力；④开证申请人所盖公章及法定代表人和/或授权签字人的签字和/或盖章应与银行留底的印鉴相符，申请书印章齐全；⑤若为进口代理业务，应提供正本或副本的进口代理协议。

（5）银行审核开证条件及开证资料无误后，完成对外开立信用证。

二、提货担保

（一）提货担保的含义

微课：提货担保的含义及作用

提货担保（Guarantee for the release of goods；Delivery against bank guarantee）是指在信用证支付方式下，载货船舶早于运输单据到达卸货港时，进口商请求开证行开立的凭以向承运人办理提货手续的一种保函，这种提货担保的本质是开证行对进口商提供的融资便利。

在实际外贸业务中，货运单据有时会晚于载货船舶到达进口国，为了尽早提货，进口商向开证行提出请求，由开证行出具保函，请求承运人凭此放货，保证日后及时补交正本提单，同时保证赔偿承运人因无单放货而可能遭受的损失及有关费用。

（二）提货担保的业务流程

1. 提货担保申请

微课：提货担保的业务流程

当进口商收到承运人的到货通知后，若还未收到货运单据，则可以向开证行提出申请，请求开证行出具担保函，凭以向承运人提货。在此应特别注意，只有运输方式为海运，信用证规定提示全套提单且仅限于信用证项下的进口货物，才可以申请提货担保；若运输方式为非海运或海运方式下信用证规定提示2/3提单的，通常不能申请这种担保。在实务中，采用空运、陆运等运输方式时，由于此类运输单据不是物权凭证，承运人放货无须凭运输单据，而是凭到货通知，验明收货人身份即可。此种情况下，为了控制交货，出口商通常要求信用证规定开证行为收货人，货物抵港后，开证行出具放货单或交货单，指示承运人向进口商交货。

2. 审核担保条件

尽管开证行在开证时对进口商的经营状况和资信程度已有了解，但若进口商的经营状况有所变化，且在出具提货担保后失去货物控制权，进口商的风险因素则会比开证时更大。因此，开证行在出具担保前，还应进一步了解进口商的有关情况，必要时可要求进口商提供反担保、增加保证金、抵押或质押等防范措施。

3. 出具提货担保函

开证行在完成审核担保条件后，若认为进口商的风险在可控制范围之内，则可以向进口商出具提货担保函。

4. 提交信托收据并提货

进口商与开证行签订信托收据，按要求办理提货、存仓、保险等事宜。（关于进口商是否需要向开证行提交信托收据，视银行和客户的关系而定，不同的银行有不同的操作规定）。

5. 向承运人提交提单换回提货担保

开证行收到信用证项下的货运单据后，根据进口商的授权对外承付货款，即开证行可以借记进口商账户取款。进口商或开证行将提单交给承运人换回提货担保。开证行通常在提单上背书，且注明“TO RELEASE OUR GUARANTEE ONLY”，换回提货担保函之后，归档注销。

在此，进口商应特别注意：进口商凭提货担保函提取货物后，则丧失了拒付的权利，即使单据存在不符点。因为进口商若要拒付，必须将单据退回指定银行或受益人，但正本提单已经交给了船公司，无法退单，只能放弃拒付。

三、进口押汇

微课：进口信用证押汇的含义及作用

（一）进口押汇的含义

进口押汇业务（Inward Bill Receivables），一般是指开证行在收到议付行或其他被指定银行寄来的信用证项下的单据后，为进口商垫付货款的一种融资方式。在实务中，开证行收到单据后，如单证相符，或虽有不符点但客户及开证行双方均同意接受，开证行应立即偿付议付行或交单行，但开证申请人因资金周转关系，无法在开证行付款前付款赎单，因此以该信用证项下代表物权的单据作为质押，并同时提供必要的抵押/质押或其他担保，由银行先行代为对外付款，这种信用证项下的融资，一般称之为进口押汇。与普通贷款相比，进口押汇具有手续简便、融资速度快的特点。

（二）进口押汇的业务流程

进口商向开证行提出进口押汇申请。当信用证项下的单据到达开证行之后，进口商向开证行提出进口押汇申请。进口押汇需要逐笔申请，逐笔使用，通常不设额度，押汇期限一般不超过90天。即使为90天以内的远期信用证，一般而言，其押汇期限与远期期限相加也不得超过90天。而且押汇仅用于信用证项下的对外支付使用，不得用于其他项目使用。

微课：进口信用证押汇的业务流程

（1）审核押汇条件。由于进口押汇的还款资金是进口商的经营利润，风险较大，因此开证行必须对进口商的经营状况、资信程度有所了解。为防范风险和损失，开证行可适当要求进口商提供一定的担保、抵押或质押。此外，开证行还应对进口货物的市场行情有所了解，若货物的变现能力强，则可适当放宽押汇条件，否则应从严控制押汇条件。

（2）签订进口押汇合同。开证行完成上述程序后，认为进口商的风险可控，则与进口商签订进口押汇合同。

（3）提交信托收据。订立进口押汇合同后，进口商应向开证行提交信托收据，将货物的所有权转让开证行。

（4）开证行押汇并对外付款。

（5）进口商依照押汇合同的规定，到期后向开证行还款，赎回信托收据。

国际结算与中国经济

以金融服务新思路　赋能外贸打造新优势

党的二十大报告提出：中国坚持对外开放的基本国策，坚定奉行互利共赢的开放战略，推动贸易和投资自由化便利化，推进高水平对外开放，提升贸易投资合作质量和水平，加快建设贸易强国。作为拉动中国经济增长的三驾马车之一，稳“外贸”事关经济全局，而外贸的稳定发展离不开金融的有力支持。

2023年一季度，我国对东盟、拉丁美洲和非洲的进出口分别增长16.1%、11.7%、14.1%；电动载人汽车、锂电池、太阳能电池“新三样”产品合计出口增长66.9%，同比增量超过1 000亿元，拉高了出口整体增速2个百分点。

在充分肯定成绩的同时，我们也要认识到，当前外部环境依然严峻复杂，全球贸易发展仍将受到多重因素影响，贸易前景依然承压。我们必须为实现全年外贸促稳提质目标继续付出努力。

2023年《政府工作报告》提出，要继续发挥进出口对经济的支撑作用。对于金融业来说，支持外贸促稳提质是服务高质量发展的题中应有之义。结合外贸发展新特点、新趋势，金融服务也需要创新思路。

一要利用“一带一路”建设发展机遇，支持出口企业与沿线国家强化贸易合作。要充分运用自身资源优势，为外贸企业与新兴市场搭建合作桥梁。创新金融产品和服务，为外贸企业设计最符合他们开拓新兴市场的金融产品；强化跨领域合作，在为外贸企业提供全周期金融服务的同时，通过出口信用保险等方式，免除外贸企业发展的后顾之忧，支持企业进一步开拓多元化市场。

二要重视“新三样”强势发展带来的外贸新机遇，支持企业巩固发展优势。金融机构服务稳外贸，需要关注国际市场需求，支持和引导外贸企业发展绿色低碳产品出口。要为相关领域企业提供融资等金融服务和技术咨询等非金融服务，鼓励企业加快技术发展和自主创新，通过提升产品品质和性能，增强国际竞争力。为企业了解不同国家和市场的技术要求、产品需求和政策法规提供支持，帮助企业在更广阔的市场站稳脚跟。

三要创新思路，支持我国外贸转型升级。近几年，我国的出口已经在逐渐摆脱“依赖低端制造”的固有印象。这就需要金融机构主动研究外贸行业的发展趋势，根据行业变化提前研究应对策略，为外贸企业提供符合外贸发展形势的金融服务，同时，引导企业主动进行技术革新和优化升级，把握新趋势，向客户提供个性化、综合化服务方案，服务外贸促稳提质。

习题测验

一、单项选择题

1. 减免保证金开证业务可以使进口商（　　）免交开证保证金。

A. 全部　　B. 部分　　C. 不能　　D. 全部或部分

2. 银行基于信用证结算并在发货前的进口类贸易融资产品是（　　）。

A. 减免保证金开证　　B. 提货担保

C. 提单背书　　D. 进口代付

3. 减免保证金开证是指进口商开证时（　　）开证保证金的融资方式。

A. 只要申请就不必支付　　B. 只要申请就减少支付

C. 在授信额度内减免　　D. 无须申请就减免

4. 在申请减免保证金开证业务时，银行审批通过后，会与进口商签订（　　），并对外开出信用证。

A. 减免保证金开证合同　　B. 开立不可撤销跟单信用证申请书

C. 开证申请人承诺书　　　　D. 进口合同

5. 按提货担保申请书，一旦收到（　　），进口商应立即用其换回提货保函。

A. 信用证　　B. 开证申请书　　C. 海运提单　　D. 商业发票

6. 提货担保项下，如果船公司向开证行索赔，开证行赔付的金额（　　）。

A. 肯定等于货物价值　　　　B. 肯定等于单据金额

C. 肯定小于货物价值　　　　D. 有可能大于单据金额

7. 提货担保是开证行对（　　）所做出的一种保证行为。

A. 进口商　　B. 付款行　　C. 船公司　　D. 出口商

8. 银行出具提货担保后，开证申请人对于事后收到的信用证项下的单据，（　　）。

A. 如有不符点，可以接受

B. 根据是否有不符点来决定是否接受

C. 如有不符点，可以拒付

D. 无论有无不符点，均不得拒付

9. 提货担保是针对信用证项下货物的，该种行为所建立的合约关系受（　　）支配。

A. 当事人双方协商选择的特定国家的法律

B. UCP600

C. 托收统一惯例

D.《联合国国际货物销售合同公约》

10. 进口信用证押汇是指（　　），应进口商要求向其提供短期资金融通。

A. 银行收到境外出口商或其他银行寄来的单据后

B. 银行开立信用证之前

C. 银行开立信用证之后

D. 出口商发货之后

二、多项选择题

1. 下列关于开立信用证的表述正确的有（　　　）。

A. 开证行可以要求进口商交纳保证金

B. 保证金可以从进口商外汇存款账户收取

C. 在授信额度内可以减少保证金

D. 在授信额度内可以免收保证金

2. 提货担保的特点包括（　　）。

A. 它是一种担保行为

B. 担保的对象是信用证项下的提货

C. 做出担保的银行通常是通知行

D. 做出担保的银行通常是开证行

3. 进口押汇可以帮助进口商在无法立即支付货款的情况下，及时（　　）。

A. 获得资金　　B. 取得物权单据

C. 提货　　D. 转卖

4. 银行可以掌控物权凭证的押汇方式有（　　）。

A. 进口信用证押汇　　B. 托收项下进口押汇

C. 进口T/T押汇　　D. 以上三项都是

5. 广义上说，进口押汇包括（　　）项下的押汇。

A. 远期信用证　　B. 即期信用证

C. 进口托收　　D. 进口T/T

三、判断题

1. 进口商向开证行申请开立信用证时，必须提交开证保证金，保证金一般为开证金额的30%。（　　）

2. 已过交单期，正本单据仍未寄到的进口业务也可以办理提货担保。（　　）

3. 由于损失的不确定性，对于担保限额和失效日期固定的提货担保函，许多船公司不愿接受。（　　）

4. 办理提货担保业务原则上应为近洋运输。（　　）

5. 提货担保业务仅限于海运的、信用证项下的商品进口业务。（　　）

6. 提货担保业务项下，船公司凭提单放货。（　　）

7. 提货担保可以帮助进口商在货物早于单据达到情况下及时取得物权单据、提货、转卖。（　　）

8. 在提货担保业务中，担保责任在以正本提单换回提货担保时解除。（　　）

9. 进口押汇款相当于一笔流动资金贷款，进口商可以随意支配使用。（　　）

10. 押汇行的风险主要来自进口商，因此押汇行应该严格审核进口商的信用风险和经营风险。（　　）

【能力实训】 办理进口授信开证及提货担保业务

2021年5月19日，浙江天天进出口有限公司与韩国出口商NEW POWER CO.，LTD.签订了如下进口PE树脂的贸易合同。

PURCHASE CONTRACT

CONTRACT NO.: TI20060901　　Date: May 19, 2021

THE BUYERS: ZHEJIANG TIANTIAN I&E CO., LTD.

ADD: 118 NORTH XINGYE ROAD. HANGZHOU CHINA

TEL: 0086-0571-86789999

FAX: 0086-0571-86878888

THE SELLERS: NEW POWER CO., LTD.

ADDRESS: 410-25, ORYU-DONG SEO-GU, INCHEON, KOREA

TEL: 0082-32-888-0839

FAX: 0082-32-888-0832

THIS CONTRACT IS ENTERED BETWEEN THE BUYERS AND THE SELLERS ON THE TERMS AND CONDITIONS STATED BELOW:

DESCRIPITON	QUANTITY	UNIT PRICE	TOTAL AMOUNT
		CIF Ningbo，China	
PE RESIN（DFDG-809 0）	70 000. 00KGS	0.75USD	USD52 500.00
PE RESIN（DTDG-7878）	33 000. 00KGS	0.75USD	USD24 750.00
TOTAL			77 250.00

With 3% more or less of quantity and amount allowed.

Package：25kgs/polybag.

Port of shipment：Inchon，Korea

Port of destination：Ningbo，China

Time of shipment：Before June 10，2021

Shipping mark：No mark

Terms of Payment：100% of the value to be paid by L/C 45 days after shipment.

The L/C should reach the seller before May 30，2021

Buyer' bank：Standard Chartered First Bank Korea Limited Seoul KR..

Country of origin：Korea

THE SELLER:　　**THE BUYER:**

Kim Lee　　张天天

实训任务8.1　办理授信开证业务

浙江天天进出口有限公司为减少资金占压，向开证行杭州银行申请办理授信开证业务（减免保证金开证业务），填写了如下格式的“减免开证保证金申请书”（浙江天天进出口有限公司在杭州银行有充足的授信额度，按约定，在授信额度内开证只要缴纳10%的保证金即可。浙江天天进出口有限公司在杭州银行下沙开发区的人民币账号为87228555555555，外币账号为87228111111111）。

减免开证保证金申请书

申请人			
进口合同号		信用证号	
开证币种金额		金额允许上浮比例	
申请减免 保证金比例		申请减免 保证金币种金额（大写）	
进口货物名称			

杭州银行股份有限公司 下沙开发区支行

本申请人特申请上述不可撤销跟单信用证（有关记载以正本信用证为准）由（√）杭州银行股份有限公司（　）杭州银行股份有限公司委托＿／＿银行＿／＿分支行开立。

本申请人保证待对外付款前或汇票到期前再按约定时限存足对外支付款项。

申请人申请的信用证类型为

☑普通信用证

□由杭州银行远期即付的假远期信用证

□由杭州银行指定偿付行（付款行）远期即付的假远期信用证

就本笔减免开证保证金事宜，本申请人愿与贵行签订《减免开证保证金合同》。本申请人保证履行该合同项下义务，请予以审核批准。

本申请人的外币及人民币账户：

开户行：杭州银行下沙开发区支行

外币账户：＿＿＿＿＿＿＿＿

人民币账户：＿＿＿＿＿＿＿＿

申请人（公章）

法定代表人（签章）

（授权代理人）

年　月　日

注：①“信用证号”栏可有银行在开证后补填。

②“申请减免保证金币种金额（大写）”栏应按开证金额上浮后的金额上限计算。

实训任务8.2　办理提货担保业务

杭州银行同意了进口商浙江天天进出口有限公司的开证申请，按期开证给韩国出口商。韩国出口商经通知行收到信用证后审证无误，便马上组织备货装船，货物于2021年6月8日装上船。

由于韩国到中国属于近洋运输，载货船舶经过3天就到达了上海港。浙江天天进出口有限公司收到船公司来电，通知货物已达目的港上海，并要求浙江天天进出口有限公司持提单提取相关货物。但此时运输单据还尚在韩国，为了尽早提货销售，以利于公司资金周转，浙江天天进出口有限公司决定向开证行杭州银行宁波分行提出申请，由杭州银行宁波分行出具提货担保函，请求承运人凭担保函放货。

第一步：浙江天天进出口有限公司办理提货担保申请

杭州银行开出的信用证编号为LC0118899999，韩国出口商提交了编号为NP93456的商业发票和编号为HEUNG-A7539的提单副本，负责运输的船公司为韩国兴亚海运Heung-A Shipping Co., Ltd.，船名及航次为ELBMASTER/1223E，货物数量为5 containers，4 120 bags，10 300 kgs。

开立提货保函申请书

致：杭州银行股份有限公司__________：

我公司《销售合同》(编号：　　)项下的进口货物____________现已到港。有关货物情况如下：

发货人：________　提单出单日期：__________

信用证号：__________　发票金额：__________

船名：__________　提单号：__________

货名：__________　发票号：__________

数量：____________________

唛头：____________________

(以上有关货物记载以正本提单为准)

兹因上述货物的正本提单未到，我公司特请贵行向____________(船公司/船公司代理)签发《提货保函》以便我公司先行提货。为此，我公司已将上述货款的__________存入在贵行的保证金专户，并保证如下：

一、因按我公司要求提取贵行保函项下的货物而产生的任何性质损坏或损失，均由我公司负责赔偿，贵行无须为此承担任何责任。

二、如因上述货物而引起对贵行的诉讼，我公司将随时提供足够的应诉费用，并保证无条件地承担由此产生的一切责任和风险，赔偿贵行由此而产生的一切直接损失和间接损失，前述责任、风险和费用损失包括但不限于赔偿责任、诉讼费、律师费、进行诉讼的差旅费等。

续表

三、如果因此而使该船或属于该船东的其他船舶和财产招致羁留或扣押，或是受到羁留或扣押威胁，我公司将负责获取保释或采取其他所需的安全措施使羁留或扣押不致发生，或把已被羁留或扣押的船只或财产保释出来。无论其羁留或扣押是否合法，由此产生的损失、损坏或费用均由我公司负责赔偿。 四、在收到上述货物项下单据时，无论其有无不符点，我公司均不提出拒付/拒绝承兑，贵行有权在规定时间内对外付款/承兑。 五、一等正本提单收到，我公司保证立即将其交给船公司以换回《提货保函》并交给贵行注销。 六、我公司按贵行收费规定交付保函费用。 申请人（公章） 法定代表人（签章） 2021年6月11日

第二步：银行调查和审批

收到浙江天天进出口有限公司的提货担保申请后，杭州银行首先做了资信调查融资审批，以控制风险（请回答银行主要从哪些方面进行审核）：

第三步：进口商凭提货保函办理提货手续，到单后换回提货保函并交银行注销

杭州银行审核后同意进口商浙江天天进出口有限公司的申请，正式开立了提货保函。浙江天天进出口有限公司将杭州银行开具的提货保函交给货运代理公司到宁波港办理报关提货手续，提货后将商品先行销售。货物到港后4天，杭州银行收到了韩国通知行寄送来的包括正本提单在内的信用证项下全套单据。浙江天天进出口有限公司向杭州银行付款赎单，将赎回的正本提单交给船公司用以换回留置在船公司的提货保函，并将提货保函归还给杭州银行进行销保。

项目九　跨境贸易人民币结算业务

【学习目标】

能力目标：

- 能提交首次办理跨境贸易人民币结算业务的资料；
- 能填写跨境业务人民币结算付款说明，提交相关资料；
- 能填写境外汇款申请书。

知识目标：

- 了解跨境贸易人民币结算的含义、发展历程；
- 掌握跨境贸易人民币结算业务流程；
- 熟悉跨境贸易人民币结算政策及办理的注意事项。

素养目标：

- 践行社会主义核心价值观；
- 坚定“四个自信”，培养爱国情怀；
- 践行严谨细致、精益求精的职业规范。

【思维导图】

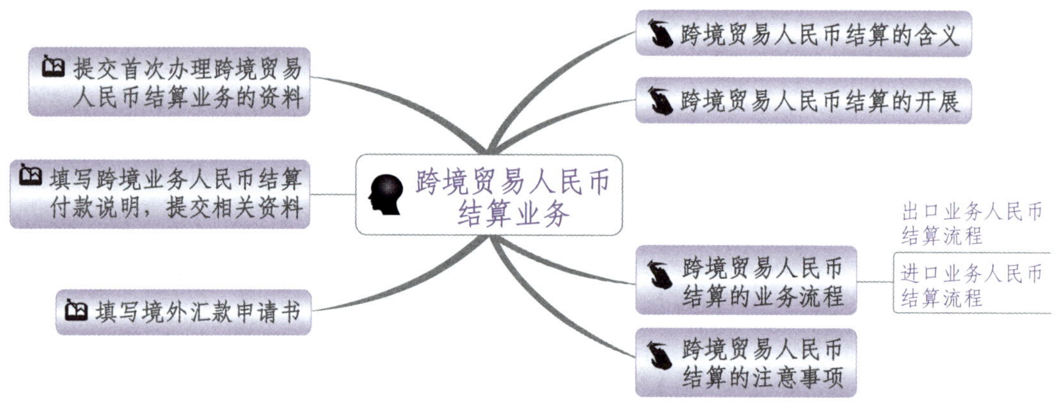

项目背景

动画：跨境贸易人民币结算业务

浙江金维进出口有限公司创建于2013年，每年需要从国外进口较大量的钢铁产品，成立以来经营一直良好，无外汇资金来源，在海关、税务局、银行等机构无不良记录。为了规避汇率风险，浙江金维进出口有限公司尝试用人民币进行结算，与多个国外出口商进行了协商并取得他们的同意。2020年1月15日，浙江金维进出口有限公司与韩国Dawon MST Co., Ltd.签订了进口复合钢板的合同，合同规定货到湖州后60天付款，用人民币进行结算，合同总金额为人民币194 200元。

韩国出口商Dawon MST Co., Ltd.在合同签订后立即装运了货物，进口商浙江金维进出口有限公司在货物到港后办理了货物的接货、进口报检和报关手续。浙江金维进出口有限公司是首次办理跨境贸易人民币结算业务，为顺利进行结算需要完成如下工作任务。

任务分解

任务9.1 提交首次办理跨境贸易人民币结算业务的资料

根据《跨境贸易人民币结算试点管理办法》和《跨境贸易人民币结算试点管理办法实施细则》规定，首次办理跨境人民币业务的进口企业需要向银行提交“关于确定跨境贸易人民币结算主报告银行的函”和“企业信息登记表”。

任务9.2　填写跨境业务人民币结算付款说明，提交相关资料

进口企业去银行办理跨境贸易人民币结算时需要填写“跨境业务人民币结算付款说明”，同时提交合同、发票、报关单（目前只要三选一即可，具体看银行需要）（出口贸易的跨境人民币结算相对更加简单，出口企业只需要填写跨境贸易人民币结算出口收款说明即可，不需要提交合同、发票或报关单）。

任务9.3　填写境外汇款申请书

合同规定，100%货款采用T/T支付。为此，浙江金维进出口有限公司办理汇款时需要填写境外汇款申请书。

操作示范

任务9.1　提交首次办理跨境贸易人民币结算业务的资料

货物于2020年1月21日被送到进口商所在地浙江湖州。由于是货到付款，并且合同规定进口商付款时间是货到湖州仓库后60天。因此，浙江金维进出口有限公司暂不付款，准备在2020年3月下旬到期日付款。2020年1月21日开始直至5月底，人民币兑美元出现了持续的贬值。这对以人民币结算的进口贸易是利好，因为假如按传统方式以美元结算，浙江金维进出口有限公司将由于人民币兑美元的汇率波动而遭受损失：1月15日合同签订当天，美元兑人民币汇率中间价是6.884 5，该批钢板总价（人民币194 200元）按美元计价为28 208.29美元；如果实际付款日是3月20日（到货后60天），当天的美元兑人民币汇率中间价是7.105 2，则浙江金维进出口有限公司需要为此批钢板支付28 208.29×7.105 2=200 425.54元人民币用于购汇，比194 200元人民币多付出了6 225.54元人民币，这6 225.54元人民币的损失就是因为人民币兑美元贬值所造成的。而现在因为合同约定以人民币结算，不存在人民币兑美元贬值的汇率风险，不论汇率如何波动，浙江金维进出口有限公司实际付款保持194 200元人民币不变。

因此，对于浙江金维进出口有限公司而言，开展跨境贸易人民币结算，使企业规避了汇率风险，节约了汇兑成本。

企业在初次办理跨境贸易人民币结算时，不需要向外汇局做备案手续，可以直接到商业银行办理。因为是初次办理，浙江金维进出口有限公司向银行提交了如下的企业基本信息情况表和关于确定跨境贸易人民币结算主报告银行的函，再由银行发送至外汇局，外汇局在跨境人民币结算收付信息管理

系统做激活处理之后，企业即可办理业务。

1. 企业基本信息情况表

编号：　　　　　　　　　　　　　　　　　　　　　　　办理银行（业务公章）

基本信息：			
单位名称	浙江金维进出口有限公司		
组织机构代码	697099999	海关编号	3305961657
税务登记号码	330501725852016	投资国别或地区	
行业属性	金属制品业	行业属性代码	0334
经济类型	其他有限责任公司	经济类型代码	159
信息主报告银行名称	中国银行湖州分行	信息主报告银行支付系统行号	104336010016
营业场所	湖州经济开发区龙溪北路9999号	常驻国家或地区	中国湖州
法定代表人或负责人信息：			
姓名	陈大军	身份证件类型	身份证
身份证件号码	3305011972100305**		
联系方式：　0572-210101**			
单位地址	湖州经济开发区龙溪北路9999号		
邮政编码	313000	电子邮件地址	ZJjw@sina.com
备注：			

填表单位（盖章）：浙江金维进出口有限公司　　　　　　填表日期：2020年3月18日

填表说明：

（1）本表一式二份，一份由境内结算银行留存，一份由境内结算银行报送试点地区所在地中国人民银行。

（2）本表编号由试点地区所在地中国人民银行填写。

（3）经济类型：按GB/T 12402–2000《经济类型分类与代码》填报。

（4）行业属性：生产型企业，按新版国际收支统计监测系统中使用的《国民经济行业分类》（GB/T 4754–2017）标准，确定行业属性及代码，按代码的前4位填报；外贸型企业，不要填报为批发和零售业，而是根据公司主营出口产品类别，按照《国民经济行业分类》（GB/T 4754–2017）标准，填写相应的行业属性及代码，按代码的前4位填报。

（5）信息主报告银行：试点企业在办理跨境贸易人民币结算中出现延期收付超过210天或将出口项下的人民币资金留存境外时，负责向试点企业采集相关信息，并向人民币跨境收付信息管理系统报送的银行。

2. 关于确定跨境贸易人民币结算主报告银行的函

中国人民银行湖州分行：

根据跨境贸易人民币结算试点管理办法的要求，经研究，我司选择的跨境贸易人民币结算主报告银行及相关信息如下：

企业名称：浙江金维进出口有限公司；

组织机构代码：697099999；

海关编码：3305961657；

企业纳税人识别号：330501725852016；

主报告银行：中国银行湖州分行；

联系人：陈大军

联系方式：0572-210101**

专此函达。

企业名称（盖章）：浙江金维进出口有限公司

2020年3月18日

任务9.2　填写跨境业务人民币结算付款说明，提交相关资料

根据跨境贸易人民币结算办理相关规定，企业办理进口人民币结算业务时需要填写“跨境业务人民币结算付款说明”，如果是办理出口人民币结算业务则需填写“跨境业务人民币结算收款说明”。因此浙江金维进出口有限公司去银行办理人民币结算时填写了如下的“跨境业务人民币结算付款说明”。

跨境业务人民币结算付款说明

付款日期：2020年3月20日

<table>
<tr><td colspan="4">付款企业名称：浙江金维进出口有限公司
组织机构代码（身份证件号码）：697099999</td></tr>
<tr><td colspan="2">收款人姓名：Dawon MST Co., LTD.</td><td>收款人国别：韩国</td><td>合同编号：DWMST20021</td></tr>
<tr><td colspan="4">付款金额合计：¥194 200.00元</td></tr>
<tr><td colspan="4">货物贸易金额：¥194 200.00元　　　货币标的：复合钢板</td></tr>
<tr><td colspan="2">预付货款项下：　元</td><td>占合同金额比例：　%</td><td>预计　天后报关（结账期）</td></tr>
<tr><td rowspan="3">已
报
关</td><td colspan="3">报关经营单位名称：浙江金维进出口有限公司
组织机构代码：697099999</td></tr>
<tr><td rowspan="2">人民币报关 ☑
外币报关 ☐
（如果外币报关，金额填写折算人民币金额）</td><td>一般贸易：¥194 200.00元</td><td>进料加工：　元</td></tr>
<tr><td>其他贸易：　元</td><td>边境贸易：　元</td></tr>
</table>

续表

无货物报关	无货物报关 海关特殊监管区域及保税监管场所进出境物流货物： 元	
	离岸转手买卖： 元	其他： 元
服务贸易金额： 元	国际收支编码： 交易合同号：	
	来料加工项下： 元 实际付款比例： %	
投资收益： 元	国际收支编码：	
	批准证书号（仅汇出直投收益时填报）：	
经常转移： 元	国际收支编码：	
资本账户金额： 元	国际收支编码： 交易合同号：	
直接投资： 元	国际收支编码： 批准证书号：	
证券投资金额： 元	国际收支编码： 批准证书号：	
其他投资金额： 元	国际收支编码： 批准证书号：	
付款性质说明：	转口贸易：□是 □否	转卖贸易：□是 □否
	符合税务部门相关要求： □是 □否	经常项目结算流程简化： □是 □否
	跨境双向人民币资金池： □是 □否	经常项下跨境集中收付： □是 □否
	直接投资结算流程简化： □是 □否	
备注： 一般贸易进口货到付款		
本企业申明：本表所填内容真实无误。如有虚假，视为违反跨境人民币结算管理规定，将承担相应后果。		

单位公章或财务专用章　　填报人：王金维　　联系电话：0572-210101**

填表说明：

一般贸易：指海关监管贸易方式为“0110”的贸易类型。

进料加工贸易：指海关监管贸易方式为“0615进料对口”“0654进料深加工”“0664进料料件复出”“0700进料料件退换”“0715进料非对口”“0864进料边角料复出”。

边境贸易：指根据国家相关规定在指定口岸与毗邻国家之间开展的货物贸易。

其他贸易：不在上述范围内的海关监管贸易方式。

无货物报关：包括海关特殊监管区域及保税监管场所出入境物流货物、离岸转手买卖，以及其他未达到海关规定申报金额的邮寄进口或从境外付款但境内交货等方式。

出于贸易真实性审核的需要，银行在为企业办理跨境贸易人民币付款结算时，要求企业提交外贸合同或商业发票或报关单。因为本业务为货到付款，进口商将外贸合同、商业发票和报关单一并上交人民币结算行中国银行湖州分行（随着人民币结算的便利化，目前只要提交如下的外贸合同、商业发票和报关单三份材料其中一份即可）。

外 贸 合 同

CONTRACT

Contract No.: DWMST20021　　Date: Jan. 15, 2020

THE BUYER: ZHEJIANG KING WAY IMP AND EXP CO., LTD.

4TH FL. MORDEN PLAZA, HUZHOUCITY, ZHEJIANG, CHINA

TEL: 0572-2219*** FAX: 0572-2023***

THE SELLER: DAWON MST CO., LTD.

55 SUNPYEONG-SI, JEOLLANAM-DO KOREA, 540-813

TEL: +82-61-759-25** FAX: +82-61-759-25**

THIS CONTRACT IS MADE BY AND BETWEEN THE BUYERS AND THE SELLERS, WHEREBY THE BUYERS AGREE TO BUY AND THE SELLERS AGREE TO SELL THE UNDER MENTIONED COMMODITY ACCORDING TO THE TERMS AND CONDITIONS STIPULATED BELOW:

Name of Commodity, Specification	Quantity	Unit Price	Total Amount
Stainless steel combination coil	KGS	RMB/KG CIF SHANGHAI	RMB
1.5T×1232MM×602M	8 590	10.00	85 900.00
1.5T×1232MM×422M	6 000	10.00	60 000.00
1.5T×1232MM×339M	4 830	10.00	48 300.00
TOTAL:	19 420		194 200.0

PACKING: WOOD PACKING

PORT OF LOADING: GWANGYANG, KOREA

PORT OF DESTINATION: SHANGHAI, CHINA

TIME OF SHIPMENT: BEFORE Jan. 20, 2020

TERM OF PAYMENT:100% OF THE VALUE TO BE PAID BY T/T WITHIN 60 DAYS. AFTER CARGO IN HUZHOU WAREHOUSE.

COUNTRY OF ORIGIN: KOREA

THE BUYER:

ZHEJIANG KING WAY IMP AND EXP CO., LTD.

4THFL. MORDEN PLAZA, HUZHOU, CHINA

THE SELLER:

Dawon MST Co., Ltd.

55 SUNPYEONG-SI, JEOLLANAM-DO KOREA, 540-813

商 业 发 票

<table>
<tr><td colspan="6">DAWON MSC CO.,LTD.
55 SUNPYEONG-SI, JEOLLANAM-DO KOREA, 540-813
TEL: +82-61-759-25** FAX: +82-61-759-25**
COMMERCIAL INVOICE</td></tr>
<tr><td colspan="4">Seller:
DAEWON MSC CO., LTD.
55 SUNPYEONG-SI, JEOLLANAM-DO KOREA, 540-813
TEL: +82-61-759-25** FAX: +82-61-759-25**</td><td colspan="2">Invoice No. and date
DW20022, Jan. 22, 2020</td></tr>
<tr><td colspan="4">Buyer:
ZHEJIANG KING WAY IMP AND EXP CO., LTD.
4TH FL. MORDEN PLAZA, HUZHOUCITY, ZHEJIANG, CHINA</td><td colspan="2">S/C NO. :
DWMST20021</td></tr>
<tr><td colspan="4">Shipped from: GWANGYANG, KOREA</td><td colspan="2">Transport to:
SHANGHAI, CHINA</td></tr>
<tr><td colspan="4">Terms of delivery and payment:
CIF SHANGHAI
T/T WITHIN 60 DAYS AFTER CARGO IN HUZHOU WAREHOUSE.</td><td colspan="2">HS CODE: 7210499090</td></tr>
<tr><td>Shipping Marks</td><td>NO. & kind of package</td><td>Description of Goods</td><td>Weight/ KG</td><td>Unit price RMB/KG</td><td>Amount/ RMB</td></tr>
<tr><td rowspan="4">N/M</td><td rowspan="4">EXPORT STANDARD IN STEEL PACKING</td><td>STAINLESS STEEL COMBINATION COIL</td><td></td><td>CIF SHANGHAI</td><td></td></tr>
<tr><td>1. 5T×1232MM×602M</td><td>8 590</td><td>10.00</td><td>85 900.00</td></tr>
<tr><td>1. 5T×1232MM×422M</td><td>6 000</td><td>10.00</td><td>60 000.00</td></tr>
<tr><td>1. 5T×1232MM×339M</td><td>4 830</td><td>10.00</td><td>48 300.00</td></tr>
<tr><td>TOTAL</td><td></td><td></td><td>19 420</td><td></td><td>194 200.00</td></tr>
</table>

中华人民共和国海关进口货物报关单

预录入编号：22252015250106663　　海关编号：22252015250106663　　页码/页数：1/1

境内收货人（3305961657） 浙江金维进出口有限公司	进境关别（2225） 外港海关	进口日期 20200119	申报日期 20200119	备案号
境外发货人 DAEWON MSC CO.，LTD	运输方式（2） 水路运输	运输工具名称及航次号 GREENACE/FL248W	提运单号 9903248102	货物存放地点 外五
消费使用单位 浙江金苑进出口有限公司	监管方式（0110） 一般贸易	征免性质（101） 一般征税	许可证号	启运港（KR） 韩国
合同协议号 DWMST15021	贸易国（地区）（KR） 韩国	启运国（地区）（KR） 韩国	经停港（KR） 光阳（韩国）	入境口岸（310701） 外高桥

包装种类 其他	件数	毛重（千克） 19 570	净重（千克） 19 420	成交方式 CIF	运费	保费	杂费
随附单证及编号 发票；装箱单；提/运单；合同；原产地证据文件；代理报关委托协议（电子）							
标记唛码及备注 G1 是镀锌，热浸镀锌 G1 签约日期 2020-01-15 港口 KWANGYANG 随附单证号：310050115041828000							

项号	商品编号	商品名称及规格型号	数量及单位	单价/总价/币制	原产国（地区）	最终目的国（地区）	境内目的地	征免
1	7210499090	复合镀锌钢板	19 420.00千克	10.00/194 200.00/人民币	韩国（KR）	中国（CHN）	杭州市上城区	照章征税

报关人员　报关人员证号　　兹声明以上内容承担如实申报、依法纳税之法律责任 申请单位（签章） 申报单位　上海源洋报关有限公司	海关批注及签章

任务9.3　填写境外汇款申请书

境外汇款申请书的填写如下所示。

境　外　汇　款　申　请　书

APPLICATION FOR FUNDS TRANSFERS(OVERSEAS)

致：　　　　　　　　　　　　　　　　　　　　日期

T0：BANK OF CHINA，HU ZHOU BRANCH　　　　　Date：March 20，2020

☑电汇 T/T □票汇 D/D □信汇 M/T		发报等级 Priority	☑电汇 Norma □电汇 Urgent
申报号码 BOP Reporting No.	□□□□□□ □□□□ □□ □□□□□□ □□□□		
20 银行业务编号 Bank Transaction Ref. No.		收电行/付款行（略） Receiver/Drawn on	
32A 汇款币种及金额 Currency & Inter-bank Settlement Amount	RMB194 200.00	金额大写 Amount in Words	SAY RMB：ONE HUNDRED NINTY FOUR THOUSAND TWO HUNDRED ONLY.
其中 现汇金额 Amount FX		账号 Account No.	
其中 购汇金额 Amount of Purchase		账号 Account No.	
其中 其他金额 Amount of Others	RMB194 200.00	账号 Account No.	3909058342176
50a 汇款人名称及地址 Remitter's Name & Address	ZHEJIANG KING WAY IMP AND EXP CO.LTD 4TH FL.MORDEN PLAZA，HUZHOUCITY，ZHEJIANG，CHINA		
☑对公组织机构代码 Unit Code 6970999 99		□对私	□个人身份证号码 Indivudual ID No. □中国居民个人 Resident Individual □中国非居民个人 Non-Resident Individual
54/56a 收款银行之代理行（略）名称及地址 Correspondent of Beneficiary's Bank Name & Address			
57a 收款人开户银行名称及地址 Beneficiary's Bank Name & Address	收款人开户银行在其代理行账号 Beneficiary's Bank Account No. BANK OF CHINA，SEOUL BR. 1/F.，YOUNG POONG BLDG.，33 SEOLIN-DONG，CHONGRO-GU SEOUL 110-752，KOREA		
59a 收款人名称及地址 Beneficiary's Name & Address	收款人账号 Beneficiary's Account No.　98709870 DAWON MST CO.，LTD. 55 SUNPYEONG-SI，JEOLLANAM-DO KOREA，540-813		
70 汇款附言 Remittance Information	只限140个字位 Not Exceeding 140 Characters PAYMENT FOR GOODS	71A 国内外费用承担 All Bank's Charges If Any Are to Be Bone By	☑汇款人 OUR □收款人 BEN □共同 SHA
收款人常驻国家（地区）名称及代码 Beneficiary Resident Country/Region Name & Code　韩国 410			
请选择：□预付货款 Advance Payment ☑货到付款 Payment against Delivery □退款 Refund □其他 Others			

交易编码 BOP Transaction Code	□□□□□□ □□□□□□	相应币种及金额 Currency & Amount	RMB 194 200.00	交易附言 Transaction Remittance	一般贸易进口货到付款（钢板）

续表

本笔款项是否为保税货物项下付款	□是 □否	合同号		发票号	
外汇局批件/备案表号		报关单经营单位代码		□□□□□□□□□□□	
报关单号（略）		报关单币种及总金额		本次核注金额	
银行专用栏 For Bank Use Only		申请人签章 Applicant's Signature		银行签章 Bank's Signature	
购汇汇率 Rate @		请按照贵行背页所列条款代办以上汇款并进行申报 Please effect the upwards remittance subject to the conditions overleaf			
等值人民币 RMB Equivalent					
手续费 Commission					
电报费 Cable Charges					
合计 Total Charges		申请人姓名 Name of Applicant 电话 Phone No.		核准人签字（略） Authorized Person 日期（略） Date	
支付费用方式	□现金 by Cash □支票 by Check ☑账户 from Account				
核印 Sig.Ver		经办 Maker		复核 Checker	

浙江金维进出口有限公司填写、提交了上述资料后，中国银行随即向韩国出口商付出人民币194 200元。随后，中国银行按规定将该笔人民币结算相关信息报送中国人民银行的“人民币跨境收付信息管理系统”，跨境贸易人民币结算业务完成。

知识要点

一、跨境贸易人民币结算的含义

跨境贸易人民币结算，简单来说就是在国际贸易中，用人民币来计价和结算，适用《跨境贸易人民币结算试点管理办法》及本细则。中国人民银行关于《跨境贸易人民币结算试点管理办法的实施细则》第二条对此做出明确的定义：试点地区的企业以人民币报关并以人民币结算的进出口贸易结算。需要注意的是跨境贸易人民币结算仅是指在国际结算中使用了人民币而已，它并没有改变现有的国际结算方式。在国际贸易结算中，为了结算的方便，结算的币种通常使用“可自由兑换货币”，目前使用最普遍的可自由兑换货币包括美元、欧元、英镑、日元等。由于长期以来，人民币不是国际普遍认同的“可自由兑换货币”。所以，2009年以前在国际结算中很少使用人民币。

微课：跨境贸易人民币结算的意义

正因为如此，在国际贸易中，用人民币来计价和结算才有了特殊的意义。

成为跨境贸易计价和结算货币，是一国货币走向国际化的起点和基础。人民币国际化已成为中国构建国内国际双循环相互促进的新发展格局与进一步融入国际经济领域的重要选择，也是提升人民币国际地位和化解中国可能面临的经济与金融风险的重大举措。2008年全球性金融危机爆发后，人民币国际化问题从理论层面被正式提升到了实际应用的领域。2008年12月至今，中国人民银行已与30多个国家和地区的中央银行或者货币当局签署了双边本币互换协议，总额度超过了3.3万亿人民币。这些互换协议能够将人民币流动性传递到海外市场，推动以人民币进行跨境结算。我国开展跨境贸易人民币结算业务，有利于企业规避汇率风险，节约汇兑成本，增强企业开拓国际市场的信心，更好地应对国际金融危机的影响。

二、跨境贸易人民币结算的开展

微课：跨境贸易人民币结算的含义及历程

2009年，跨境贸易人民币结算开始了实质性的启动，并采取了“先试点、后扩面”的方案。2009年4月8日，国务院决定在上海和广东省的广州、深圳、珠海和东莞5个城市先行开展跨境贸易人民币结算试点。

2009年7月1日和7月3日中国人民银行等六部门颁布了《人民币跨境贸易结算试点管理办法》和《跨境贸易人民币结算试点管理办法实施细则》，为跨境贸易人民币结算提供了法律依据。2009年7月6日，人民币跨境收付信息管理系统（RCPMIS）正式上线运行，为跨境贸易人民币结算提供了电子化管理数据系统的支持。2009年8月和9月，国家税务总局和海关总署先后发出通知，对跨境贸易人民币结算出口退（免）税及人民币报关等问题作出了具体的规定，允许试点企业按照规定享受出口退税政策，从而消除了人民币作为结算货币的潜在障碍。

经过多年的试点和发展，我国跨境贸易人民币结算业务的相关政策日趋完善，地域范围也由当初的5个试点城市扩展到全国，人民币国际化的步伐明显加快。

微课：先出口后收款业务跨境人民币结算流程

三、跨境贸易人民币结算的业务流程

（一）出口业务人民币结算流程

1. 先出口后收款全流程

（1）境内出口商先与境外进口商签订以人民币计价结算的贸易合同，并按合同约定进行生产和备货。

（2）按合同约定交货给境外进口商。

（3）出口商根据实际发货的情况，以人民币向海关报关。

（4）境外进口商向出口商账户行支付人民币。境外进口商通过境外参加人民币跨境贸易结算的银行进行付款，境内出口商的结算代理行收到境外行的指令后，在通过贸易真实性的审核的基础上，凭境内出口企业提供的合同、发票和“跨境贸易人民币结算出口收付款说明”将人民币货款直接打入出口企业结算账户上。首次办理跨境人民币业务的出口商还需向银行提交关于确定跨境贸易人民币结算主报告银行的函和企业信息登记表，表格中的抬头为中国人民银行某某分行，主报告银行为某某银行（收款人账户行），表格需要加盖企业公章。

（5）银行按规定将相关信息报送人民币跨境收付信息管理系统。

（6）境内出口商凭增值税发票和出口报关单等材料向当地税务机关办理出口免抵退税的申报。

2. 先收款后出口全流程

微课：先收款后出口业务跨境人民币结算流程

（1）境内出口商先与境外进口商签订以人民币计价结算的贸易合同。

（2）外商向收款人账户行支付人民币。出口商向银行提供“跨境贸易人民币结算出口收款说明”后，由出口商的结算代理行（账户行）将款项入出口商账户。首次办理跨境人民币业务的出口商还需向银行提交关于确定跨境贸易人民币结算主报告银行的函和企业信息登记表，表格中的抬头为中国人民银行某某分行，主报告银行为某某银行（收款人账户行），表格需要加盖企业公章。

（3）银行按规定将相关信息报送人民币跨境收付信息管理系统，境内出口商做国际收支申报，不需要进行核销。

（4）出口商按合同规定交货给境外进口商。

（5）出口商按合同规定和实际交货情况，以人民币向海关报关。

（6）若企业实际报关时间与预计报关时间不一致，应当通知银行，由银行向人民币跨境收付信息管理系统报送相关更新信息。

（7）境内出口商凭增值税发票和出口报关单等材料向当地税务机关办理出口免抵退税的申报。

（二）进口业务人民币结算流程

1. 先进口后付款全流程

微课：先进口后付款业务跨境人民币结算流程

（1）国内进口商与国外出口商签订以人民币计价结算的贸易合同。

（2）外商按合同约定交货给我国进口企业。

（3）进口商按合同约定及货物到港情况，以人民币向海关报关。

（4）进口商向结算代理行（账户行）提供“跨境贸易人民币结算付款说明”后，由银行向外商付出人民币。首次办理跨境人民币业务的进口商还需向银行提交关于确定跨境贸易人民币结算主报告银行的函和企业信息登记表，表格中的抬头为中国人民银行某某分行，主报告银行为某某银行（收款人账户行），表格需要加盖企业公章。

（5）银行按规定将相关信息报送人民币跨境收付信息管理系统。

2. 先付款后进口全流程

微课：先付款后进口业务跨境人民币结算流程

（1）国内进口商与国外出口商签订以人民币计价结算的贸易合同。

（2）进口商向结算代理行（账户行）提供“跨境贸易人民币结算付款说明”后，由银行向外商支付人民币。首次办理跨境人民币业务的进口商还需向银行提交关于确定跨境贸易人民币结算主报告银行的函和企业信息登记表，表格中的抬头为中国人民银行某某分行，主报告银行为某某银行（收款人账户行），表格需加盖企业公章。

（3）银行按规定将相关信息报送人民币跨境收付信息管理系统。

（4）外商按合同约定交货给我国进口商。

（5）进口商按合同约定及货物到港的情况，以人民币向海关报关。

（6）企业实际报关时间与预计报关时间不一致的，应当通知银行，由银行向管理系统更新相关信息。

四、跨境贸易人民币结算的注意事项

（一）货物的进出口报关

（1）进出口企业报关时应当如实向海关申报成交方式，详细申报成交价格、数量、运输费、保险费以及加工贸易合同协议号等内容，保证报关数据的真实性和完整性。

（2）以人民币作为结算币种报关时，如果是进口业务，在进口货物报关单“币制”栏填报“人民币”，不需要提供其他证明材料；如果是出口业务，在出口货物报关单“币制”栏填报“人民币”。

（3）出口企业可以跨地区以人民币申报出口货物。

（4）如企业办理加工贸易合同备案时以外币备案，报关申报时可以用人民币进行申报，申报的币种不影响企业的加工贸易合同到期后企业在海关的合同核销。

（5）可以“交叉”币种，即企业原来已经用外币申报，随后可以改用人民币办理结算，或者企业原来已经用人民币申报，随后可以改用外币进行结算。在这种情况下，企业应按照报关单删除修改的有关规定，向海关提出修改要求。

（二）办理银行结算

跨境贸易人民币结算的实质是在国际结算中使用人民币，并没有改变现有的国际结算方式，因此，常见的汇款、托收、信用证等结算方式同样适用于跨境贸易人民币结算。但由于我国目前尚属于外汇管制国家，本币用于国际贸易结算，必将对境内原有的相关政策带来一定的改变，因而在银行办理跨境贸易人民币结算时必须注意相关政策的变化。

（1）企业在首次办理跨境贸易人民币结算业务时，应当确定一家境内结算银行作为其主报告银行，以便该银行按规定向中国人民银行报告企业的相关信息。如企业名称、组织机构代码、海关编码、税务登记证号、企业法人代表和负责人的身份证等信息。

企业也可以选择多家境内银行办理跨境贸易人民币结算业务，但主报告银行只能选择一家，若企业因账户调整等原因变更主报告银行时，应该以书面形式分别报告新、旧主报告银行。

（2）企业在办理跨境贸易项下的人民币收付时，应填写“跨境业务人民币结算收款说明”或者“跨境业务人民币结算付款说明”。如果是先出口报关或者进口报关后发生收付，则应当向其境内结算银行提供出口报关和进口报关的确切时间。如果是先收付后发生出口报关或者进口报关，则应当向其境内结算银行提供出口报关或进口报关的预计时间。

（3）党的二十大报告指出：弘扬诚信文化，健全诚信建设长效机制。企业应依法诚信经营，确保跨境贸易人民币结算的贸易真实性。应建立跨境贸易人民币结算台账，准确记录进出口报关信息和人民币资金收付信息。中国人民银行可依法对企业的跨境贸易人民币结算台账及相关信息进行检查，发现企业违反有关规定的，可依法进行处罚。

（4）企业预收、预付人民币资金超过合同金额25%的，应当向其境内结算银行提供贸易合同，境内结算银行应当将该合同的基本要素报送人民币跨境收付信息管理系统。

（5）企业来料加工贸易项下出口收取人民币资金超过合同金额30%的，企业应当自收到境外人民币货款之日起10个工作日内向其境内结算银行补交下列资料及凭证：企业超比例情况说明；出口报关单（境内结算银行审核原件后留存复印件）；试点企业加工贸易合同或所在地商务部门出具的加工贸易业务批准证（境内结算银行审核原件后留存复印件）。

对于未在规定时间内补交上述资料或凭证的试点企业，境内结算银行不得为其继续办理超过合同金额30%的人民币资金收付。情节严重的，暂停为该试点企业提供跨境贸易人民币结算服务，并及时报告中国人民银行当地分支机构。

（6）至货物出口后210天时仍未将人民币货款收回境内的，企业应当在5个工作日内向其结算银行填报“企业出口延期收款及存放境外申报备案表”（由银行提供），向中国人民银行报告该笔货物的未收回货款金额及对应的出口报关单号等情况，并提交书面情况说明和相关未收款证明材料。

（7）跨境贸易人民币结算业务所引起的跨境人民币流量和存量信息属于国际收支统计申报范围，应按有关规定办理国际收支统计申报。企业收到跨境人民币款项时，应填写“涉外收入申报单”并于5个工作日内办理申报；企业对外支付人民币款项时，应在提交“境外汇款申请书”或“对外付款、承兑通知书”的同时办理申报。

（8）企业拟将出口人民币收入留存境外的，应当通过其结算银行向中国人民银行当地分支机构备案，备案内容包括留存境外的人民币资金金额、开户银行、账号、用途及对应的出口报关单号等信息。由境内结算银行将上述信息报送人民币跨境收付信息管理系统。

（9）“交叉币种”的处理。“交叉币种”是指企业报关币种与收付币种不一致。在出口报关是外币、收款为人民币的情形下，企业在银行办理人民币收款手续时，应如实填写“跨境人民币结算收款说明”，注明“外币报关人民币结算”字样和相应的外币出口报关单号。境内结算银行将企业申报的信息报送人民币跨境收付信息管理系统。

在进口报关是外币、付款为人民币的情形下，企业在银行办理人民币付款手续时，应如实填写“跨境业务人民币结算付款说明”，注明“外币报关人民币结算”字样和相应的外币进口报关单号。境内结算银行将企业申报的信息报送人民币跨境收付信息管理系统。

（10）境内结算银行可以在贸易从属费用范围内为企业办理与贸易相关，但无货物流发生的人民币跨境收付，如贸易中产生的佣金、折扣等。

（11）在大型工程承包或成套设备出口时，经常既包括货物又包括服务，服务部分也可以用人民币结算，境内结算银行负责贸易真实性审核。企业应当向境内结算银行提交商业合同，以便于银行进行贸易真实性审核，办理相应的人民币资金收付。境外承包工程项目中境外采购用于境外、货物流不进入境内时，境内结算银行凭借海运提单等单证办理贸易真实性审核后，为企业办理人民币结算。

（12）境内结算银行应按照中国人民银行的要求，对办理的每一笔跨境人民币资金收付进行相应的贸易单证真实性、一致性审核，并将人民币跨境收支信息、进出口日期或报关单号或人民币贸易融资等信息于每日终报送人民币跨境收付信息管理系统。境内结算银行在未按规定完成相应的贸易真实性、一致性审核前，不能为企业办理人民币资金收付。对于在管理信息系统中被标注为“关注类企业”的，应审慎地为其办理人民币收付业务。

（三）办理出口货物退（免）税

外贸企业在跨境出口贸易中使用人民币进行结算，可以按照我国有关规定，享受出口货物退（免）税政策。

（1）外贸企业使用人民币结算的出口贸易，按照规定享受出口货物退（免）税政策。外贸企业应单独向主管税务机关申报，如遇其他出口货物一并申报的，应在申报表中对跨境贸易人民币结算出口货物报关单进行标注。

（2）货物出口210天后，企业仍未将人民币货款收回境内的，或拟将出口人民币收入存放境外的企业，税务机关可要求其提供相关数据和资料，建立台账制度。

（3）目前，企业在申报用人民币结算的跨境出口货物退（免）税时，需要向税务机关提供的资料及程序与其他外币结算的出口业务完全相同，但在数据录入方面稍有改变：①外贸企业申报办理跨境贸易人民币结算方式出口货物退（免）税时，可单独向主管税务机关申报，也可与其他出口货物一并申报。外贸企业出口退税申报系统在进行出口明细录入时只有“美元离岸价”栏，以人民币报关的，可直接在“美元离岸价”栏输入人民币离岸价，须在备案栏标注“KJ”，业务代码选择“KJ 跨境贸易”。②生产企业跨境贸易人民币结算业务应与其他出口货物一并申报。申报时在生产企业出口退税申报系统的“出口货物明细申报录入”中，“原币代码”栏必须填写“RMB”；“原币币别”必须填写“人民币元”；“原币离岸价”栏按照人民币离岸价的金额填写；“原币汇率”栏填写“100”；“美元汇率”栏按实际汇率填写；备案栏标注“KJ”，业务类型代码选择“KJ 跨境贸易”。

国际结算与中国经济

人民币跨境收付快速增长　支付系统遍及六大洲

党的二十大报告指出：有序推进人民币国际化。深度参与全球产业分工和合作，维护多元稳定的国际经济格局和经贸关系。2023年7月，中国银行业协会发布《人民币国际化报告（2022—2023）》（以下简称《报告》）。《报告》显示，2022年以来，为有序推进人民币国际化，中国人民银行等部门积极出台相关政策，进一步促进贸易投资便利化，鼓励市场主体更好发挥人民币跨境结算与投融资功能。2022年全国人民币跨境收付金额合计42万亿元，其中，经常项目10.52万亿元，资本项目31.62万亿元，证券投资收付金额占资本项目收付金额的75%。

从结算到计价，从储备到交易，从在岸到离岸……人民币国际化在多个领域实现突破，迈上新台阶。

1. 资产魅力进一步凸显

57亿元的人民币债券、累计超过150亿元的订单，这是中国农业发展银行发行境外人民币债券的火爆场面。本次债券的投资者覆盖新加坡、日本、英国、法国、美国等十余个国家和地区，非亚洲地区投资者认购数量占比超50%。“十三五”以来，人民币资产在全球投资者资产配置中的地位持续提升。

2. 计价影响力持续扩大

2020年10月29日，天然橡胶产业链国内外代表企业在广州签署20号胶贸易定价期现合作备忘录，在20号胶贸易中，采用上海期货交易所子公司上海国际能源交易中心20号胶期货价格作为定价基准。在以往跨境贸易中，行业多使用新加坡的相关价格定价，本次合作备忘录的签署将带来改变。以人民币计价的国际化期货品种，在“十三五”期间实现从无到有的突破。

3. 成为全球外汇储备“新宠”

自2016年10月1日起，人民币正式纳入国际货币基金组织（IMF）特别提款权（SDR）货币篮子，成为由美元、欧元、英镑、日元等发达经济体货币组成的储备货币“精英俱乐部”的一员，人民币储备货币地位获国际权威机构正式认定。德国、法国等国央行纷纷将人民币纳入外汇储备，目前全球已有80多个央行或货币当局将人民币纳入外汇储备。根据国际货币基金组织官方外汇储备货币构成（COFER）数据显示，截至2022年年底，人民币储备规模为2 984.4亿美元，占标明币种构成外汇储备总额的2.69%，位居全球第五。

4. 支付系统走进六大洲

2023年4月，人民币跨境支付系统（CIPS）又迎新成员。这一为境内外金融机构人民币跨境和离岸业务提供资金清算、结算服务的支付系统，已有80家直接参与者和1 357家间接参与者，足迹遍及六大洲110个国家和地区。截至2023年6月，中国已同152个国家、32个国际组织签署200余份共建“一带一路”合作文件，形成3 000多个合作项目，涵盖互联互通、贸易、投资、金融、社会、海洋、电子商务、科技、民生、人文等领域，投资规模近1万亿美元。这些将促进离岸人民币服务网络和体系日趋完善。同时，2022年1月1日正式生效的《区域全面经济伙伴关系协定》（RCEP）也将为人民币国际化发展提供外部动力和新的机遇。

习题测验

一、单项选择题

1. 人民币跨境收付信息管理系统不具备（　　）功能。

A. 监测管理　　B. 统计分析　　C. 资金清算　　D. 信息存储

2.《跨境贸易人民币结算试点管理办法实施细则》是根据（　　）制定的。

A. 境外直接投资人民币结算试点管理办法

B. 境外机构人民币银行结算账户管理办法

C. 跨境贸易人民币结算业务规定

D. 跨境贸易人民币结算试点管理办法

3. 下列说法正确的是（　　）。

A. 转口贸易不可以使用人民币进行结算

B. 企业实际发生人民币款项收付后退（赔）款金额不得超过原收/付款金额

C. 企业以外币报关的，不得办理人民币结算

D. 企业以人民币报关的，可以办理外币结算

4. 进出口企业预收、预付人民币资金超过合同金额（　　）的，应当向境内结算银行提供贸易合同。

A. 35%　　B. 30%　　C. 25%　　D. 20%

5. 对于跨境贸易人民币结算中出现的报关币种和结算币种不一致的情况，由（　　）和外汇管理局协调解决，确保企业及时收付贷款。

A. 中国人民银行　　B. 海关

C. 国家税务总局　　D. 商业银行

6. 人民币跨境收支应当具有（　　）的交易基础。境内结算银行应当按照中国人民银行的规定，对交易单证的真实性及其与人民币收支的一致性进行合理审查。

A. 合法　　B. 真实

C. 有效、真实　　D. 真实、合法

7. 出口企业收到跨境人民币款项时，应填写《涉外收入申报单》并于（　　）工作日内办理申报。

A. 1个　　B. 3个　　C. 5个　　D. 10个

8. 按照《跨境贸易人民币结算试点管理办法实施细则》相关规定，境内代理银行对境外参加银行的账户融资期限不得超过（　　）个月。

A. 1　　B. 2　　C. 3　　D. 4

9. 以下不属于企业申请人民币支付业务时需要完成的工作的是（　　）。

A. 向其境内结算银行提供书面申请书

B. 向其境内结算银行提供进出口报关时间或预计报关时间及有关进出口交易信息

C. 如实填写跨境贸易人民币结算出口收款说明和进口付款说明

D. 配合境内结算银行进行贸易单证真实性和一致性审核工作

10. 境内企业进口支付的人民币不得在（　　）直接购汇后支付给境外出口商。

A. 境外（不含中国香港）　　B. 境外（含中国香港）

C. 境内　　D. 境内银行

二、多项选择题

1. 银行办理人民币跨境收付业务所涉及的信息报送包括（　　　）。

A. 人民币跨境收付信息　　B. 国际收支申报信息

C. 反洗钱信息　　D. 居民对非居民的人民币负债信息

2. 所有具备进出口经营资格的企业均可以以人民币进行（　　　）结算。

A. 进口货物贸易　　B. 出口货物贸易

C. 服务贸易及收益　　D. 其他经常项目

3. 至货物出口后210天时，企业仍未将人民币货款收回境内的，应按时通过银行向人民币跨境收付信息管理系统报送该笔货物的（　　　），并向银行提供相关资料。

A. 未收回货款的金额　　B. 对应的出口报关单号

C. 出口发票号　　D. 出口核销单号

4. 企业办理经常项下跨境人民币结算业务时，应当承担的责任与义务有（　　　）。

A. 依法诚信经营，确保跨境贸易人民币结算的贸易真实性

B. 建立跨境贸易人民币结算台账，准确记录进出口报关信息和人民币资金收付信息

C. 配合境内结算银行进行贸易单证真实性和一致性审核工作

D. 企业实际报关时间与预计报关时间不一致时，应当及时通知银行，由银行向管理系统更新相关信息

5. 人民币跨境清算涉及的系统包括（　　　）。

A. 大额支付系统　　B. SWIFT系统

C. 小额支付系统　　D. 支票影像系统

三、判断题

1. 开展跨境贸易人民币结算的企业，可以选择两家及以上境内结算银行作为其跨境贸易人民币结算的主报告银行。（　　）

2. 开展跨境贸易人民币结算，有利于企业规避汇率风险，节约汇兑成本。（　　）

3. 跨境贸易人民币结算有助于人民币国际化、提升人民币的国际地位。（　　）

4. 佣金、折扣等与贸易相关但无货物流发生的业务不能办理人民币跨境收付。（　　）

5. 使用人民币结算的出口贸易，不享受出口货物退（免）税政策。（　　）

6. 由于外债额度的规定，银行一般不愿意帮进口商开立90天以上的外币信用证，但人民币信用证则不纳入“外债额度”管理。（　　）

7. 首次办理跨境人民币业务的进口企业办理人民币支付时需要提供两份材料，即“跨境贸易人民币结算进口付款说明”以及“商业发票”。（　　）

8. 企业一旦确定主报告银行后，则不允许再次变更主报告银行。（　　）

9. 若出口企业原来用美元进行申报，后改用人民币办理结算，在这种情况下，企业应按照报关单修改的有关规定，向海关提出修改。（　　）

10. 企业来料加工贸易项下出口收取人民币资金超过合同金额20%的，企业应当自收到境外人民币货款之日起10个工作日内向境内结算银行补交相关资料和凭证。（　　）

能力实训

【能力实训】 办理T/T项下出口贸易跨境人民币结算业务

2021年7月3日，浙江维康进出口有限公司（组织机构代码697099999）与孟加拉国进口商WINNER TRADING CO., LTD.（以下简称为“WINNER公司”）签订了买卖浴室垫的贸易合同，双方约定采用人民币计价结算。合同内容如下：

SALES CONTRACT

CONTRACT NO. : WK2021A001	Date: JULY 3, 2021
THE SELLERS:	THE BUYERS:
ZHEJIANG WEIKANG I&E CO., LTD.	WINNER TRADING CO., LTD.
ADD: NO118 Xueyuan Street, Hangzhou China	ADD: Suite#99/B, 99, Agrabad C/A Chittagong, Bangladesh
TEL: 0086-571-86739999	TEL: +88031711999
FAX: 0086-571-86738888	FAX: +88031716449

THIS CONTRACT IS ENTERED BETWEEN THE BUYERS AND THE SELLERS ON THE TERMS AND CONDITIONS STATED BELOW:

续表

DESCRIPITON	QUANTITY	UNIT PRICE	TOTAL AMOUNT
Non Slip Shower Mat Article No. 78099	4 867pcs	FOB Shanghai, China 24.00RMB/pc	RMB116 808.00
TOTAL			RMB116 808.00

Package: each piece in a polybag. 10 pcs in a carton.

Port of shipment: Shanghai, China

Port of destination: Chittagong, Bangladesh

Partial shipment is not allowed.

Time of shipment: Before August 10, 2021

Terms of Payment: 100% of the value to be paid by T/T within 30 days after shipment.

Country of origin: China

THE BUYER: **THE SELLER:**

合同签订后，浙江维康进出口有限公司积极备货，生产完成后，浙江维康进出口有限公司以人民币向上海海关报关，报关完成后货物于2021年8月7日在上海港顺利装船出运。8月20日，孟加拉国进口商WINNER公司在货物到港后办理了货物的接收，经过检验，该批货物品质全部合格。于是WINNER公司在8月31日通过其国内结算行向浙江维康进出口有限公司的开户行中国银行浙江分行电汇了人民币116 808元。中国银行浙江分行随即通知浙江维康进出口有限公司前去银行办理人民币入账手续。

由于浙江维康进出口有限公司不是第一次办理跨境人民币结算，因此只要直接填写、提交跨境贸易人民币结算出口收款说明即可。2021年9月1日，浙江维康进出口有限公司业务员填写了如下的跨境贸易人民币结算出口收款说明（请帮浙江维康进出口有限公司填写），并交给了中国银行浙江分行。

跨境业务人民币结算收款说明

收款日期：　　年　月　日

<table>
<tr><td colspan="3">收款企业名称：
组织机构代码（身份证件号）：</td></tr>
<tr><td>付款人名称：</td><td>付款人国别：</td><td>合同编号：</td></tr>
<tr><td colspan="3">收款金额合计：　　元</td></tr>
<tr><td colspan="3">货物贸易金额：　　元　　货物标的：</td></tr>
<tr><td>预收货款项下：　　元</td><td>占合同金额比例：　　%</td><td>预计　　　天后报关（结账期）</td></tr>
</table>

续表

<table>
<tr><td rowspan="4">已报关</td><td colspan="3">报关经营单位名称：
组织机构代码：</td></tr>
<tr><td rowspan="3">人民币报关 □
外币报关 □
（如果外币报关，金额填写折算人民币金额）</td><td>一般贸易： 元</td><td>进料加工： 元</td></tr>
<tr><td>来料加工贸易项下：元</td><td>实际收款比例：%</td></tr>
<tr><td>其他贸易项下： 元</td><td>边境贸易： 元</td></tr>
<tr><td colspan="2" rowspan="2">无货物报关</td><td colspan="2">海关特殊监管区域及保税监管场所进出境物流货物： 元</td></tr>
<tr><td>离岸转手买卖： 元</td><td>其他： 元</td></tr>
<tr><td colspan="2">服务贸易： 元</td><td colspan="2">国际收支编码： 交易合同号：</td></tr>
<tr><td colspan="2" rowspan="2">投资收益： 元</td><td colspan="2">国际收支编码：</td></tr>
<tr><td colspan="2">批准证书号（仅汇入直投收益时填报）：</td></tr>
<tr><td colspan="2" rowspan="2">经常转移： 元</td><td colspan="2">国际收支编码：</td></tr>
<tr><td colspan="2">批准证书号（仅322011项下填报）：</td></tr>
<tr><td colspan="2">资本账户： 元</td><td colspan="2">国际收支编码： 交易合同号：</td></tr>
<tr><td colspan="2">直接投资： 元</td><td colspan="2">国际收支编码： 批准证书号：</td></tr>
<tr><td colspan="2">证券投资： 元</td><td colspan="2">国际收支编码： 批准证书号：</td></tr>
<tr><td colspan="2">其他投资： 元</td><td colspan="2">国际收支编码：</td></tr>
<tr><td colspan="2" rowspan="3">收款性质说明：</td><td>转口贸易：□是 □否</td><td>转卖贸易：□是 □否</td></tr>
<tr><td>符合税务部门相关要求：□是 □否</td><td></td></tr>
<tr><td>跨境双向人民币资金池：□是 □否</td><td>经常项下集中收付：□是 □否</td></tr>
<tr><td colspan="4">备注：</td></tr>
<tr><td colspan="4">本企业申明：本表所填内容真实无误。如有虚假，视为违反跨境人民币结算管理规定，将承担相应后果。</td></tr>
</table>

单位公章或财务专用章填报人：　　　　　　　　　　联系电话：

填表说明：

一般贸易：指海关监管贸易方式为“0110”的贸易类型。

进料加工贸易：指海关监管贸易方式为“0615进料对口”“0654进料深加工”“0664进料料件复出”“0700进料料件退换”“0715进料非对口”“0864进料边角料复出”。

边境贸易：指根据国家相关规定在指定口岸与毗邻国家之间开展的货物贸易。

其他贸易：不在上述范围内的海关监管贸易方式。

无货物报关：包括海关特殊监管区域及保税监管场所出入境物流货物、离岸转手买卖，以及其他未达到海关规定申报金额的邮寄进口或从境外付款但境内交货等方式。

中国银行浙江分行查看了浙江维康进出口有限公司填写的跨境贸易人民币结算出口收款说明，确认内容真实无误后就将货款款项人民币116 808元划入浙江维康进出口有限公司账户上。

中国银行浙江分行随即通过将本笔业务相关信息报送中国人民银行的人民币跨境收付信息管理系统。本笔出口业务的跨境贸易人民币结算就此结束。

参考文献 <<<<<<<<<<<<<<

[1] 苏宗祥，徐捷．国际结算［M］．7版．北京：中国金融出版社，2020.

[2] 章安平，汪卫芳．国际结算操作［M］．2版．北京：高等教育出版社，2020.

[3] 庞红，尹继红，沈瑞年．国际结算［M］．6版．北京：中国人民大学出版社，2019.

[4] 刘阳．国际结算实务案例精析［M］．上海：上海远东出版社，2016.

[5] 徐捷．国际贸易融资——实务与案例［M］．2版．北京：中国金融出版社，2017.

[6] 陈琳，徐桂华，李顺萍．国际结算与贸易融资［M］．北京：清华大学出版社，2018.

[7] 程祖伟，韩玉军，娄钰．国际贸易结算与融资［M］．4版．北京：中国人民大学出版社，2016.

[8] 李华根．国际结算与贸易融资实务［M］．2版．北京：中国海关出版社，2017.

[9] 郑建明，潘慧峰．国际融资与结算［M］．北京：北京师范大学出版社，2017.

主编简介

刘一展，教授，浙江金融职业学院国际商学院副院长，国际经济与贸易专业主任，省级优秀教师，浙江省高职高专院校专业带头人，职业教育国家在线精品课程“国际结算操作”负责人，国家职业教育国际贸易专业教学资源库升级改进项目执行负责人，获全国职业院校技能大赛互联网+国际贸易综合技能竞赛团体一等奖（指导学生）、国家教学成果奖二等奖、全国职业院校技能大赛教学能力比赛二等奖、浙江省高职院校教学能力比赛一等奖。德国德累斯顿工业大学访问学者、全国高级跨境电商培训师、浙江省法学会国际法研究会常务理事。先后入选浙江省优秀青年教师资助计划、浙江省高校访问工程师项目和国家留学基金委公派访问学者项目。主持及参与省部级以上课题七项，厅局级课题二十余项，在核心期刊上发表学术论文二十余篇，主编教材五部。

范越龙，浙江金融职业学院副教授。任教以来主持并完成多项省部级科研课题、厅局级科研课题，在《国际经济合作》《开放导报》《浙江金融》《改革与战略》《高等职业教育（天津职业大学学报）》等学术期刊上发表论文十余篇，主编《外贸跟单操作》教材一部。

郑重声明

读者意见反馈

为收集对教材的意见建议，进一步完善教材编写并做好服务工作，读者可将对本教材的意见建议通过如下渠道反馈至我社。

咨询电话 400-810-0598

反馈邮箱 gjdzfwb@pub.hep.cn

通信地址 北京市朝阳区惠新东街4号富盛大厦1座
高等教育出版社总编辑办公室

邮政编码 100029

防伪查询说明

用户购书后刮开封底防伪涂层，使用手机微信等软件扫描二维码，会跳转至防伪查询网页，获得所购图书详细信息。

防伪客服电话 （010）58582300

网络增值服务使用说明

授课教师如需获取本书配套教辅资源，请登录“高等教育出版社产品信息检索系统”（http://xuanshu.hep.com.cn/），搜索本书并下载资源。首次使用本系统的用户，请先注册并进行教师资格认证。

高教社高职国贸QQ群：188542748